Kohlhammer

Der Autor

Hans-Christoph Koller ist Professor (i. R.) für Erziehungswissenschaft unter besonderer Berücksichtigung der Qualitativen Bildungsforschung und der Wissenschaftstheorie an der Universität Hamburg. Er hat Erziehungswissenschaft, Germanistik und Politikwissenschaft studiert und ist Autor zahlreicher Publikationen zu Grundbegriffen der Erziehungswissenschaft, zur Theorie der Bildung, zur qualitativen Bildungs- und Biographieforschung sowie zu literarischen Texten als Quellen erziehungswissenschaftlicher Theoriebildung. Sein besonderes Interesse gilt der theoretischen Reflexion und der empirischen Erforschung transformatorischer Bildungsprozesse. Von 2014 bis 2018 war er Vorsitzender der Deutschen Gesellschaft für Erziehungswissenschaft.

Hans-Christoph Koller

Bildung anders denken

Einführung in die Theorie
transformatorischer Bildungsprozesse

3., erweiterte und aktualisierte Auflage

Verlag W. Kohlhammer

Dieses Werk einschließlich aller seiner Teile ist urheberrechtlich geschützt. Jede Verwendung außerhalb der engen Grenzen des Urheberrechts ist ohne Zustimmung des Verlags unzulässig und strafbar. Das gilt insbesondere für Vervielfältigungen, Übersetzungen, Mikroverfilmungen und für die Einspeicherung und Verarbeitung in elektronischen Systemen.

Die Wiedergabe von Warenbezeichnungen, Handelsnamen und sonstigen Kennzeichen in diesem Buch berechtigt nicht zu der Annahme, dass diese von jedermann frei benutzt werden dürfen. Vielmehr kann es sich auch dann um eingetragene Warenzeichen oder sonstige geschützte Kennzeichen handeln, wenn sie nicht eigens als solche gekennzeichnet sind.

Es konnten nicht alle Rechtsinhaber von Abbildungen ermittelt werden. Sollte dem Verlag gegenüber der Nachweis der Rechtsinhaberschaft geführt werden, wird das branchenübliche Honorar nachträglich gezahlt.

Dieses Werk enthält Hinweise/Links zu externen Websites Dritter, auf deren Inhalt der Verlag keinen Einfluss hat und die der Haftung der jeweiligen Seitenanbieter oder -betreiber unterliegen. Zum Zeitpunkt der Verlinkung wurden die externen Websites auf mögliche Rechtsverstöße überprüft und dabei keine Rechtsverletzung festgestellt. Ohne konkrete Hinweise auf eine solche Rechtsverletzung ist eine permanente inhaltliche Kontrolle der verlinkten Seiten nicht zumutbar. Sollten jedoch Rechtsverletzungen bekannt werden, werden die betroffenen externen Links soweit möglich unverzüglich entfernt.

3., aktualisierte und erweiterte Auflage 2023

Alle Rechte vorbehalten
© W. Kohlhammer GmbH, Stuttgart
Gesamtherstellung: W. Kohlhammer GmbH, Heßbrühlstr. 69, 70565 Stuttgart
produktsicherheit@kohlhammer.de

Print:
ISBN 978-3-17-042795-2

E-Book-Formate:
pdf: ISBN 978-3-17-042796-9
epub: ISBN 978-3-17-042797-6

Inhalt

1 **Einleitung: Der Grundgedanke einer Theorie transformatorischer Bildungsprozesse und deren Ort in der bildungstheoretischen Tradition** 9
   1.1 Zum Stellenwert des Bildungsbegriffs in der Erziehungswissenschaft 10
   1.2 Zur Bildungstheorie Wilhelm von Humboldts 11
   1.3 Zur Reformulierung des Bildungsbegriffs: Bildung als Transformation grundlegender Figuren des Welt- und Selbstverhältnisses 15

Teil I Zur Struktur von Welt- und Selbstverhältnissen

2 **Habitus, Kapital und sozialer Raum. Zur Gesellschaftstheorie Pierre Bourdieus** 23
   2.1 Bourdieus Begriff des Habitus 23
   2.2 Trägheit und Veränderlichkeit des Habitus: Zur Bedeutung von Bourdieus Habituskonzept für eine Theorie transformatorischer Bildungsprozesse 26
   2.3 Kulturelles Kapital und symbolische Kämpfe: Zu den gesellschaftlichen Bedingungen transformatorischer Bildungsprozesse 29

3 **»Schwierigkeiten mit Identität«. Zum Konzept narrativer Identität** 34
   3.1 Zum Begriff der Identität 35
   3.2 Das Konzept narrativer Identität 36
   3.3 Zur Bedeutung des Konzepts der narrativen Identität für eine Theorie transformatorischer Bildungsprozesse 42

4 **Konstitution und Infragestellung des Ich. Zu Jacques Lacans strukturaler Psychoanalyse** 45
   4.1 Lacans Theorie des Spiegelstadiums 46
   4.2 Der Begriff des Begehrens (*désir*) 47
   4.3 Lacans Auffassung der Sprache als differenzieller Struktur .. 49

	4.4	Die Bedeutung dieser Sprachauffassung für eine Theorie transformatorischer Bildungsprozesse	52
5		**Der unhintergehbare Bezug auf andere.** **Zu Judith Butlers Konzept der Subjektivation**	**55**
	5.1	Zur psychoanalytischen Deutung der Subjektkonstitution ..	56
	5.2	Das ambivalente Verhältnis von Subjekt und Macht	58
	5.3	Die »Wendung des Subjekts gegen sich selbst«: Zur psychischen Struktur des Selbstverhältnisses angesichts der Verweigerung gesellschaftlicher Anerkennung	61

Teil II Zum Anlass transformatorischer Bildungsprozesse

6		**Erfahrung als Krise I:** **Zu Günter Bucks Konzept »negativer Erfahrung«**	**71**
	6.1	Zur Eingrenzung von Bucks Fragestellung: Sind Bildungsprozesse kontinuierliche oder diskontinuierliche Prozesse?	74
	6.2	Bucks Rekonstruktion des Konzepts negativer Erfahrung bei Husserl	75
	6.3	Zur Bedeutung des Konzepts der negativen Erfahrung für eine Theorie transformatorischer Bildungsprozesse	77
7		**Erfahrung als Krise II:** **Zu Bernhard Waldenfels' Konzept der Erfahrung des Fremden**	**79**
	7.1	Waldenfels' Begriff der Erfahrung und eine erste Umschreibung des Fremden	79
	7.2	Die paradoxe Struktur der Erscheinungsweise des Fremden	81
	7.3	Reaktionen auf die Erfahrung des Fremden	83
	7.4	Zur Bedeutung von Waldenfels' Konzeption der Fremderfahrung für eine Theorie transformatorischer Bildungsprozesse	85
8		**Inkommensurable Diskursarten.** **Zu Jean-François Lyotards Philosophie des Widerstreits**	**87**
	8.1	Vorbemerkung zum Anliegen Lyotards	88
	8.2	Sprach- und diskurstheoretische Grundlagen	89
	8.3	Die ethische Dimension von Lyotards Konzeption	93
	8.4	Die Bedeutung von Lyotards Philosophie des Widerstreits für eine Theorie transformatorischer Bildungsprozesse	94

Teil III Zur Entstehung des Neuen in transformatorischen Bildungsprozessen

9 Die Entstehung neuen Wissens.
Zu den wissenschaftstheoretischen Konzepten von Karl R. Popper, Thomas Kuhn und Charles S. Peirce 101
    9.1   Die Entstehung des Neuen durch Falsifikation (Popper) 102
    9.2   Das Neue als Produkt wissenschaftlicher Revolutionen (Kuhn) 104
    9.3   Die Abduktion als Entdeckung neuer Regeln (Peirce) 108

10 Die Entstehung neuer Interaktionsstrukturen.
Zu Ulrich Oevermanns sozialwissenschaftlicher Erklärung der Entstehung des Neuen 111
    10.1   Oevermanns Ausgangsproblem: Die Erklärung des Neuen .. 111
    10.2   Der Strukturbegriff der Objektiven Hermeneutik 112
    10.3   Die Krise als Auslöser von Transformationsprozessen 114
    10.4   Krisenbewältigung und Transformation der Fallstruktur 115
    10.5   Zur Bedeutung von Oevermanns Konzeption für eine Theorie transformatorischer Bildungsprozesse 117

11 Die Entstehung neuer Lesarten.
Hermeneutische und dekonstruktive Ansätze zur Entstehung des Neuen (Hans-Georg Gadamer, Jacques Derrida, Judith Butler) 121
    11.1   Die Entstehung neuer Sinnentwürfe im Prozess hermeneutischer Erfahrung (Gadamer) 122
    11.2   Die Entstehung neuer Lesarten im Prozess dekonstruktiver Lektüre (Derrida) 126
    11.3   Judith Butlers Konzept der Resignifizierung als Beschreibung des Transformationspotentials der Sprache ... 129

Teil IV Zur empirischen Erforschung transformatorischer Bildungsprozesse

12 Das Mögliche identifizieren?
Zum Verhältnis von Bildungstheorie und empirischer Bildungsforschung 137
    12.1   Bildungsphilosophie und Bildungsforschung als unterschiedliche Formen pädagogischen Wissens 139
    12.2   Das Verhältnis von Bildungstheorie und qualitativer Bildungsforschung als Widerstreit im Sinne Lyotards 143
    12.3   Konkretisierungen und Konsequenzen 146

13 Die sprachliche Artikulation von Veränderungen. Zur empirischen Erforschung transformatorischer Bildungsprozesse 151
    13.1   Methodologische Prämissen: Das Programm einer bildungstheoretisch fundierten Biographieforschung 151
    13.2   Probleme und Perspektiven der empirischen Erforschung transformatorischer Bildungsprozesse 155

14 Ausblick: Transformatorische Bildungsprozesse in Jeffrey Eugenides' Roman *Die Selbstmord-Schwestern* 167
    14.1   Literarische Texte als Gegenstand erziehungswissenschaftlicher Reflexionen 167
    14.2   *Virgin Suicides:* Selbstmord als Bildungsproblem 170
    14.3   Scheitern als Bildungsprozess? 179

Teil V Zur Kritik an der Theorie transformatorischer Bildungsprozesse

15 Zur Kritik an der Theorie transformatorischer Bildungsprozesse 183
    15.1   Zur Unterscheidung von Lern- und Bildungsprozessen 184
    15.2   Zum Konzept des Welt- und Selbstverhältnisses 186
    15.3   Zum Anlass von Bildungsprozessen 188
    15.4   Zum Konzept der Transformation und der Entstehung des Neuen 191
    15.5   Zu den normativen Implikationen der Theorie transformatorischer Bildungsprozesse 194
    15.6   Zur Bedeutung der Theorie transformatorischer Bildungsprozesse für das pädagogische Handeln 202

Anhang

Literaturverzeichnis 207

1 Einleitung: Der Grundgedanke einer Theorie transformatorischer Bildungsprozesse und deren Ort in der bildungstheoretischen Tradition

> »Ich denke niemals völlig das gleiche, weil meine Bücher für mich Erfahrungen sind, Erfahrungen im vollsten Sinne, den man diesem Ausdruck beilegen kann. Eine Erfahrung ist etwas, aus dem man verändert hervorgeht. Wenn ich ein Buch schreiben sollte, um das mitzuteilen, was ich schon gedacht habe, ehe ich es zu schreiben begann, hätte ich niemals die Courage, es in Angriff zu nehmen. Ich schreibe nur, weil ich noch nicht genau weiß, was ich von dem halten soll, was mich so sehr beschäftigt. So daß das Buch ebenso mich verändert wie das, was ich denke. [...] Ich bin ein Experimentator in dem Sinne, daß ich schreibe, um mich selbst zu verändern und nicht mehr dasselbe zu denken wie zuvor« (Foucault 1996, S. 24).

»Nicht mehr dasselbe zu denken wie zuvor« – mit dieser Formulierung bezeichnet Michel Foucault in einem Interview mit Ducio Trombadori das Ziel seines eigenen Schreibens. *Anders denken* ist seither zu einer Art Formel für den Einsatz von Foucaults theoretischer Arbeit geworden (vgl. z. B. Lüders 2007, S. 110–125). In Anlehnung an diese Formel enthält der Titel des vorliegenden Bandes *Bildung anders denken* deshalb den Vorschlag, das Nachdenken über Bildung zu verändern und das, was in der Erziehungswissenschaft als Bildung bezeichnet wird, anders zu fassen, als dies bisher geschehen ist.

Die Formel *anders denken* ist für das Anliegen dieses Buches aber noch in einer anderen Weise kennzeichnend. Denn Foucaults Charakterisierung seines Schreibens stellt zugleich auch eine verdichtete Schilderung dessen dar, was im Folgenden *transformatorische Bildung* genannt und als entscheidendes Moment von Bildungsprozessen verstanden wird. Denn Bildung im Sinne des hier vorzustellenden Konzepts kann ebenfalls als ein Prozess der Erfahrung beschrieben werden, aus dem ein Subjekt »verändert hervorgeht« – mit dem Unterschied, dass dieser Veränderungsvorgang nicht nur das Denken, sondern das gesamte Verhältnis des Subjekts zur Welt, zu anderen und zu sich selber betrifft. Der Titel des Buches besagt also, dass damit nicht nur vorgeschlagen wird, den Bildungsbegriff anders zu denken als bisher, sondern auch, das Bildungsgeschehen selbst als ein *Andersdenken* oder *Anderswerden* zu begreifen.

In dieser Einleitung soll versucht werden, diesen Grundgedanken ausgehend von der klassischen Fassung des Bildungsgedankens bei Wilhelm von Humboldt zu entfalten und dabei zugleich die Anknüpfungspunkte an sowie die Unterschiede zur bildungstheoretischen Tradition zu markieren. Zu diesem Zweck wird zunächst (1.) die Funktion des Bildungsbegriffs in der erziehungswissenschaftlichen Diskussion erläutert, um dann (2.) die klassische Fassung zu skizzieren, die Humboldt diesem Begriff gegeben hat, und dieser Fassung schließlich (3.) das Konzept transformatorischer Bildungsprozesse gegenüberzustellen, das im Zentrum dieses Buches stehen wird.

Anlagen geht, kann Bildung nicht ein Privileg einiger weniger sein, sondern ist prinzipiell als *Bildung für alle* zu denken (dass und warum es Humboldt und anderen preußischen Bildungsreformern nicht gelang, diesen Anspruch politisch zu verwirklichen, steht auf einem anderen Blatt; vgl. dazu Herrlitz, Hopf, Titze & Cloer 2009, S. 29–44). Und sofern Bildung die Entfaltung möglichst aller menschlichen Kräfte zum Ziel hat, kommt für Humboldt der *allgemeinen* Bildung ein absoluter Vorrang gegenüber jeder *speziellen* (wie z. B. der beruflichen) Bildung zu.

Weniger bekannt als diese beiden Grundgedanken, aber von einigem Interesse für die Frage nach der aktuellen Bedeutung des klassischen Bildungsdenkens ist der Umstand, dass Humboldts Bildungstheorie in einem engen Zusammenhang mit einem anderen Schwerpunkt seines Werks steht, nämlich mit seinen *sprachphilosophischen* und *sprachwissenschaftlichen* Arbeiten. Humboldts Sprachtheorie, mit der er sich seit etwa 1800 beschäftigte und die nach seinem Ausscheiden aus dem Staatsdienst 1819 zum Mittelpunkt seiner letzten 15 Schaffensjahre wurde[2], setzt genau bei jenem zweiten Theorem seines Bildungsdenkens an, der Auffassung von Bildung als Wechselwirkung von Ich und Welt. Ein zentrales Moment dieser Sprachtheorie besteht in der These, dass die Sprache das entscheidende Medium jener bildenden Auseinandersetzung des Menschen mit der Welt darstellt. Das betrifft sowohl das Verhältnis des Menschen zu den Dingen, d. h. die *welterschließende* Aufgabe der Sprache, als auch das Verhältnis zu anderen Menschen, also die Sprache in ihrer *kommunikativen* Funktion.

Entscheidend dabei ist, dass Humboldt Sprache nicht abbildtheoretisch bzw. repräsentationistisch begreift, d. h. nicht als Repräsentation von etwas, was vor bzw. außerhalb der Sprache existieren würde, sondern vielmehr ›konstitutionistisch‹, d. h. als Medium der Hervorbringung bzw. der Konstitution von Gegenständen und Gedanken. Auf treffende Weise wird diese Auffassung in einer Formulierung zum Ausdruck gebracht, in der Humboldt die Sprache als »das bildende Organ des Gedankens« bezeichnet (Humboldt 1960–1981, Bd. III, S. 426). Die Sprache ist für ihn also kein Werkzeug, um bereits fertig vorhandene Gedanken auszudrücken, sondern vielmehr ein »Organ«, in bzw. mit dem diese Gedanken überhaupt erst hervorgebracht werden. Die prägende Kraft, die Humboldt der Sprache im Blick auf das Denken zuschreibt, zeigt sich darüber hinaus in seiner Auffassung der Sprache als »Weltansicht« (a. a. O., S. 434), der zufolge jede Sprache eine eigene Sichtweise der Welt darstellt, die mit Lautsystem, Wortschatz und Grammatik dieser Sprache untrennbar verbunden ist und die Vorstellungs- und Empfindungswelt ihrer Sprecher nachhaltig prägt.

Die Aktualität von Humboldts Sprachtheorie rührt nicht zuletzt daher, dass sein Interesse dabei nicht einfach *der* Sprache als solcher gilt, sondern vielmehr *den* Sprach*en* im Plural. Als Sprachforscher hat sich Humboldt mit einer Vielzahl unterschiedlicher, auch außereuropäischer Sprachen beschäftigt und dabei insbesondere die Verschiedenheit der Sprachen in den Mittelpunkt gestellt. Diese Pluralität der Sprachen hat im Blick auf die welterschließende Funktion der Sprache eine irreduzible »Verschiedenheit der Weltansichten« zur Folge (a. a. O., S. 20), die Pro-

---

2 Vgl. dazu die *Einführung in die sprachphilosophischen Schriften* in Humboldt 1960–1981, Bd. V, S. 442–458.

bleme, aber auch Chancen mit sich bringt. Die Probleme zeigen sich z. B. dort, wo es um das Übersetzen von einer Sprache in eine andere geht, sofern kein Wort einer Sprache völlig dem einer anderen entspricht, aber auch im Blick auf das Verstehen zwischen den Sprechern verschiedener Sprachen, von dem es einmal bei Humboldt heißt »Alles Verstehen ist daher immer zugleich ein Nicht-Verstehen« (a. a. O., S. 439; vgl. dazu auch Koller 2003b).

Auf der anderen Seite liegen in der Verschiedenheit der Sprachen auch Chancen, die vor allem dann zum Vorschein kommen, wenn man Humboldts Sprachtheorie mit seiner Bildungstheorie in Zusammenhang bringt. Denn sofern Sprache das entscheidende Medium jener bildenden »Wechselwirkung« von Ich und Welt darstellt, die Humboldt als Vollzugsform von Bildung begreift, kommt der Verschiedenheit und Vielfalt sprachlicher Weltansichten eine zentrale Bedeutung für die bildende Auseinandersetzung des Menschen mit der Welt zu:

> »Durch die Mannigfaltigkeit der Sprachen wächst unmittelbar für uns der Reichthum der Welt und die Mannigfaltigkeit dessen, was wir in ihr erkennen; es erweitert sich zugleich dadurch für uns der Umfang des Menschendaseyns, und neue Arten zu denken und empfinden stehen [...] vor uns da« (Humboldt 1960–1981, Bd. V, S. 111).

Humboldt zufolge bereichert also die Vielfalt der Sprachen die bildende Wechselwirkung von Ich und Welt, indem sie dem Ich neue Weisen des Denkens und Empfindens erschließt und so die Grenzen seiner bisherigen Weltansicht erweitert. Vor diesem Hintergrund stellt das Erlernen fremder Sprachen für ihn *einen*, wenn nicht sogar *den* Grundmodus von Bildung dar, der in der »Gewinnung eines neuen Standpunkts in der bisherigen Weltansicht« besteht (Humboldt 1960–1981, Bd. III, S. 225). Entscheidend dabei ist freilich, bei dem Wort ›Sprachen‹ nicht nur an Nationalsprachen zu denken, sondern auch andere Formen sprachlicher Verschiedenheit in Betracht zu ziehen. Humboldt schreibt:

> »Eine Nation hat freilich im Ganzen dieselbe Sprache, allein schon nicht alle Einzelnen in ihr [...] ganz dieselbe, und geht man noch weiter in das Feinste über, so besitzt wirklich jeder Mensch seine eigne« (a. a. O., S. 228).

Neben den Nationalsprachen tragen deshalb auch regionale Dialekte, Fachsprachen, Sozio- und Idiolekte zu jener Verschiedenheit der Art und Weise bei, in der Menschen mit der Welt in Wechselwirkung treten. Diese Verschiedenheit nun lässt sich vor dem Hintergrund von Humboldts Bildungstheorie als eine Herausforderung für Bildungsprozesse begreifen, sofern Bildung nicht nur in der Entfaltung der menschlichen Kräfte, sondern auch in der Erweiterung und der Transformation der je eigenen Weltansicht durch die Konfrontation mit neuen Sprachen besteht.

Damit ist eine Antwort auf die Frage nach der Aktualität von Humboldts Bildungstheorie möglich. Aktuell an Humboldts Denken ist vor allem die Anerkennung der tatsächlichen Vielfalt humaner Möglichkeiten, d. h. menschlicher »Kräfte«, individueller Charaktere und verschiedener Sprachen oder Sprechweisen – auch wenn diese bei Humboldt tendenziell in einer ursprünglichen oder anzustrebenden Ganzheit aufgehoben scheint, die jede radikale Differenz ausschließt. In Bezug auf eine aktuelle Reformulierung des Bildungsbegriffs ließe sich von Humboldt zudem der Gedanke übernehmen, dass Bildung in der Erweiterung und Umgestaltung der bisherigen »Weltansicht« eines Individuums besteht und dass dafür die dialogische

Auseinandersetzung mit anderen Sprachen und Sprechweisen eine entscheidende Voraussetzung darstellt.

Dabei bleiben aus heutiger Sicht aber mindestens drei Fragen offen. Ungeklärt ist bei Humboldt zum einen, wer oder was eigentlich den Anstoß zu Bildungsprozessen in diesem Sinn gibt. Genügt dafür bereits die mehr oder minder zufällige Konfrontation mit einer fremden Sprache, sei es nun eine fremde Nationalsprache, die Fachsprache einer bisher unbekannten Wissenschaft oder der Idiolekt eines anderen Individuums? Oder bedarf es besonderer Anlässe bzw. Herausforderungen, sich auf eine fremde Sprache und Weltansicht einzulassen? Nicht unter allen Bedingungen, so wäre einzuwenden, sind Menschen dazu bereit bzw. in der Lage, neue Sprachen zu erlernen und sich auf diese Weise in fremde Weltansichten ›hineinzuspinnen‹, wie eine Metapher Humboldts lautet (vgl. a. a. O., S. 434). Was aber kann Menschen dazu veranlassen, ihre eigene Weltansicht in Frage zu stellen und sich einer neuen zu öffnen – bzw. was führt dazu, dass sie sich neuen Sprachen und Weltsichten verschließen?

Zum andern ist zu fragen, in welchem Verhältnis die verschiedenartigen Sprachen zueinanderstehen, aus deren Verschiedenheit Bildungsprozesse hervorgehen sollen. Bei Humboldt erscheint dieses Verhältnis trotz aller Betonung der Differenz (z. B. im Blick auf die Übersetzungs- und Verstehensproblematik) letztlich als wechselseitige Ergänzung innerhalb eines harmonischen Ganzen. Die Frage aber ist, ob das Verhältnis sprachlich strukturierter Weltansichten heute noch so harmonisierend gedacht werden kann – oder ob angesichts der vielfach diagnostizierten Pluralität und Heterogenität unterschiedlicher Sprachen und Denkweisen nicht ein anderes, stärker am Dissens als an harmonischer Ergänzung orientiertes Theoriemodell für das Verhältnis der Sprachen und Weltansichten zueinander erforderlich ist.

Und schließlich wirft der Blick auf Humboldts Bildungstheorie aus heutiger Sicht die Frage auf, welches Anregungspotential dieser Theorie im Blick auf die empirische Erforschung tatsächlicher Bildungsprozesse zukommt. Auch wenn Humboldt selbst erfahrungswissenschaftlichen Zugängen im Rahmen damaliger Möglichkeiten durchaus wohlwollend gegenüberstand[3], gilt sein Bildungsbegriff doch bis heute als Musterbeispiel eines idealistischen Bildungsverständnisses, das dazu geeignet ist, pädagogischen Bemühungen als Zielvorstellung zu dienen, aber den realen Bedingungen, unter denen solche Bemühungen stattfinden, (zu) wenig Beachtung schenkt. Zu fragen wäre deshalb, wie bildungstheoretische Reflexionen im Anschluss an Humboldt so weiterentwickelt werden können, dass sie sich mit der Erforschung der Bedingungen und Verlaufsformen tatsächlicher Bildungsprozesse verbinden lassen.

Genau an dieser Stelle setzt der Versuch des vorliegenden Buches ein, den Bildungsbegriff in Anknüpfung an Humboldt so zu reformulieren, dass sich eine befriedigendere Antwort auf die genannten Fragen ergibt.

---

3 Vgl. z. B. seinen *Plan einer vergleichenden Anthropologie* (Humboldt 1960–1981, Bd. I, S. 337–375) oder seine auf zahlreiche Beispiele gestützten sprachphilosophischen Überlegungen *Ueber den Dualis* (a. a. O., Bd. III, S. 113–137).

1.3 Zur Reformulierung des Bildungsbegriffs: Bildung als Transformation grundlegender Figuren des Welt- und Selbstverhältnisses

Die Theorie transformatorischer Bildungsprozesse, die in diesem Buch entfaltet werden soll, lässt sich als Anknüpfung an und Weiterentwicklung von Humboldts Bildungsdenken begreifen. Inspiriert ist diese Theorie vor allem von der Art und Weise, in der Rainer Kokemohr versucht hat, den Bildungsbegriff in Anlehnung an Humboldts Grundgedanken neu zu bestimmen.[4] Den Ausgangspunkt von Kokemohrs Überlegungen stellt die Unterscheidung zwischen Lern- und Bildungsprozessen dar (vgl. etwa Kokemohr 1992). In informationstheoretischer Terminologie formuliert lässt sich *Lernen* demzufolge als Prozess der Aufnahme, Aneignung und Verarbeitung neuer Informationen verstehen, bei dem jedoch der Rahmen, innerhalb dessen die Informationsverarbeitung erfolgt, selber unangetastet bleibt. *Bildungsprozesse* sind in dieser Perspektive dagegen als Lernprozesse höherer Ordnung zu verstehen, bei denen nicht nur neue Informationen angeeignet werden, sondern auch der Modus der Informationsverarbeitung sich grundlegend ändert (vgl. dazu auch Marotzki 1990, S. 32 ff.).

In einer neueren Formulierung, die weniger informations- als vielmehr sprachtheoretisch argumentiert und stärker an Humboldts Bildungs- und Sprachtheorie anschließt, beschreibt Kokemohr Bildung als Veränderung der grundlegenden *Figuren* des Welt- und Selbstverhältnisses von Menschen, die sich potentiell immer dann vollzieht, wenn Menschen mit neuen Problemlagen konfrontiert werden, für deren Bewältigung die Figuren ihres bisherigen Welt- und Selbstverhältnisses nicht mehr ausreichen (vgl. Kokemohr 2007).[5] Bildungsprozesse bestehen demzufolge also darin, dass Menschen in der Auseinandersetzung mit neuen Problemlagen neue Dispositionen der Wahrnehmung, Deutung und Bearbeitung von Problemen hervorbringen, die es ihnen erlauben, diesen Problemen besser als bisher gerecht zu werden.

Diese Konzeption knüpft in zweifacher Weise an Humboldt an. Zum einen wird Bildung darin wie bei Humboldt als eine grundlegende Veränderung des Verhältnisses von Ich und Welt gedacht. Was bei Humboldt als Erweiterung der je eigenen Weltansicht eines Menschen in der Konfrontation mit neuen Sprachen erscheint,

---

4 Kokemohr hat seine Überlegungen zur Reformulierung des Bildungsbegriffs zunächst in einigen eher verstreut erschienenen Arbeiten publiziert (vgl. Kokemohr 1989, 1992 und 2000 sowie Prawda & Kokemohr 1989). Die aktuellste und am weitesten ausgearbeitete Fassung stellt Kokemohr 2007 dar. Der Begriff »transformatorische Bildungsprozesse« und weitere wichtige Anregungen verdanke ich Helmut Peukert (vgl. Peukert 2000 und die Sammlung weiterer einschlägiger Beiträge in Peukert 2015).

5 Dort beschreibt Kokemohr Bildung als »Prozess der Be- oder Verarbeitung solcher Erfahrungen […], die der Subsumtion unter Figuren eines gegebenen Welt- und Selbstentwurfs widerstehen« und fährt fort: »Von Bildung zu sprechen sehe ich dann als gerechtfertigt an, wenn der Prozess der Be- oder Verarbeitung subsumtionsresistenter Erfahrung eine Veränderung von Grund legenden Figuren meines je gegebenen Welt- und Selbstentwurfs einschließt« (Kokemohr 2007, S. 21).

Entstehung neuer Lesarten im Prozess hermeneutischer oder dekonstruktiver Lektüren zum Gegenstand haben (▶ Kap. 11).

Viertens schließlich hat eine Theorie, die den Anspruch erhebt, auch Anschlüsse für die empirische Analyse von Bildungsprozessen zu bieten, die Frage zu beantworten, auf welche Weise ein empirischer Zugang zu transformatorischen Bildungsprozessen im skizzierten Sinne möglich sein soll. In diesem Sinne setzt sich der vierte Teil des Buches zunächst in grundlegender Weise mit dem Verhältnis von Bildungstheorie und Bildungsforschung auseinander (▶ Kap. 12) und stellt dann das Programm einer bildungstheoretisch fundierten Biographieforschung vor, die bildungstheoretische Reflexionen mit der empirischen Untersuchung von Bildungsprozessen zu verknüpfen sucht (▶ Kap. 13), um abschließend am Beispiel der Lektüre eines literarischen Textes, des Romans *Die Selbstmord-Schwestern* von Jeffrey Eugenides, einen eigenen, die Grenzen der ›Empirie‹ respektierenden und zugleich verschiebenden Zugang zur Erforschung von Bildungsprozessen zu erproben (▶ Kap. 14).

Kapitel 15, das in der dritten Auflage neu hinzugefügt wurde (▶ Kap. 15), enthält eine Auseinandersetzung mit kritischen Einwänden, die seit dem ersten Erscheinen des Buches gegen die Theorie transformatorischer Bildungsprozesse vorgebracht worden sind.

Die Auswahl der genannten Autoren und Theorieansätze, die in diesem Buch vorgestellt werden sollen, enthält notwendiger Weise ein subjektives Moment, das nicht bis ins letzte begründet werden kann. Es wäre sicher denkbar und lohnend gewesen, auch andere Autoren und Theorien einzubeziehen – etwa die entwicklungstheoretischen Konzeptionen Piagets und Wygotskis, die durchaus Ähnlichkeiten mit dem Konzept transformatorischer Bildungsprozesse aufweisen, oder die Erziehungs- und Bildungstheorie John Deweys, die einen Vergleich sowohl mit dem Erfahrungsbegriff Bucks und Waldenfels' als auch mit den Wissenschaftstheorien Poppers, Kuhns und Peirce' ermöglicht hätte. Berührungspunkte gibt es auch mit psychologischen Ansätzen wie der Selbstkonzeptforschung (was die Thematisierung des Selbstverhältnisses angeht) oder dem Konzept kritischer Lebensereignisse (in Bezug auf die Frage nach den Anlässen transformatorischer Bildungsprozesse) sowie mit der aus der Erwachsenenbildung stammenden Konzeption des »transformative learning« (vgl. dazu Koller 2017 und die anderen Beiträge in Laros, Fuhr & Taylor 2017). Die Berücksichtigung all dieser Autoren und Ansätze aber hätte den Rahmen dieses Bandes gesprengt, der auf eine Vorlesung zurückgeht, die ich vor einigen Semestern am Fachbereich Erziehungswissenschaft der Universität Hamburg gehalten habe.

Dass auch mein Denken sich im Verlauf der Entstehung dieses Buches verändert hat, ist nicht zuletzt all jenen zu verdanken, die durch Anregungen, Kommentare und Kritik dazu beigetragen haben. Dazu gehören die TeilnehmerInnen der genannten Vorlesung sowie mehrerer Oberseminare, die über längere Zeit hinweg den hier behandelten Fragen gewidmet waren. Den Studierenden aus diesen Veranstaltungen, die mich durch ihre Fragen und Beiträge zur Weiterentwicklung meines Denkens genötigt haben, sei herzlich gedankt. Zu Dank verpflichtet bin ich auch den ZuhörerInnen mehrerer Vorträge bei Tagungen oder Ringvorlesungen, in denen Teile der folgenden Überlegungen vorgestellt wurden. Ganz besonderer Dank aber gilt Birgit Haustedt, Gereon Wulftange, Nadine Rose und Bettina Kleiner, von deren kritischen Rückmeldungen zu früheren Fassungen des Textes ich sehr profitiert habe, sowie Judith Zimmer, die das Typoskript Korrektur gelesen hat.

Teil I Zur Struktur von Welt- und Selbstverhältnissen

2 Habitus, Kapital und sozialer Raum. Zur Gesellschaftstheorie Pierre Bourdieus

Bourdieus Gesellschaftstheorie kann als ein erster Versuch verstanden werden, die Struktur von Welt- und Selbstverhältnissen theoretisch zu erfassen, da sie mit dem Habitusbegriff ein Konzept dafür bereitstellt, die längerfristigen Dispositionen zu beschreiben und zu erklären, die entscheidend dazu beitragen, dass Individuen so und nicht anders wahrnehmen, denken und handeln – oder anders formuliert: dass sie sich auf eine ganz bestimmte Weise zur Welt, zu anderen und zu sich selbst verhalten. Das Konzept des Habitus und seine Bedeutung für eine Theorie transformatorischer Bildungsprozesse lassen sich dabei am besten erläutern, wenn man sie in den Kontext zweier weiterer zentraler Konzepte von Bourdieus Gesellschaftstheorie stellt, nämlich den des ökonomischen, kulturellen und sozialen Kapitals sowie den des sozialen Raums.

2.1 Bourdieus Begriff des Habitus

Der Begriff des Habitus steht im Zentrum von Bourdieus Versuch, eine Gesellschaftstheorie als »Theorie der Praxis« zu entwickeln, die den Gegensatz von Objektivismus und Subjektivismus in der sozialwissenschaftlichen Theoriebildung überwindet (vgl. zum Folgenden Bourdieu 1987, S. 97–121). Während objektivistische Ansätze Bourdieu zufolge die gesellschaftliche Wirklichkeit als eine objektive Gegebenheit begreifen, fassen subjektivistische Konzeptionen die Wirklichkeit als Resultat des konstruktiven Agierens der Subjekte auf. Dem Begriff des Habitus kommt nun innerhalb von Bourdieus Gesellschaftstheorie die Aufgabe zu, zwischen beiden Ansätzen zu vermitteln und das Verhältnis des subjektiven Handelns bzw. der »Praktiken« der Akteure zu den objektiven gesellschaftlichen Bedingungen oder »Strukturen« genauer zu bestimmen.

In seinem Buch *Le sens pratique*, das auf Deutsch unter dem Titel *Der soziale Sinn* erschienen ist, beschreibt Bourdieu das Konzept des Habitus folgendermaßen:

> »Die Konditionierungen, die mit einer bestimmten Klasse von Existenzbedingungen verknüpft sind, erzeugen die *Habitusformen* als Systeme dauerhafter und übertragbarer *Dispositionen*, als strukturierte Strukturen, die wie geschaffen sind, als strukturierende Strukturen zu fungieren, d. h. als Erzeugungs- und Ordnungsgrundlagen für Praktiken und Vorstellungen, die objektiv an ihr Ziel angepasst sein können, ohne jedoch bewusstes Anstreben von Zwecken und ausdrückliche Beherrschung der zu deren Erreichung erforderlichen

Operationen vorauszusetzen, die objektiv ›geregelt‹ und ›regelmäßig‹ sind, ohne irgendwie das Ergebnis der Einhaltung von Regeln zu sein, und genau deswegen kollektiv aufeinander abgestimmt sind, ohne aus dem ordnenden Handeln eines Dirigenten hervorgegangen zu sein« (a. a. O., S. 98 f.; Hervorhebungen im Original).

Der Habitus stellt für Bourdieu also ein System relativ stabiler Dispositionen des Denkens (»Vorstellungen«) und des Handelns (»Praktiken«) dar, die das Welt- und Selbstverhältnis der Akteure in einer grundlegenden Weise strukturieren. Dem Zitat lassen sich darüber hinaus weitere wesentliche Merkmale dieses Dispositionsgefüges entnehmen: Der Habitus ist demzufolge erstens objektiv *an ein Ziel angepasst*, aber nicht notwendigerweise subjektiv zweckgerichtet (er setzt kein »bewusstes Anstreben von Zwecken« voraus). Er ist zweitens *regelhaft* (»›geregelt‹ und ›regelmäßig‹«), ohne dass die Akteure sich der Regeln bewusst und um deren Einhaltung bemüht zu sein brauchen – ähnlich wie der Gebrauch einer Sprache Regeln folgt, die den Sprechern oft gar nicht explizit mental verfügbar sind. Und der Habitus ist drittens ein *kollektives* Phänomen, dem aber keine sichtbaren Formen der Lenkung oder Leitung des individuellen Verhaltens zugrunde liegen. Er ist mit einem Wort *unbewusst* in dem Sinne, dass für sein Funktionieren kein Bewusstsein der Akteure von seiner Existenz notwendig ist.

Die Wirkungsweise des Habitus besteht dem Zitat zufolge darin, als eine Art Mittelglied zwischen den objektiven Existenzbedingungen und dem subjektiven Handeln zu fungieren. Nicht besonders elegant, aber treffend formuliert kommt das in der Wendung vom Habitus als ›strukturiert-strukturierender Struktur‹ zum Ausdruck: Selbst durch die objektiven Existenzbedingungen strukturiert, wirkt er seinerseits strukturierend auf das individuelle und kollektive Handeln ein.

Fragt man nun danach, wie diese Funktionsweise einer unbewussten Strukturierung des subjektiven Handelns durch objektive gesellschaftliche Bedingungen zustande kommt, so zeigt sich als zentraler Mechanismus der Entstehung des Habitus die »Verinnerlichung« bzw. die »Einverleibung« äußerer Strukturen (a. a. O., S. 102 und 107) im Laufe eines längerfristigen Sozialisationsprozesses, der bei Akteuren, die derselben gesellschaftlichen Klasse angehören, ähnliche Resultate hervorbringt. Entscheidend dabei (und von Bedeutung für eine Theorie transformatorischer Bildungsprozesse) ist vor allem die körperliche Dimension dieses Entstehungsvorgangs. Bourdieu schreibt:

> »Eine Institution, zum Beispiel die Wirtschaftsform, ist nur dann vollständig und richtig lebensfähig, wenn sie dauerhaft nicht nur in den Dingen, also in der über den einzelnen Handelnden hinausreichenden Logik eines bestimmten Feldes objektiviert ist, sondern auch in den Leibern, also in den dauerhaften Dispositionen, die diesem Feld zugehörigen Erfordernisse anzuerkennen und zu erfüllen« (a. a. O., S. 108).

Die Dauerhaftigkeit jener Dispositionen des Denkens und Handelns, die den Habitus ausmachen, beruht also vor allem darauf, dass er *im Körper der Akteure verankert* ist.

Die durch den Habitus vermittelte Wirkung der objektiven Strukturen auf die Praktiken der Akteure ist dabei Bourdieu zufolge allerdings nicht im Sinne einer völligen *Determination* zu verstehen, sondern als *Limitierung*. Der Habitus legt das Handeln der Individuen mithin nicht in allen Einzelheiten fest, sondern schließt nur bestimmte, mit den objektiven Existenzbedingungen unvereinbare Handlungsweisen aus. Bourdieu spricht in diesem Zusammenhang von einer »bedingte[n] Freiheit«, die von der »unvorhergesehenen Neuschöpfung« ebenso weit entfernt sei wie von der »simplen mechanischen Reproduktion ursprünglicher Konditionierungen« (a.a.O., S. 103). Der Habitus stellt vielmehr eine »unendliche, aber dennoch strikt begrenzte Fähigkeit zur Erzeugung« (ebd.) »unendlich viele[r] und [...] relativ unvorhersehbare[r] Praktiken von dennoch begrenzter Verschiedenartigkeit« dar (a.a.O., S. 104) – wiederum vergleichbar mit den Strukturen einer Sprache, die es erlauben, aus einer begrenzten Anzahl von Elementen (Phonemen) und Verknüpfungsregeln (Wortbildung und Grammatik betreffend) eine unendliche Anzahl von Sätzen zu generieren, und die dennoch insofern limitierend wirkt, als sie bestimmte Möglichkeiten als ungrammatisch bzw. nicht zu dieser Sprache gehörig ausschließt.

Im Zusammenhang mit der Entstehung des Habitus war schon davon die Rede, dass der durch Verinnerlichung äußerer Strukturen entstandene Habitus den Akteuren gemeinsam ist, die derselben gesellschaftlichen Klasse angehören. Diese kollektive Dimension des Habitus bedeutet, dass der Habitus ein im Blick auf die jeweilige soziale Klasse oder Gruppe relativ homogenes System von Dispositionen darstellt. Die Ursache dafür besteht Bourdieu zufolge in der Homogenität der objektiven Existenzbedingungen und der damit verbundenen sozialen Konditionierungen der Mitglieder einer Klasse oder Gruppe (vgl. a.a.O., S. 111 f.). Nur so sei die oben beschriebene kollektive Wirkungsweise des Habitus ohne Absprache und ohne Dirigenten zu erklären. Zwar gesteht Bourdieu durchaus zu, dass es so etwas wie einen individuellen Habitus bzw. »Unterschiede zwischen den individuellen Habitusformen« gibt (a.a.O., S. 113), doch handelt es sich dabei ihm zufolge nur um individuelle Varianten ein und desselben Grundmusters, die durch die unendliche Anzahl möglicher Kombinationen derselben Elemente im Laufe eines Lebens erklärt werden können: »[J]edes System individueller Dispositionen ist eine strukturale Variante der anderen Systeme, in der die Einzigartigkeit der Stellung innerhalb der Klasse und des Lebenslaufs zum Ausdruck kommt« (ebd.).

Die theoretische Leistung des Habitus-Konzepts besteht vor allem darin, dass es die relative Konstanz und Regelmäßigkeit sozialer Praktiken besser zu erklären vermag als andere Modelle (wie z.B. Theorien rationalen Handelns), indem es diese Stabilität statt auf den Einfluss formaler Regeln, expliziter Normen oder bewusster Strategien auf die Wirksamkeit gesellschaftlich bedingter und von den Akteuren verinnerlichter Habitusformen zurückführt. Diese Erklärungskraft hat vor allem mit der zeitlichen Dimension des Habitus zu tun:

> »Als einverleibte, zur Natur gewordene und damit als solche vergessene Geschichte ist der Habitus wirkende Präsenz der gesamten Vergangenheit, die ihn erzeugt hat. Deswegen macht gerade er die Praktiken *relativ unabhängig* von den äußeren Determiniertheiten der unmittelbaren Gegenwart« (a.a.O., S. 105; Hervorhebung im Original).

Die relative Stabilität individueller Denk- und Verhaltensweisen beruht für Bourdieu also auf der lebensgeschichtlichen Dimension des Habitus, seiner allmählichen Sedimentierung oder Verfestigung im Zuge eines langfristigen Sozialisations- und Konditionierungsvorgangs.

Zusammenfassend kann gesagt werden, dass Bourdieus Habitusbegriff sich als Konzept zur theoretischen Erfassung der Struktur von Welt- und Selbstverhältnissen verstehen lässt, dessen Besonderheit darin besteht, dass es den Habitus bzw. das Welt- und Selbstverhältnis als eine Art Mittelglied zwischen den objektiven Existenzbedingungen und dem subjektiven Handeln ansiedelt und ihnen dabei eine *limitierende*, aber keineswegs *determinierende* Funktion zuschreibt, dass es den weitgehend unbewussten körperlichen und kollektiven Charakter individueller Welt- und Selbstverhältnisse ins Zentrum der Aufmerksamkeit rückt und dass es deren zeitliche bzw. lebensgeschichtliche Dimension hervorhebt, indem es die Entstehung des Habitus in einer frühen sozialisatorischen Phase beginnen lässt und als fortgesetzten Prozess der Verinnerlichung äußerer Strukturen begreift.

2.2 Trägheit und Veränderlichkeit des Habitus: Zur Bedeutung von Bourdieus Habituskonzept für eine Theorie transformatorischer Bildungsprozesse

Das Interesse Bourdieus gilt dabei insgesamt eher der relativen Stabilität gesellschaftlicher Verhältnisse bzw. der Bedeutung des Habitus für die Aufrechterhaltung und Reproduktion objektiver Strukturen als Phänomenen des sozialen Wandels oder individueller Transformationsprozesse. Vor diesem Hintergrund liegt die Bedeutung, die das Habituskonzept für eine Bildungstheorie haben könnte, die an der Beschreibung und Erklärung individueller Veränderungen interessiert ist, zunächst vor allem darin, dass es die Trägheit individueller Welt- und Selbstverhältnisse und damit die Schwierigkeiten betont, die solchen Veränderungen im Wege stehen. Bourdieus Theorie stellt so gesehen eine Beschreibung oder Erklärung weniger für die *Möglichkeit* als vielmehr für die *Unwahrscheinlichkeit* transformatorischer Bildungsprozesse dar. Das zeigt sich besonders deutlich in der folgenden Passage, in der es um die dominierende Rolle der lebensgeschichtlich frühen Erfahrungen innerhalb der Wirkungsweise des Habitus geht:

> »Der Habitus, der mit den Strukturen aus früheren Erfahrungen jederzeit neue Erfahrungen strukturieren kann, die diese alten Strukturen in den Grenzen ihres Selektionsvermögens beeinflussen, sorgt für eine einheitliche, von den Ersterfahrungen dominierte Aufnahme von Erfahrungen, die Mitglieder derselben Klasse statistisch miteinander gemein haben. Das besondere Gewicht der ursprünglichen Erfahrungen ergibt sich nämlich im wesentlichen daraus, daß der Habitus seine eigene Konstantheit und seine eigene Abwehr von Veränderungen über die Auswahl zu gewährleisten sucht, die er unter neuen Informationen trifft, indem er z.B. Informationen, die die akkumulierte Information in Frage stellen könnten, verwirft, wenn er zufällig auf sie stößt oder ihnen nicht ausweichen kann, und vor allem jedes Konfrontiertwerden mit derlei Informationen hintertreibt [...]. Durch die systematische ›Auswahl‹, die er zwischen Orten, Ereignissen, Personen des *Umgangs* trifft, schützt sich der Habitus vor Krisen und kritischer Befragung [...]« (Bourdieu 1987, S. 113f.; Hervorhebung im Original).

Die durch frühere Erfahrungen gestiftete Struktur des Welt- und Selbstverhältnisses wirkt mithin als eine Art Selektionsinstanz im Blick auf nachfolgende Erfahrungen und Informationen. Indem der Habitus tendenziell nur solche Wahrnehmungen zulässt, die im Einklang mit seinem Verarbeitungsmodus stehen, bewahrt er sich vor krisenhaften Erfahrungen und daraus potentiell resultierenden Veränderungen.

Zeichnet sich der Habitus so betrachtet vor allem durch seine Trägheit und Veränderungsresistenz aus, die zu betonen Bourdieu nicht müde wird, so finden sich in einigen Formulierungen entgegen der manifesten Haupttendenz seiner Argumentation dennoch auch Momente, die eine Veränderung von Habitusformen bzw. Welt- und Selbstverhältnissen mindestens als denkbar erscheinen lassen. So ist z. B. an der gerade zitierten Stelle davon die Rede, dass zwar der Habitus »mit den Strukturen aus früheren Erfahrungen jederzeit neue Erfahrungen strukturieren« könne, dass diese jedoch ihrerseits auch umgekehrt die »alten Strukturen in den Grenzen ihres Selektionsvermögens beeinflussen«.[7] Es gibt also für Bourdieu – wenn auch in eng gesteckten Grenzen – die Möglichkeit einer Rückwirkung neuer Erfahrungen auf alte Strukturen, was die Frage aufwirft, ob eine solche Rückwirkung in bestimmten, näher zu untersuchenden Fällen nicht auch zu einer Veränderung des Habitus führen kann.

Eine ähnliche Frage ergibt sich in einem anderen Zusammenhang, bei dem es um die zeitliche Dimension des Habitus geht. Wie oben wiedergegeben, macht seine Entstehung qua Einverleibung früherer Existenzbedingungen den Habitus relativ unabhängig von aktuellen Gegebenheiten. Entscheidend für die Erklärung aktueller Handlungsweisen, so argumentiert Bourdieu dort weiter, seien deshalb weder einfach die *gegenwärtigen* noch die *vergangenen* objektiven Bedingungen; ausschlaggebend sei vielmehr das *Verhältnis* zwischen beiden, d. h. die Relation zwischen den Entstehungs- und den Anwendungsbedingungen des Habitus (vgl. a. a. O., S. 104 f.). Aus dem zeitlichen Abstand zwischen der Entstehung und der ›Anwendung‹ oder Aktualisierung des Habitus folgt aber nicht nur die bereits erwähnte relative Unabhängigkeit des Habitus von den aktuellen gesellschaftlichen Bedingungen, sondern auch die Möglichkeit einer Diskrepanz zwischen aktuellen Bedingungen und Habitus:

> »Die vom Habitus […] bewirkte Gegenwart der Vergangenheit ist nie besser erkennbar, als wenn der Sinn der wahrscheinlichen Zukunft plötzlich Lügen gestraft wird und Dispositionen, die infolge eines Effekts der Hysteresis […] schlecht an die objektiven Möglichkeiten angepaßt sind, bestraft werden, weil das Milieu, auf das sie real treffen, zu weit von dem entfernt ist, zu dem sie objektiv passen. Das Weiterwirken der Erstkonditionierungen in Gestalt des Habitus kann nämlich auch und ebenso gut die Fälle erklären, wo sich Dispositionen *unerwünscht* auswirken und Praktiken den vorliegenden Bedingungen objektiv unangepasst, weil objektiv für überholte oder beseitigte Bedingungen passend sind. Die Neigung zum Verharren in ihrem Sosein, welche bei Gruppen unter anderem darauf zurückgeht, daß die Handelnden der Gruppe dauerhafte Dispositionen aufweisen, die sich unter Umständen länger halten als die ökonomischen und sozialen Bedingungen ihrer

---

7 Die deutsche Übersetzung lässt in der Schwebe, was in dem Relativsatz Subjekt und was Objekt ist, wer hier also wen beeinflusst. Ein Blick ins französische Original zeigt jedoch, dass es eindeutig die *neuen* Erfahrungen sind, die (französisch *qui*, also Nominativ) die alten Strukturen beeinflussen (vgl. Bourdieu 1980, S. 101).

Erzeugung, kann Grundlage sowohl von Nichtanpassung wie von Anpassung, von Auflehnung wie von Resignation sein« (a. a. O., S. 117; Hervorhebung im Original).

Den Ausgangspunkt dieser Passage bildet die Situation, dass Subjekte im Laufe ihrer Sozialisation bestimmte Wahrnehmungs-, Denk- und Handlungsschemata erworben haben, die den damaligen gesellschaftlichen Bedingungen entsprachen, dass diese Bedingungen sich aber von denen, mit denen sie in der Gegenwart konfrontiert sind, erheblich unterscheiden. Ein naheliegendes Beispiel dafür ist die Situation von Migranten, für die es häufig der Fall sein dürfte, dass die sozialen Strukturen, unter denen ihr Habitus in der Herkunftsgesellschaft entstanden ist, von denen der Aufnahmegesellschaft differieren, unter denen er Anwendung findet. Bourdieu bezeichnet diese Situation mit einem Begriff aus der Physik als »Hysteresis«, d. h. als das Fortdauern einer Wirkung, deren Ursache längst verschwunden ist.

Angesichts dieser Situation stellt sich die Frage, wie darin verwickelte Individuen auf diese Situation reagieren. Bourdieu hält offenbar zwei Möglichkeiten für denkbar, nämlich einerseits, dass die Akteure sich den neuen Bedingungen resignativ anpassen, und andererseits, dass sie sich dagegen auflehnen. Beides aber, Anpassung wie Auflehnung, scheint für Bourdieu von einer Tendenz der Habitusformen »zum Verharren in ihrem Sosein« gekennzeichnet zu sein. Im einen Fall, so wäre zu folgern, verweigern sich die Handelnden der Anpassung an die neuen Umstände, weil sie dazu neigen, an ihren einmal erworbenen Dispositionen festzuhalten; im andern Fall scheint dieselbe Beharrungstendenz zur Anpassung zu führen, weil es den Akteuren an alternativen Möglichkeiten der Wahrnehmung, des Denkens und des Handelns fehlt. Zu fragen wäre jedoch, ob dieselbe Situation nicht unter bestimmten Bedingungen auch dazu führen kann, dass sich die ›unpassend‹ gewordenen Habitusformen selbst verändern bzw. dass *neue* Wahrnehmungs-, Denk- und Handlungsdispositionen entstehen.

In diesem Sinne wäre Bildung angesichts einer Konfrontation mit veränderten Existenzbedingungen mit und gegen Bourdieu[8] als *Transformation* des jeweiligen Habitus zu begreifen, soweit sich dieser unter den veränderten gesellschaftlichen

---

8 Über die Frage der Transformierbarkeit des Habitus gibt es in der deutschsprachigen Bourdieu-Rezeption durchaus unterschiedliche Auffassungen. Hoben frühere Kommentare vor allem die statische Dimension des Habitus hervor (vgl. den Literaturbericht bei Rieger-Ladich 2005, bes. S. 284 ff.), so wird in neueren Arbeiten demgegenüber eher das »dynamische Moment« des Habitus betont (vgl. a. a. O., S. 289 ff.). Als entscheidendes Argument gilt dabei unter Bezug auf Bourdieus Arbeiten die Relation zwischen Habitus und Feld, wonach Veränderungen der Logik eines Feldes die Möglichkeit einer Wandlung des darauf bezogenen Habitus zur Folge haben. Eine interessante Ergänzung findet sich bei von Rosenberg (2011, S. 73 ff.), der die Möglichkeit von Habitustransformationen darüber hinaus in der »Mehrdimensionalität« sowie in der »Iterabilität« des Habitus begründet sieht: Veränderungen von Wahrnehmungs-, Denk- und Handlungsschemata würden demnach nicht nur durch das in der Mehrdimensionalität des Habitus angelegte Differenzpotential begünstigt, sondern auch durch den Umstand, dass jene Schemata jeweils ›wiederaufgeführt‹ werden müssen, was aber stets die Möglichkeit der Abweichung mit sich bringe (vgl. dazu auch unten den Schluss von Kapitel 12). Eine vermittelnde Position nimmt Wigger ein, der in zwei Aufsätzen (2006, 2007) das Verhältnis von Habitus- und Bildungstheorie(n) zu bestimmen sucht und dabei trotz Unterstreichung der dynamischen Dimension des Habitus eher für eine wechselseitige Ergänzung von Habitus- und Bildungstheorie plädiert als für eine Überführung der einen in die andere.

Bedingungen als nicht mehr angemessen erweist. Die Frage lautet dann, wie der Prozess solcher Habitustransformationen und die Bedingungen, unter denen sie zustande kommen, genauer beschrieben werden können. Worauf können Individuen zurückgreifen, wenn sie mit Situationen konfrontiert werden, für die ihre Interpretations- und Handlungsschemata nicht mehr ausreichen?

2.3 Kulturelles Kapital und symbolische Kämpfe: Zu den gesellschaftlichen Bedingungen transformatorischer Bildungsprozesse

Das entscheidende begriffliche Konzept für die Bearbeitung dieser Fragen im Rahmen von Bourdieus Theorie stellt der Begriff des Kapitals bzw. der Kapitalsorten dar (vgl. zum Folgenden Bourdieu 1992). Unter Kapital versteht Bourdieu sämtliche Formen akkumulierter Arbeit, auf die Individuen und Gruppen in ihrem Handeln als Ressourcen zurückgreifen können, die aber gesellschaftlich höchst ungleich verteilt sind. Wichtig daran ist in unserem Zusammenhang vor allem, dass dieses Konzept es Bourdieu erlaubt, den Zusammenhang der Habitusformen mit gesellschaftlichen Machtverhältnissen genauer zu fassen und dabei die ungleiche Verteilung von Macht (im Sinne von Verfügungsmöglichkeiten über bestimmte Ressourcen) zu thematisieren, ohne sie auf das Ökonomische zu reduzieren. Denn die entscheidende Wendung, die Bourdieu dem Kapitalbegriff gegenüber seiner geläufigen Verwendung gibt, ist die Ausweitung vom Bereich der Ökonomie bzw. des Warentauschs auf alle anderen Formen sozialen Austauschs. In diesem Sinne unterscheidet Bourdieu drei grundlegende Arten von Kapital, die zugleich drei Arten von Macht darstellen: ökonomisches, kulturelles und soziales Kapital. Während das *ökonomische Kapital* Bourdieu zufolge vor allem aus Geld sowie aus direkt in Geld konvertierbaren materiellen Gütern besteht und letzten Endes allen anderen Kapitalsorten zugrunde liegt, können kulturelles und soziales Kapital ihrerseits keineswegs beliebig in jenes (rück-)verwandelt werden, weil ihre Umwandlung eine spezifische Transformationsarbeit erforderlich mache und weil ihre Wirkung u.a. darauf beruhe, dass ihre Herkunft aus dem ökonomischen Kapital verborgen bleibt.

Kulturelles Kapital existiert für Bourdieu in drei verschiedenen Formen. Als *inkorporiertes* Kulturkapital bezeichnet er die dauerhaften Dispositionen eines Subjekts, die im Laufe von Sozialisation und formellen Bildungsprozessen erworben werden. Diese Dispositionen sind als fester Bestandteil der Person zu verstehen, der nicht ohne weiteres an andere weitervermittelt werden kann und dessen Weitergabe sich vielmehr weitgehend unsichtbar und unbewusst auf dem Wege der ›sozialen Vererbung‹ vollzieht. Daneben tritt das kulturelle Kapital auch als *objektiviertes* Kulturkapital in Erscheinung, das im Wesentlichen aus kulturellen Gütern wie z.B. Büchern oder Kunstwerken besteht und deshalb im Unterschied zum inkorporierten Kulturkapital materiell übertragbar ist. Eine letzte Form kulturellen Kapitals bildet das *institutionalisierte* Kulturkapital, das Bourdieu zufolge vor allem in Gestalt von Bildungstiteln in Erscheinung tritt, die ihrem Träger dauerhafte institutionelle Anerkennung verschaffen und relativ unabhängig von seinem jeweils aktuellen inkorporierten Kulturkapital sind. Sein Erwerb erfordert Investitionen an Zeit und Geld; umgekehrt ist es auf dem Arbeitsmarkt unter bestimmten Bedingungen in ökonomisches Kapital konvertierbar.

Die dritte Kapitalsorte neben dem ökonomischen und dem kulturellen Kapital stellt für Bourdieu schließlich das *soziale Kapital* dar, das alle diejenigen Ressourcen bezeichnet, die auf der Zugehörigkeit zu einer bestimmten Gruppe, einem dauerhaften Netz an Beziehungen und wechselseitiger Anerkennung beruhen. Der Umfang des sozialen Kapitals, über das ein Einzelner verfügen kann, hängt demzufolge von der Ausdehnung seines Beziehungsnetzes sowie vom Umfang des ökonomischen, kulturellen und sozialen Kapitals derjenigen ab, mit denen er in Beziehung steht. Auf diese Weise kommt dem sozialen Kapital Bourdieu zufolge eine Art Multiplikatoreffekt im Blick auf die anderen Kapitalsorten zu.

Bezieht man Bourdieus Theorie der Kapitalsorten auf die Frage nach den Strukturen und Bedingungen von Bildungsprozessen, so ist zunächst festzuhalten, dass Bourdieu selbst vor allem das inkorporierte kulturelle Kapital in Zusammenhang mit Bildung bzw. Ausbildung bringt. Auch vor dem Hintergrund der bisherigen Überlegungen zu Bildungsprozessen dürfte einleuchten, dass diese Kapitalsorte eine wichtige Ressource darstellt, auf die Individuen zurückgreifen, wenn sie mit neuen Problemlagen konfrontiert werden. Während jedoch Bourdieu selbst im Rahmen seines Konzepts Bildung als *Akkumulation* inkorporierten Kulturkapitals begreift und so auf die Anhäufung quantifizierbaren und strategisch einsetzbaren Wissens zu reduzieren scheint (vgl. a. a. O., S. 55), ist angesichts des bisher Gesagten zu fragen, ob Bildungsprozesse nicht auch den Inhalt und die Struktur dieses Kapitals betreffen. Wenn Bildung nicht nur als Erwerb, sondern auch und vor allem als Veränderung von Habitusformen verstanden werden soll, müsste im Blick auf das kulturelle Kapital nicht nur dessen *Akkumulation*, sondern auch dessen *Transformation* in den Blick geraten. Bildung wäre dann als ein Prozess der Erweiterung, Veränderung und Umstrukturierung des jeweils bisher erworbenen inkorporierten kulturellen Kapitals zu begreifen, der durch die Konfrontation mit neuen gesellschaftlichen Herausforderungen ausgelöst wird.

Die Bedeutung von Bourdieus Konzeption der Kapitalsorten für die theoretische Durchdringung solcher Bildungsprozesse besteht vor allem darin, dass mit ihrer Hilfe herausgearbeitet werden kann, dass Bildung in diesem Sinne sich nicht nur in der individuellen Auseinandersetzung eines Menschen mit seiner Umwelt vollzieht, sondern stets im Rahmen gesellschaftlicher Machtverhältnisse angesiedelt ist. Deutlich wird dies etwa anhand von Bourdieus Überlegungen zur symbolischen Wirksamkeit des Kapitals, einer Dimension des Kapitalbegriffs, die gewissermaßen quer zu den genannten drei Kapitalsorten steht. Unter *symbolischem Kapital* versteht Bourdieu das Maß an – institutionalisierter oder nicht-institutionalisierter – sozialer Anerkennung durch eine Gruppe oder Gesellschaft, über die ein Akteur verfügt (vgl. Bourdieu 1990b, S. 51). In diesem Sinn kommt dem symbolischen Kapital ähnlich wie dem sozialen Kapital eine Multiplikatorfunktion im Blick auf die anderen Kapitalsorten zu. Das lässt sich besonders deutlich beim kulturellen Kapital beobachten, dessen Wert zu einem nicht geringen Teil von seiner gesellschaftlichen Anerkennung (bzw. der Anerkennung seiner Besitzer) abhängt. So könnte man aus dem Gesagten in Bezug auf das Beispiel Migration die Schlussfolgerungen ziehen, dass die Frage, inwieweit das von Migranten ›mitgebrachte‹ kulturelle Kapital unter gegebenen gesellschaftlichen Umständen als ›passend‹ oder ›unpassend‹ gilt, nicht nur in der Sache selbst begründet ist, sondern auch vom Ausgang der symbolischen Auseinandersetzungen um gesellschaftliche Anerkennung abhängt. Daraus folgt, dass es bei den Bildungsprozessen, die im Zuge transnationaler Migration notwendig werden, keineswegs nur um individuelle Transformationen auf Seiten der Migrantinnen und Migranten geht. Bildung könnte vielmehr auch und gerade darin bestehen, dass das von Migranten ›mitgebrachte‹ kulturelle Kapital eine Neubewertung durch die Mitglieder und Institutionen der Aufnahmegesellschaft erfährt – eine Neubewertung, die gewissermaßen eine Veränderung des ›Umtauschkurses‹ dieses bislang wenig anerkannten Kapitals mit sich bringen würde.

Eine genauere Ausarbeitung seiner Überlegungen zur ungleichen gesellschaftlichen Verteilung von Macht bzw. Verfügungsmöglichkeiten über relevante Ressourcen stellt Bourdieus *Theorie des sozialen Raumes* dar, die die relationale Positionierung von Gruppen oder Individuen zueinander zum Gegenstand hat (vgl. zum Folgenden Bourdieu 1985). Unter sozialem Raum ist dabei ein mehrdimensionales Kräftefeld zu verstehen, in dem jedem Akteur bzw. jeder Gruppe von Akteuren eine bestimmte Position zukommt, die sich – unabhängig von ihren Intentionen und Selbstdeutungen – aus der jeweiligen Verteilung der verschiedenen Kapitalsorten (und d. h. aus der Verfügungsmacht über bestimmte ›Güter‹) ergibt. Ausgehend davon, so Bourdieu weiter, lassen sich Klassen als Ensembles von Akteuren mit ähnlicher Position im sozialen Raum ermitteln. Dabei handle es sich allerdings nicht um reale Klassen im Sinne kampfbereiter Gruppen, sondern vielmehr um »theoretische« Klassen mit wahrscheinlich ähnlichen politischen Einstellungen und Dispositionen.

In unserem Zusammenhang von besonderem Interesse ist dabei Bourdieus Thematisierung der »Repräsentationsarbeit« sozialer Akteure (a. a. O., S. 16) und der damit verbundenen gesellschaftlichen Auseinandersetzungen um die Durchsetzung der je eigenen Welt- und Selbstsicht. Diese Welt- und Selbstsicht wurzelt Bourdieu zufolge einerseits in den objektiven sozialen Strukturen, sofern bestimmte Kombinationen z. B. zwischen bestimmten politischen Einstellungen und der Position im sozialen Raum wahrscheinlicher sind als andere und sofern die Wahrnehmungs- und Bewertungsschemata Resultate vergangener symbolischer Auseinandersetzungen darstellen. Auf der anderen Seite eigne den Objekten der sozialen Welt stets ein Moment von Unbestimmtheit, das eine Pluralität von Welt- und Selbstsichten ermögliche und deshalb einen Ansatzpunkt für politische Auseinandersetzungen darstelle.

Diese relative Unbestimmtheit von Objekten der sozialen Welt markiert den Punkt, an dem trotz aller objektiven Limitierungen die Möglichkeit in den Blick gerät, dass es im Zuge symbolischer Auseinandersetzungen um die Durchsetzung der je eigenen Sichtweise einer Gruppe von Akteuren auch zur Veränderung einer solchen Sichtweise und mithin zu Habitustransformationen kommen kann. Die symbolischen Kämpfe um legitime Sichtweisen der sozialen Welt könnten deshalb im Anschluss an Bourdieu (und gleichzeitig über ihn hinaus) als möglicher Ort von Bildungsprozessen verstanden werden, sofern diese Auseinandersetzungen von ihm als »Ort schlechthin symbolischen Wirkens« beschrieben werden (a. a. O., S. 39), weil es hier um die Erzeugung sozialer Sachverhalte gehe (und warum nicht auch um deren Transformation?). Dabei wäre mit Bourdieu festzuhalten, dass auch und gerade individuelle biographische Bildungsprozesse sich stets in Abhängigkeit von den politischen Auseinandersetzungen um die Legitimität der Welt- und Selbstdeutungen bestimmter gesellschaftlicher Gruppen vollziehen. Über Bourdieu hinaus aber wäre nach den Spielräumen der Veränderung von Welt- und Selbstsichten zu fragen, die in oder durch solche Auseinandersetzungen eröffnet werden.[9]

Fraglich erscheint allerdings, ob die theoretischen Mittel, die Bourdieus Gesellschaftstheorie bereitstellt, ausreichen, um die symbolischen Praktiken genauer zu erfassen und zu analysieren, mittels derer soziale Sachverhalte bzw. individuelle Welt- und Selbstsichten hervorgebracht und ggf. transformiert werden. Bourdieus Ausführungen im Rahmen seiner Konzeption des sozialen Raums beschränken sich auf die Beschreibung symbolischer Strategien zur Durchsetzung der je eigenen Sichtweise sozialer Welt, die von offiziellen Äußerungen mit Monopolanspruch auf die legitime symbolische Gewalt bis zu einseitigen interessensgebunden Unmutsbekundungen einzelner Akteure oder Gruppen reichen. Sie enthalten jedoch keine systematischen Hinweise darauf, wie im Rahmen solcher symbolischer Auseinandersetzungen Bildungsprozesse präziser gefasst oder gar empirisch analysiert werden könnten. Dazu fehlt es Bourdieus Theorie an Konzepten, die es erlauben würden, symbolisch strukturierte innovative bzw. transformatorische Prozesse zu beschreiben.

Das gilt selbst für Bourdieus explizite Auseinandersetzung mit der strukturalistischen Sprachtheorie in *Was heißt sprechen?*. Dort vertritt er die These, dass das sprachliche Geschehen in »symbolische Machtbeziehungen« eingeschrieben sei, in denen sich die außersprachlich begründeten »Machtverhältnisse zwischen den Sprechern oder ihren jeweiligen sozialen Gruppen aktualisieren« (Bourdieu 1990b, S. 11). Während diese These am Beispiel der Durchsetzung einer »legitimen«, d. h. offiziell anerkannten (Hoch-)Sprache und der außersprachlichen Bedingungen für das Gelingen performativer Sprechakte durchaus überzeugend dargelegt wird, bleibt die Frage nach der Veränderbarkeit solcher Machtverhältnisse ebenso unbeantwortet wie die Frage, was innovatives oder transformatorisches sprachliches Handeln dazu beizutragen vermag. In der Bearbeitung dieser Fragen läge eine wichtige

---

9 Die Begrenztheit von Bourdieus Perspektive ist dabei vor allem darin zu sehen, dass er diese politisch-symbolischen Auseinandersetzungen im Rahmen seines erweiterten Ökonomiebegriffs ausschließlich als Kampf um materielle oder symbolische Profite, d. h. um Gewinne oder Verluste der eigenen Position im Verhältnis zu anderen Akteuren versteht. Bildung wird dabei reduziert auf eine Ressource innerhalb dieses Kampfes um Gewinn oder Verlust. So wenig bestritten werden soll, dass der Kampf um materiellen und symbolischen Profit einen zentralen Aspekt gesellschaftlicher Auseinandersetzungen darstellt, bleibt doch zu fragen, ob es im Sinne der kritischen Tradition des Bildungsdenkens nicht doch an der Möglichkeit festzuhalten gälte, die Zwangsläufigkeit dieses Kampfes und einer hierarchischen Ordnung von Gewinnern und Verlierern in Frage zu stellen.

Aufgabe für die weitere Ausarbeitung einer Theorie transformatorischer Bildungsprozesse.

3 »Schwierigkeiten mit Identität«. Zum Konzept narrativer Identität

Das Habituskonzept Bourdieus erwies sich als geeignet, die gesellschaftliche (und die körperliche bzw. leibliche) Dimension von Welt- und Selbstverhältnissen zu thematisieren, stößt aber nicht erst an Grenzen, wenn es darum geht, das transformatorische Geschehen von Bildungsprozessen zu erfassen, sondern auch schon im Blick auf die individuelle, psychische Seite des Welt- und Selbstbezugs. Ein viel diskutiertes Konzept, das geeignet sein könnte, dieses Manko zu kompensieren, stellt der Begriff der Identität dar, der in den Sozial- und Kulturwissenschaften insbesondere dazu dient, das Selbstverhältnis von Subjekten zu erörtern. Der Identitätsbegriff gehört allerdings zu den Konzepten, deren Bedeutung durch geradezu inflationären Gebrauch so ausgehöhlt wurde, dass sein theoretischer Nutzen fraglich erscheint. Andererseits kann gerade die weit verbreitete und oft unklare Rede von Identität mit Klaus Mollenhauer als »Symptom eines vermutlich wichtigen Problems« aufgefasst werden, das genauere Betrachtung verdient (Mollenhauer 2008, S. 156). Mollenhauer schlägt vor, den Begriff zu präzisieren, indem er auf solche Sachverhalte beschränkt wird, »die es mit dem Verhältnis des Menschen, der ›ich‹ sagt, zu dem, was dieses Ich über sich sagt, zu tun haben« (ebd.).

Kennzeichnend für die Rede von Identität ist Mollenhauer zufolge, dass der Begriff dem Wortsinn nach eine »Einheit des Vielerlei« bedeute und mithin nur solche Beziehungen eines Ichs zu sich selber bezeichne, die ein gewisses Maß an Einheitlichkeit aufwiesen. Mollenhauers entscheidende These lautet nun, dass es eine so verstandene Identität »in Fragen der Bildung des Menschen nur als Problem, nicht als Tatsache« geben könne (a. a. O., S. 159). Denn eine solche einheitsstiftende Beziehung des Ich zu sich selbst sei nur um den Preis einer groben Vereinfachung der Vielfalt seiner Weltbezüge möglich und bleibe stets labil, da die in ein einheitliches Selbstbild nicht integrierbaren Erfahrungsanteile jederzeit relevant werden und zu dessen Umorganisation zwingen könnten. Und weil das Verhältnis zum eigenen Selbstbild notwendigerweise als ein riskanter, zukunftsoffener Entwurf gelten müsse, sei Identität streng genommen nur als Fiktion denkbar.

Obwohl seit dem Erscheinen des Buchs, in dem Mollenhauer diese These entwickelt hat, fast 40 Jahre vergangen sind[10], hält die Konjunktur des Identitätsbegriffs unvermindert an, und zu dessen vielfältigen Verwendungsweisen sind weitere dazugekommen. Es ist daher die Frage, inwieweit neuere Identitätskonzepte den »Schwierigkeiten mit Identität« Rechnung tragen, auf die Mollenhauer zu Recht hingewiesen hat. Das folgende Kapitel nimmt vor diesem Hintergrund *eine* neuere

---

10 Es handelt sich um Mollenhauers 1983 erstmals erschienenen Text *Vergessene Zusammenhänge. Über Kultur und Erziehung.*

Verwendungsweise des Identitätsbegriffs, nämlich das Konzept der *narrativen Identität*, in den Blick und versucht zu klären, inwieweit dieses Konzept jenen Schwierigkeiten in angemessener Weise Rechnung trägt.

Insofern der Identitätsbegriff die Beziehung bezeichnet, die ein Ich zu sich selbst bzw. zu seinem Selbstbild unterhält, erscheint der Terminus in unserem Zusammenhang vor allem interessant für die Frage nach der theoretischen Erfassung der Welt- und Selbstverhältnisse, die in transformatorischen Bildungsprozessen zum Gegenstand grundlegender Veränderungen werden.

3.1 Zum Begriff der Identität

Wie bereits angedeutet lässt sich die Kritik an der ausufernden und ungenauen Verwendung des Identitätsbegriffs auch als Indiz dafür verstehen, dass der Terminus auf ein Problem reagiert, dem genauer nachzugehen lohnt. Begreift man Identität als das Verhältnis eines Menschen zu sich selbst, soweit es ein bestimmtes Maß an Einheit aufweist, so liegt es nahe, das Problem, auf das die Rede von Identität reagiert, darin zu sehen, dass das erforderliche Maß an Einheit nicht (mehr) einfach gegeben ist. Von Identität wäre so gesehen vor allem die Rede, weil sie problematisch geworden ist – und d. h., weil ihr Vorhandensein zwar weiterhin sozial erforderlich, aber nicht mehr selbstverständlich ist. Das Gemeinte lässt sich verdeutlichen, wenn man eine Fassung des Identitätsbegriffs von Jürgen Straub zu Hilfe nimmt, die es erlaubt, die bisherigen Überlegungen zu präzisieren. Identität bezeichnet demzufolge

> »jene *Einheit und Nämlichkeit* einer Person […], welche auf aktive, psychische Synthetisierungs- oder Integrationsleistungen zurückzuführen ist, durch die sich die betreffende Person der Kontinuität und Kohärenz ihrer Lebenspraxis zu vergewissern sucht. Dabei wird angenommen, daß Kontinuität und Kohärenz angesichts diachroner und synchroner Differenzerfahrungen gebildet oder konstruiert werden, ja, daß es solche Erfahrungen sind, die die besagten Integrationsleistungen erst auf den Weg bringen« (Straub 1998, S. 75; Hervorhebungen im Original).

In dieser Definition wird die Einheitsforderung, die mit dem Identitätsbegriff schon aufgrund seiner Herkunft vom lateinischen *idem* verbunden ist, präzisiert und in diachroner Perspektive als *Kontinuität* sowie synchron als *Kohärenz* gefasst. Selbstverhältnisse, so lässt sich folgern, werden zum Problem, wenn Kontinuität und Kohärenz der Selbstthematisierungen nicht mehr gesichert sind – etwa in Folge biographischer Differenzerfahrungen (*bin ich noch derselbe, der ich früher war?*) oder der Erfahrung differenter sozialer Rollen (*bin ich derselbe trotz der verschiedenen Verhaltenserwartungen, die in Beruf, Familie, Freizeit etc. an mich gerichtet sind?*).

Daran anknüpfend wäre in erster Annäherung festzuhalten, dass die Rede von Identität nur unter zwei Bedingungen sinnvoll ist. Zum einen scheint es notwendig, Identität als dynamische Größe zu begreifen, die potentiell ständiger Veränderung unterliegt. Zum andern wäre Identität nicht als Qualität oder gar Wesensmerkmal einer Person zu verstehen, sondern als notwendigerweise instabiles Resultat eines Prozesses, das durch Synthetisierung und Integration von Differenzen allererst hervorgebracht wird. Identität zu thematisieren hieße demnach, nach Prozessen der Identitäts*entwicklung* bzw. der Identitäts*konstitution* zu fragen.

3.2 Das Konzept narrativer Identität

In diesem Zusammenhang ist nun das Konzept der narrativen Identität von Interesse, weil es Identität als Effekt einer spezifischen synthetisierenden Aktivität begreift, nämlich des *Erzählens*. Das Konzept geht u. a. zurück auf die Erzähltheorie Paul Ricœurs, der den Begriff am Ende seines dreibändigen Werks *Zeit und Erzählung* eingeführt und später in einem eigenen Aufsatz behandelt hat (vgl. Ricœur 1991, S. 392ff. und 2005). Besondere Bedeutung hat das Konzept in der Psychologie erlangt, etwa bei Jerome Bruner, der der Fixierung auf beobachtbares Verhalten (Behaviorismus) bzw. Informationsverarbeitung (Kognitionswissenschaft) eine »Kulturpsychologie« gegenübergestellt, deren besondere Aufmerksamkeit den Mechanismen der Erzeugung von Sinn und Bedeutung gilt, zu denen er insbesondere das Erzählen rechnet (Bruner 1997; zur deutschsprachigen Debatte vgl. Kraus 1999 und 2000 sowie Keupp u. a. 2006).

Einen guten Zugang zum Konzept der narrativen Identität liefert eine Definition von Guy Widdershoven. Er versteht darunter »the unity of a person's life as it is experienced and articulated in stories that express this experience« (Widdershoven 1993, S. 7).[11] Die Definition erscheint auf den ersten Blick einfach und klar, enthält aber bei näherem Hinsehen eine Reihe von Schwierigkeiten, die im Folgenden unter Bezug auf andere Arbeiten zur narrativen Identität erörtert werden sollen.

Die Formulierung, narrative Identität bezeichne »*the unity of a person's life*«, verweist auf die schon von Mollenhauer erwähnte Forderung nach einem gewissen Maß an Einheit, das in modernen Gesellschaften problematisch geworden ist. Wie bereits skizziert, lässt sich Einheit dabei in doppelter Weise als Kontinuität und Kohärenz begreifen. In *diachroner* Perspektive ist die »Einheit des Lebens« demnach gefährdet durch die Vielzahl der Ereignisse, in die eine Person im Laufe ihres Lebens verstrickt ist, sowie durch die sich daraus ergebenden Veränderungen der Person selbst. Narrative Identität als diachrone »Einheit des Lebens« verspricht mithin eine Antwort auf die Frage, inwiefern ich heute noch derselbe bin wie früher. In *synchroner* Perspektive ist diese Einheit bedroht durch die Verschiedenheit der Handlungszusammenhänge, in die eine Person eingebunden ist und die mit unterschiedlichen Rollenerwartungen einhergehen. In dieser Hinsicht antwortet narrative Identität auf das Problem, inwiefern ich derselbe bin, wenn ich z. B.

---

11 Vgl. die Übersetzung bei Kraus: »Narrative Identität kann definiert werden als ›die Einheit des Lebens einer Person, so wie diese Person sie in den Geschichten erfährt und artikuliert, mit denen sie ihre Erfahrung ausdrückt‹« (Kraus 1999, S. 5).

gleichzeitig versuche, beruflichen Anforderungen nachzukommen, eine familiäre Rolle auszufüllen, bestimmten Freizeitaktivitäten nachzugehen etc.

Der Versuch, solche diachronen und synchronen Differenzen durch die Postulierung eines unveränderlichen ›Kerns‹ der Person zu synthetisieren, führt, wie Ricœur gezeigt hat, unweigerlich in eine Aporie, weil die Annahme einer solchen Einheit im Sinne von Kants Kategorie der Substanz als »Beharrlichkeit des Realen in der Zeit« und die menschliche »Erfahrung der körperlichen und geistigen Veränderung« einander ausschließen (Ricœur 2005, S. 210). Dieser Aporie sucht Ricœur zu entkommen, indem er narrative Identität nicht als »Selbigkeit« im Sinne des lateinischen *idem* begreift, sondern vielmehr als »Selbstheit« im Sinne von *ipse* (a.a.O., S. 209). Die Frage ist dann nicht mehr, inwiefern ich heute *derselbe* bin wie früher (bzw. in einer meiner Rollen derselbe wie in anderen), sondern inwiefern ich in allen diesen Fällen *ich selbst* bin. An die Stelle der Frage nach der Gleichheit der Person zu verschiedenen Zeiten oder in verschiedenen sozialen Rollen tritt so das Problem der Übereinstimmung mit sich selbst. Der Gewinn dieser Unterscheidung besteht darin, dass man nun nicht auf einen substantiellen ›Kern‹ der Person rekurrieren muss, um Identität zu begründen. Es bleibt jedoch die Frage, wie diese Übereinstimmung ihrerseits zustande kommt. Genau an dieser Stelle kommt das Erzählen ins Spiel, dem Ricœur die Aufgabe zuschreibt, dem Menschen einen Zugang zur Identität zu verschaffen. Auf die Frage nach der Entstehung dieser Übereinstimmung mit sich selbst antwortet das Konzept der narrativen Identität also, indem es das Erzählen als diejenige Praktik herausstellt, die Identität im Sinne jener Selbstheit hervorbringt. Damit sind wir beim nächsten Element von Widdershovens Definition.

Narrative Identität, so besagt jene Definition weiter, sei die Einheit des Lebens einer Person, wie sie »*in stories*« erfahren und artikuliert werde. Der Ort, an dem diese Einheit erfahren und artikuliert werden kann, ist also weder das Leben selbst noch irgendein ›Kern‹ der Person, sondern sind Geschichten, d.h. textförmige Gebilde, die in einer sozialen Praktik namens Erzählen hervorgebracht werden und eine ganz bestimmte Struktur aufweisen (von der noch die Rede sein wird). Bemerkenswert an der Formulierung ist, dass das Wort »*stories*« im Plural steht, was darauf verweist, dass es nicht nur eine einzige Geschichte gibt, in der das Leben einer Person erzählt wird. Wie aber kann eine Vielheit von Geschichten die geforderte »Einheit des Lebens« gewährleisten? Auch in dieser Hinsicht bleibt die Einheitsforderung offenbar problematisch.

Widdershovens Definition besagt weiter, narrative Identität sei die Einheit des Lebens einer Person, wie sie in Geschichten *erfahren und artikuliert* werde (»*as it is experienced and articulated*«). Das Verhältnis von Erfahrung und Artikulation könnte dabei so verstanden werden, dass der Mensch sein Leben *zunächst* als Einheit erfährt und diese Einheit *dann* sprachlich zum Ausdruck bringt. Doch zweierlei steht im Widerspruch zu dieser Lesart. Zum einen besagt die zitierte Definition, die Einheit des Lebens einer Person werde *in Geschichten* erfahren, die diese Erfahrung ausdrücken. Das kompliziert das Verhältnis zwischen Erfahrung und Artikulation und legt eine Lesart nahe, wonach die Einheit des Lebens zweimal erfahren wird: einmal ›im Leben‹ (um dann narrativ ausgedrückt werden zu können) und ein zweites Mal ›in stories‹, d.h. beim Erzählen oder Vernehmen von Geschichten, die jene Einheit artikulieren. Zum andern ist da die eigenartige Semantik des Wortes »artikulieren«, das etymologisch auf das lateinische *articulus* »Abschnitt, Teil, Glied« zurückgeht (Kluge 1995, S. 55). Die Einheit des Lebens zu artikulieren, würde demnach bedeuten, den Strom des Lebens zu gliedern, in einzelne Ereignisse zu unterteilen und diese miteinander wie Glieder einer Kette zu verknüpfen – analog zur sprachlichen Artikulation, die einzelne Laute gliedernd voneinander abhebt und auf geregelte Weise miteinander verbindet.

Diese Überlegung wird gestärkt durch Ricœur, der narrative Identität im Unterschied zu anderen Versionen des Konzepts nicht nur als Identität der erzählenden Person begreift, sondern auf mehreren miteinander verbundenen Ebenen ansiedelt. Narrative Identität entstehe demzufolge im Prozess des Erzählens zunächst auf der Ebene der Fabelkomposition. Auf dieser Ebene bezeichne der Terminus die Einheit der erzählten Geschichte, die auf einer »Synthese des Heterogenen« beruhe und bewirkt werde, indem die Erzählung zwischen »diskordanten Elementen« wie der bloßen Aufeinanderfolge vielfältiger Ereignisse und disparaten Handlungskomponenten (Absichten, Ursachen, Zufällen etc.) auf der einen und dem inneren Zusammenhang der Geschichte auf der anderen Seite vermittle (Ricœur 2005, S. 214). Auf einer zweiten Ebene geht es Ricœur um die Identität der Erzählfigur, des »Helden« der Geschichte. Auch hier beruhe narrative Identität auf einer Synthetisierungsleistung, die innerhalb der Transformationen der Erzählfigur als dem zentralen Moment der Erzählung einen »einheitliche(n) Stil von subjektiver Transformation« erkennbar werden lasse. Auch wenn etwa der zeitgenössische Roman dazu tendiere, die narrative Identität der Figuren »unzähligen imaginativen Variationen« zu unterwerfen, die bis zum völligen »Identitätsverlust des Helden« reichen könnten, werde die Problemebene der Identität der Erzählfigur nicht verlassen (a. a. O., S. 215 ff.). Eine dritte Ebene schließlich bildet für Ricœur die Frage nach der narrativen Identität des Lesers, der sich im Zuge seiner Lektüre die erzählte Geschichte aneigne und dabei sein eigenes Selbst *refiguriere*. Narrative Identität entstehe dabei dadurch, dass der Leser sein Verhältnis zu sich selbst neu gestalte, indem er sich mit der Erzählfigur identifiziere, sich deren Identität aneigne und so sein Selbst dem »Spiel imaginativer Variationen« unterwerfe (a. a. O., S. 222 f.).

Der Prozess der Entstehung narrativer Identität vollzieht sich demzufolge auf mehreren Ebenen: erstens durch die Komposition einer Fabel, in der diskordante Elemente in einen konkordanten Zusammenhang gebracht werden, zweitens mittels der Konstruktion eines Helden, der sich trotz der verschiedenen Transformationen, denen er unterliegt, durch einen einheitlichen »Stil« subjektiver Transformation auszeichnet, und drittens im Zuge der Rezeption einer Erzählung durch einen Leser, der sich mit dem Helden identifiziert und so seine eigene Identität refiguriert. Auch wenn Ricœurs Überlegungen sich im Unterschied zu den meisten anderen Vertretern des Konzepts nicht auf »Selbst-Narrationen« (Kraus 2000, S. 178) beschränken, lassen sie sich dennoch auch auf solche autobiographischen Erzählungen beziehen. Die Herausbildung narrativer Identität wäre in diesem Fall erst abgeschlossen, wenn ein Ich-Erzähler nicht nur die disparaten Elemente seines Lebens und die differenten Zustände seiner Person zu einer Einheit gebracht hat, sondern auch beim Erzählen seiner Geschichte(n) selbst zu deren Leser bzw. Zuhörer geworden ist, sich mit der präsentierten Figur identifiziert und so die »Einheit seines Lebens« erfährt.

Die Definition Widdershovens schließt mit der Formulierung, narrative Identität werde in Geschichten erfahren und artikuliert, *die diese Erfahrung ausdrücken* (»*that express this experience*«). Diese Formulierung dementiert in gewisser Weise die zuletzt entwickelten Überlegungen zum Verhältnis von Erzählung und Erfahrung und suggeriert stattdessen ein repräsentationistisches Verhältnis zwischen erzählter Geschichte und gelebter Erfahrung, wonach Erzählen eine Erfahrung abbildet.[12] Aber lässt sich eine solche Auffassung wirklich aufrechterhalten? Wenn das Erzählen die geforderte »Einheit des Lebens« erst hervorbringt, wäre sie ja – ähnlich wie die Erinnerung – nicht einfach Ausdruck einer gelebten Erfahrung, sondern eher so etwas wie deren nachträgliche Konstruktion oder zumindest Modifikation.

Das bedeutet aber keineswegs, dass dieses Konstrukt nichts mit der ›gelebten‹ Erfahrung zu tun hätte. Das Verhältnis zwischen Erzählung und Erfahrung wäre im Lichte diese Überlegungen vielmehr als *performatives* zu bestimmen. Wie performative Sprechakte das, was sie aussagen, erst bewirken (wie z. B. der Satz »Hiermit ist die Sitzung eröffnet«), bringt das Erzählen die »Einheit des Lebens« performativ hervor und macht sie so überhaupt erst erfahrbar. So gesehen wirken sich das Erzählen bzw. sein Resultat (die narrativ erzeugte Identität) auf Erfahrungen in der Weise aus, dass eine Person ihr Leben in dem Maße, wie Geschichten darüber erzählt werden, auch so erfährt, wie diese Geschichten es darstellen. Narrative Identität wäre dann (in Abwandlung der oben zitierten Definition) die Einheit des Lebens einer Person, so wie sie in den Geschichten darüber artikuliert *und zugleich* erfahren wird, weil die Geschichten dieses Leben so und nicht anders artikulieren.

Die angedeuteten Zweifel an einem repräsentationistischen Verständnis von Artikulation und Erfahrung erhalten zusätzliche Nahrung durch ein Argument, das auch in den Arbeiten zur narrativen Identität eine zentrale Rolle spielt: durch die These, die narrative Konstruktion von Bedeutungen sei kein individueller Vorgang, sondern mehrfach *gesellschaftlich vermittelt.* So betont Bruner, dass soziales Handeln als Gegenstand einer an Sinn und Bedeutung orientierten Kulturpsychologie stets »situiertes«, d. h. in einen kulturellen und interaktiven Rahmen eingebettetes Handeln sei und dass es sich bei dem narrativ hervorgebrachten Ich um ein »situiertes« bzw. »distribuiertes« (d. h. auf die Sprechakte verschiedener Akteure verteiltes) Ich handle (Bruner 1997, S. 38 und 115). Und auch Kraus hebt hervor, die narrative Organisation des Erfahrungsstroms sei insofern sozial geprägt, als das Erzählen der eigenen Lebensgeschichte durch gesellschaftlich vermittelte Erzählformen vorstrukturiert und auf soziale Aushandlungsprozesse angewiesen sei, in denen sich die Bedeutung von Ereignissen interaktiv konstituiere (Kraus 1999, S. 5 f.). Die gesellschaftliche Vermittlung weist demnach zwei Formen auf: die kulturellen Konventionen des Erzählens und das Erzählen als kommunikatives Geschehen.

Zu den durch kulturelle Tradition vermittelten Formen des Erzählens gehören zunächst die konstitutiven Elemente, über die eine Erzählung verfügen muss, um als

---

12 Widdershoven plädiert für ein dialektisches Verständnis narrativer Identität, das diese zurückführt auf »a mutual relation between lived experience on the one hand, and stories in which this experience is articulated on the other hand« (Widdershoven 1993, S. 9).

solche wahrgenommen zu werden. Eine »gut gebaute Geschichte« weist Bruner zufolge (der hier an den amerikanischen Literaturtheoretiker Kenneth Burke anschließt) fünf Elemente auf: einen Akteur, eine Handlung, ein Ziel, einen Schauplatz und ein Instrument – plus eine Reihe von »Schwierigkeiten«, die sich aus einem Ungleichgewicht zwischen diesen Elementen ergeben (Bruner 1997, S. 66 ff.). Wie auch immer man solche konstitutiven Elemente im Einzelnen bestimmen mag (für einen anderen, auf mündliche Stegreiferzählungen bezogenen Versuch vgl. Schütze 1984) – unbestreitbar dürfte sein, dass Erzählungen bereits auf der Ebene ihres ›Materials‹ gesellschaftlich geprägt sind, insofern sie bestimmte (historisch veränderliche) Anforderungen erfüllen müssen, um das Interesse von Zuhörern oder Lesern zu finden. Mehr noch als für ihre konstitutiven Elemente gilt dies für die soziokulturellen Erwartungen an Erzählungen, die den Formen der Verknüpfung jener Elemente gelten. Kenneth und Mary Gergen zufolge zeichnet sich eine »wohlgeformte« Erzählung dadurch aus, dass sie einen sinnstiftenden Endpunkt besitzt, sich auf (je nach Relevanzgesichtspunkt) ausgewählte Ereignisse konzentriert, diese Ereignisse sequenziell geordnet und kausal miteinander verknüpft präsentiert sowie ihren Anfang und ihr Ende markiert (Gergen & Gergen 1988, S. 20 ff.). So gesehen ist das Erzählen gesellschaftlich vermittelt, insofern ihm kulturelle Erwartungen an »wohlgeformte« Erzählungen zugrunde liegen, die darüber befinden, was und wie erzählt werden kann. Gesellschaftlich vermittelt sind schließlich auch die größeren Formen oder Genres des Erzählens, von denen die Tradition sowohl literarischen als auch alltäglichen Erzählens geprägt ist. So kann eine bestimmte Abfolge von Ereignissen z. B. als Fortschritts- oder Verfallserzählung (vgl. Kraus 1999, S. 5) bzw. als Komödie, Romanze, Tragödie oder Satire präsentiert werden (vgl. Gergen & Gergen 1988; zu anderen »Erzählfiguren« vgl. auch Michel 1985).

Ob es nun um die konstitutiven Elemente von Erzählungen, um die Formen von deren Verknüpfung oder um narrative Genres geht – festzuhalten ist, dass die narrative Artikulation der »Einheit des Lebens« nicht einfach aus der (vermeintlich unmittelbaren) Erfahrung hervorgeht, sondern kulturellen Mustern folgt, die jene Einheit erst herstellen oder zumindest vorformen, von der eine Erzählung zu berichten vorgibt.

Die Frage nach dem Verhältnis von Erzählung und Erfahrung ist auch deshalb wichtig, weil sie mit der Frage nach dem Wahrheitsanspruch von Erzählungen verbunden und insofern auch für das Identitätsproblem von Interesse ist. Denn wenn Identität als Übereinstimmung mit sich selbst, und d. h. nicht als wesenhaftes Merkmal einer Person zu verstehen ist, sondern als Effekt eines Identifizierungsvorgangs, bei dem das Subjekt sich mit einem Bild identifiziert, das es sich von sich selber macht, dann wirft diese Sichtweise auch die Frage nach der Triftigkeit dieser Übereinstimmung auf. Sofern Identität auf der narrativ artikulierten Behauptung einer solchen Übereinstimmung zwischen Subjekt und Selbstbild beruht, ist sie notwendigerweise offen für Täuschung und Illusion. In einem ähnlichen Sinn hieß es bei Mollenhauer, dass Identität nur als Fiktion möglich sei, und auch Ricœur verweist auf die Ambivalenz narrativer Identität, die darin bestehe, dass die Identifikation mit einer Erzählfigur auch als »Quelle des Mißverstehens, ja der Illusion« begriffen werden könne (Ricœur 2005, S. 223). Wie aber lässt sich die Frage nach der

Wahrheit oder – vorsichtiger formuliert – der Triftigkeit narrativer Artikulationen der »Einheit des Lebens« bzw. der Übereinstimmung mit sich selbst entscheiden?

In diesem Zusammenhang ist Bruners Hinweis von Interesse, zu den wesentlichen Merkmalen des Erzählens gehöre auch dessen »Indifferenz gegenüber außersprachlichen Realitäten« – anders formuliert: eine Erzählung könne »real« oder »imaginär« sein, »ohne als Geschichte an Wirkung zu verlieren« (Bruner 1997, S. 61). Damit hängt für Bruner ein weiteres Merkmal ›gut gebauter‹ Geschichten zusammen, nämlich deren Offenheit für Interpretationen. Kunstfertige Erzählungen unterscheiden sich demnach von Sachdarstellungen u. a. durch die Verwendung »konjunktivierender Transformationen«, d. h. lexikalischer und grammatischer Mittel, die subjektive Zustände, einschränkende Umstände und alternative Handlungsoptionen in den Vordergrund rücken und so unterschiedliche Interpretationsmöglichkeiten eröffnen. Dadurch entzögen sich Erzählungen – im Unterschied zu logischen Propositionen – den an Wahrheitsbedingungen der formalen Logik orientierten Verfahren der Bedeutungsermittlung, und ihre Analyse müsse sich stattdessen an »Glückensbedingungen« orientieren (a. a. O., S. 70 ff.). Was nun aber sind solche Gelingensbedingungen für Geschichten, durch die narrative Identität hergestellt wird?

Damit sind wir bei der zweiten Ebene der gesellschaftlichen Vermitteltheit von Erzählungen und der darin artikulierten narrativen Identität. Sie betrifft die oben erwähnte interaktive Einbettung von Erzählungen bzw. die damit verbundenen sozialen Aushandlungsprozesse. Um zu klären, unter welchen Bedingungen eine Erzählung als ›geglückt‹ gelten kann, ist zunächst nach der kommunikativen Funktion von Erzählungen zu fragen. Eine plausible These dazu findet sich bei Bruner, der dem Erzählen die Funktion zuschreibt, Abweichungen vom »Kanonischen«, d. h. von den normativen sozialen Erwartungen an menschliches Handeln zu legitimieren: »Es ist die Funktion der Geschichte, einen intentionalen Zustand zu ermitteln, der die Abweichung von einem kanonischen kulturellen Muster mildert oder zumindest verständlich macht« (a. a. O., S. 66). Erzählungen dienen demnach dazu, außergewöhnliche, von gängigen Normalitätserwartungen abweichende Handlungen zu erklären, indem sie eine Geschichte konstruieren, die diese Abweichung nachvollziehbar macht. Die Bedingung für das ›Glücken‹ einer Erzählung wäre daher, dass es ihr gelingt, die Zuhörer zur Zustimmung zu einer narrativen Erklärung zu bewegen, die sie einer solchen ›Abweichung vom Kanonischen‹ zu geben versucht. Im Falle der autobiographischen Erzählung, auf die sich die meisten Überlegungen zur narrativen Identität konzentrieren, käme es also darauf an, die Rezipienten der Erzählung (einschließlich des Erzählers selbst) von der Stimmigkeit des eigenen Lebens trotz dessen ›Abweichung vom Kanonischen‹ zu überzeugen. Auch in dieser Hinsicht bleibt narrative Identität allerdings ein Problem. Denn das ›Glücken‹ einer Erzählung im Sinne Bruners setzt voraus, dass es einen ›Kanon‹ an Normalitätserwartungen gibt, an dem menschliches Handeln gemessen sowie als außergewöhnlich und erklärungsbedürftig beurteilt werden kann. Wenn es aber zutrifft, dass in gegenwärtigen Gesellschaften die Verbindlichkeit von Lebensformen, Wertvorstellungen und normativen Orientierungen abgenommen hat (und in diesem Sinne zu Recht von einer postmodernen Verfasstheit dieser Gesellschaften die Rede ist), wären davon auch die von Bruner beschriebene kommunikative

Funktion des Erzählens sowie die Bedingungen berührt, unter denen narrative Identität entsteht: Während einerseits immer noch die Konstruktion einer kohärenten und kontinuierlichen Einheit des eigenen Lebens verlangt wird, sind andererseits die Bedingungen erschwert, unter denen eine solche Einheit narrativ hergestellt werden kann (vgl. dazu Kraus 1999, S. 15 ff.).

3.3 Zur Bedeutung des Konzepts der narrativen Identität für eine Theorie transformatorischer Bildungsprozesse

Fragt man nach der Bedeutung, die dem Konzept der narrativen Identität für die begriffliche Erfassung von Welt- und Selbstverhältnissen (als potentiellen Gegenständen transformatorischer Bildungsprozesse) zukommt, so sind den Überlegungen zur narrativen Identität zumindest einige Aussagen über individuelle *Selbst*verhältnisse zu entnehmen. So wäre im Anschluss an Konzepte narrativer Identität davon auszugehen, dass Selbstverhältnisse unter der Anforderung stehen, einen einheitlichen Selbstbezug auszubilden, der Differenzen in diachroner und synchroner Hinsicht mit narrativen Mitteln integriert und so dem eigenen Leben ein gewisses Maß an Kontinuität und Kohärenz verleiht. Die Überlegungen zu den Schwierigkeiten, in die solche Bemühungen um Einheit notwendigerweise geraten, zeigen allerdings, dass Identität auch und gerade als narratives Konstrukt problematisch bleibt, weil jene Einheit stets von Brüchigkeit gekennzeichnet ist.

Diese Brüchigkeit ergibt sich *erstens* aus dem »diskordanten« Stoff des Erzählens selbst, den es narrativ zu vereinheitlichen gilt – ob es sich dabei nun um die Vielfalt der zu erzählenden Ereignisse, die disparaten Elemente einer Erzählung oder um die verschiedenen ›Zustände‹ handelt, die ein Protagonist durchläuft. Brüchig bleiben Selbstverhältnisse *zweitens* aufgrund des Prozesscharakters narrativer Identität. Die Selbstbezüge, die zum Gegenstand transformatorischer Bildungsprozesse werden, sind demnach keinesfalls statische Gegebenheiten, sondern in doppelter Hinsicht dynamische Gebilde. Zum einen sind sie Resultate einer spezifischen Aktivität, des Erzählens, das solche Selbstbezüge weniger ausdrückt als vielmehr erst hervorbringt. Zum andern kommt diesen Resultaten keine dauerhafte, sondern nur vorübergehende Geltung zu, da sie stets in anderen Erzählakten *refiguriert*, d. h. neu gefasst werden können. Selbstverhältnisse (und die mit diesen untrennbar verbundenen Weltverhältnisse) wären demnach prinzipiell als transitorische Gebilde aufzufassen, die Gegenstand immer wieder neuer Refigurationen werden können.

Die Instabilität von Selbstverhältnissen resultiert *drittens* aus der sprachlichen *Figuriertheit* narrativer Identität, die oben als erste der beiden Formen gesellschaftlicher Vermitteltheit dieser Identität erörtert wurde. Das Verhältnis eines Menschen zu sich selber ist demzufolge keineswegs unmittelbar, sondern auf eine bestimmte Weise gestaltet, und diese Gestaltung erfolgt weder naturwüchsig noch beliebig, sondern mittels kulturell bereitgestellter Figuren, die eine Art historisch veränderlicher Grammatik oder Rhetorik des Erzählens bilden, die dem einzelnen Individuum immer schon vorausgeht und dessen Selbstbezug *präfiguriert*. Diese kulturelle Vermitteltheit hat zur Folge, dass dem Selbstbezug eine prinzipielle Differenz zwischen Erfahrung und Erzählung bzw. Ich und kulturell präfiguriertem Selbstbild eingeschrieben ist.

Viertens schließlich – und darin besteht die andere Form ihrer gesellschaftlichen Vermitteltheit – bleiben Selbstverhältnisse fragil, weil narrative Identität stets interaktiv eingebettet und auf andere angewiesen ist. Selbstverhältnisse sind demzufolge nicht als zweistellige Relationen zu begreifen, in denen ein Subjekt sich zu sich selbst verhält. Diese Relation ist vielmehr stets vermittelt durch andere – sei es als Ko-Akteure der zu erzählenden Handlungszusammenhänge, sei es als Figuren anderer Geschichten, die dem Subjekt als Identifikationsangebot dienen, sei es als Adressaten der erzählten Geschichte, auf deren Zustimmung die Erzählung angelegt ist. Insofern lassen sich Selbstverhältnisse nicht unabhängig vom Verhältnis zu anderen (und zur Welt) erfassen, sondern sind eingebunden in ein Geflecht aus Anderen- und Weltbezügen.

Auch wenn das Konzept der narrativen Identität in unserem Zusammenhang insbesondere im Blick auf die Frage nach der Erfassung der Struktur von Welt- und Selbstverhältnissen von Interesse ist, enthält es doch auch Aspekte, die zu einer Antwort auf die anderen Fragen beitragen können, die eine Theorie transformatorischer Bildungsprozesse zu beantworten hätte (▶ Kap. 1). Diese Aspekte sollen hier – gewissermaßen im Vorgriff auf Teil II und Teil III dieses Bandes – wenigstens angedeutet werden. Mit den zuletzt skizzierten Überlegungen ist nämlich indirekt auch einiges über die *Anlässe* transformatorischer Bildungsprozesse gesagt, die zu einer Transformation von Welt- und Selbstverhältnissen führen können. Denn alles, was die Brüchigkeit narrativer Identität ausmacht, stellt potentiell einen Anlass für solche Transformationsprozesse dar. Besondere Bedeutung kommt dabei jedoch jenen ›Abweichungen vom Kanonischen‹ zu, die Bruner zufolge den Anlass des Erzählens bilden und durch Erzählungen ›erklärt‹, d.h. anderen und sich selbst verständlich gemacht werden sollen. Wenn – wie gleich noch zu erläutern ist – die Refiguration narrativer Identität im Erzählen selbst als transformatorischer Bildungsprozess verstanden werden kann, wären solche ›Abweichungen vom Kanonischen‹ ein privilegiertes Beispiel für Problemlagen, die eine Transformation des eigenen Welt- und Selbstverhältnisses erfordern oder zumindest nahelegen.

Damit wären wir bei der dritten Frage, auf die eine Theorie transformatorischer Bildungsprozesse zu antworten hätte: der nach den Verlaufsformen und Bedingungen jener Transformationen, als die Bildung hier verstanden wird. Welchen Beitrag können die Konzepte narrativer Identität zur Beantwortung dieser Frage leisten? Transformationen sind aus der Perspektive dieser Konzepte zunächst selbst ein bevorzugter Gegenstand des Erzählens. So wären etwa mit Ricœur eine Geschichte als Abfolge von Transformationen und die narrative Identität des Helden als einheitlicher »Stil« der subjektiven Transformationen zu verstehen, die er in deren Verlauf durchlebt. In diesem Sinne wären den Konzepten der narrativen Identität vor allem methodische Hinweise für die Rekonstruktion transformatorischer Bildungsprozesse zu entnehmen. Bildungsprozesse wären demnach zu rekonstruieren, indem man Geschichten, die über das Leben eines Menschen erzählt werden, daraufhin prüft, ob und in welcher Weise darin von Transformationen der grundlegenden Figuren seines Welt- und Selbstverhältnisses die Rede ist.

Transformationen von Welt- und Selbstbezügen sind allerdings nicht nur Gegenstand von Erzählungen, sondern auch etwas, was sich im Erzählen selbst vollziehen bzw. durch das Erzählen bewirkt werden kann. Wenn das Erzählen, wie Ricœur schreibt, sowohl bei der Komposition der Fabel als auch bei der Aneignung der Erzählung durch den Leser in einer Refiguration menschlichen Handelns besteht, bietet es in beiden Fällen die Möglichkeit zur Neugestaltung eigener Identität bzw. zur Transformation von Welt- und Selbstverhältnissen. Veränderungen narrativer Identität wären demnach vor allem vom Prozess des Erzählens selbst zu erwarten, d.h. von der Konstruktion und Rezeption von (z.B., aber nicht nur autobiographischen) Erzählungen über das Leben einer Person. Die Rekonstruktion transformatorischer Bildungsprozesse im Sinne solcher Veränderungen narrativer Identität wäre daher auf eine Analyse von Erzählungen angewiesen, die nicht nur deren manifesten Inhalt in den Blick nimmt, sondern auch den Prozess deren narrativer Verfertigung und die dazu eingesetzten erzählerischen Mittel (▶ Kap. 13).

4 Konstitution und Infragestellung des Ich. Zu Jacques Lacans strukturaler Psychoanalyse

Die Diskussion des Konzepts der narrativen Identität im letzten Kapitel hat gezeigt, dass die Bedeutung dieses Konzepts für eine Theorie transformatorischer Bildungsprozesse vor allem darin liegt, die Konstitution des Verhältnisses zu erfassen, in dem ein Subjekt zu sich selbst steht, und dabei die Brüchigkeit und Instabilität dieses Verhältnisses zu betonen. In vergleichbarer Weise, aber entschieden radikaler wird das Problem der Identität in der psychoanalytischen Theorie Jacques Lacans thematisiert, die nun auf ihren Beitrag zur begrifflichen Erfassung und Beschreibung der Struktur von Welt- und Selbstverhältnissen befragt werden soll.

Als generelles Anliegen von Lacans Werk kann das Ziel gelten, die Freud'sche Psychoanalyse in zweifacher Hinsicht zu reformulieren. Zum einen geht es Lacan um eine *Rückkehr zu Freud* (Weber 2000) im Sinne einer Relektüre der Freud'schen Originaltexte, die diese gegen deren Verwässerung und Verfälschung durch die spätere Rezeption insbesondere in der US-amerikanischen »Ich-Psychologie« verteidigt. Zum anderen versucht Lacan das Denken Freuds mit den Erkenntnissen der strukturalen Linguistik zu verknüpfen, wie sie von Ferdinand de Saussure und dessen Nachfolgern entwickelt wurde, um auf diese Weise der Psychoanalyse ein kulturwissenschaftliches Fundament zu verschaffen.[13]

Für diese zweite Tendenz kennzeichnend ist insbesondere ein Aufsatz Lacans mit dem Titel *Das Drängen des Buchstabens im Unbewussten oder die Vernunft seit Freud* (vgl. Lacan 1975b, S. 15–55). Bevor wir uns diesem Text zuwenden, sollen allerdings im Interesse eines besseren Verständnisses zwei andere zentrale Elemente von Lacans Theorie vorgestellt werden, nämlich sein Konzept der Konstitution des Ich im so genannten Spiegelstadium und der nicht minder wichtige Begriff des Begehrens, mit dem Lacan Freuds Konzeption des Wunsches zu reformulieren versucht.

Dabei beschränken sich die folgenden Ausführungen auf die für unseren Zusammenhang wichtigsten Gedanken Lacans. Mehr noch als bei den anderen Kapiteln dieses Buchs ist hier der Hinweis angebracht, dass diese Darstellung ihrem Gegenstand insofern nicht gerecht wird, als die besondere Schreibweise Lacans darin zu wenig Beachtung findet. Denn die Schreibweise der zu Recht als schwierig geltenden Texte Lacans stellt nicht nur eine mehr oder minder zufällige äußere Form,

---

13 Dabei bezieht sich Lacan auf entsprechende Ansätze bei Freud, die allerdings nicht ausgearbeitet sind, da dieser Saussures Werk nicht kannte, das zwar etwa zeitgleich mit seinen Arbeiten entstand, aber erst später publiziert bzw. rezipiert wurde. Saussures *Grundfragen der allgemeinen Sprachwissenschaft* wurden posthum 1916 in französischer Sprache publiziert und erst 1931 ins Deutsche übersetzt; eine intensive Rezeption erfuhr das Buch im deutschsprachigen Raum erst nach 1950.

sondern vielmehr einen konstitutiven Bestandteil seiner Theorie dar, die das, wovon darin die Rede ist, sprachlich in Szene setzt – wie z. B. die sich entziehende Bewegung der Objekte des Begehrens. Der Bedeutung dieser Schreibweise angemessen wäre deshalb eine detaillierte Lektüre, die solche sprachlichen Inszenierungen des Gesagten nachzeichnen müsste, die aber den Rahmen dieses Bandes sprengen würde (vgl. für eine solche Lektüre z. B. Lacoue-Labarthe & Nancy 1973).

4.1 Lacans Theorie des Spiegelstadiums

Das vielleicht bekannteste Element von Lacans Werk stellt seine Theorie des Spiegelstadiums dar, in der die Konstitution des Ich in der frühen Kindheit auf eine originelle und bildungstheoretisch bedeutsame Weise behandelt wird (vgl. Lacan 1975a, S. 61 ff.). Die zentrale These dieser Theorie besagt, dass die psychische Instanz des Ich in einer frühen Phase der kindlichen Entwicklung entstehe, indem das Kind sich mit seinem eigenen Spiegelbild identifiziere. Diese Identifikation deutet Lacan dabei als eine Vorwegnahme künftiger Größe und Selbständigkeit. Denn während das Kind, wenn es sich für sein Spiegelbild zu interessieren beginnt (d. h. im Alter von etwa sechs bis achtzehn Monaten), noch nicht über die motorische Kontrolle seines Körpers verfüge, sondern diesen als ge- oder zerstückelt wahrnehme und auf die Fürsorge anderer angewiesen sei, liefere ihm der Spiegel ein wohlumrissenes, ganzes Bild seiner Gestalt, indem es seine künftige körperliche Reifung antizipiere. Lacan zufolge erkennt oder besser: *erzeugt* das Kind in der Identifikation mit dem eigenen Spiegelbild erst sich selbst als ein Ganzes, als Ich bzw. als eigenständiges und einheitliches Subjekt.

Entscheidend dabei ist für Lacan jedoch, dass diese Subjektkonstitution sich einer Täuschung verdankt. Denn das Bild, mit dem sich das Kind identifiziert, bezieht seine Attraktivität gerade daraus, dass es sich von dem in jeder Hinsicht unfertigen und unselbständigen kleinen Menschenwesen vor allem insofern unterscheidet, als es ihm die Eigenschaft der Ganzheit voraushat.

Diese Täuschung aber wird das Subjekt Lacan zufolge ein Leben lang begleiten. Denn dieselbe Struktur, die das Verhältnis des Subjekts zu seinem Spiegelbild prägt, gilt Lacan auch als konstitutiv für das Verhältnis des Subjekts zu anderen Subjekten (also sein »Anderenverhältnis« als einer wichtigen Dimension des Welt- und Selbstverhältnisses). An die Stelle des Spiegelbilds tritt dabei die »Imago des Nächsten« (a. a. O., S. 68), und wie zuvor auf den Spiegel ist das Subjekt nun auf das Bild des anderen angewiesen, dessen Andersheit es aber verleugnen muss, um die damit verbundene Bedrohung für die mühsam erworbene Identität abzuwehren.

Die Entstehung des Ich beruht für Lacan also ebenso wie die Autonomie und die Einheit des Subjekts auf einer doppelten Verkennung. Das Subjekt verkennt zum einen, dass es keineswegs aus sich selbst heraus existiert, sondern sich der Identifikation mit einem anderen, ihm Überlegenen verdankt. Und zum andern muss es, um sich überhaupt mit diesem anderen identifizieren zu können, gerade dessen

Andersheit verkennen. Diese doppelte Verkennung schlägt sich Lacan zufolge in einer grundlegenden Aggressivität nieder, die das Verhältnis des Subjekts zu anderen zeitlebens strukturiert. Denn um seine eigene Einheit und Autonomie aufrechtzuerhalten, braucht das Subjekt einerseits andere, mit denen es sich identifizieren kann. Andererseits muss es diese anderen aber entweder unter Verleugnung ihrer Andersheit für sich vereinnahmen oder aber sich aggressiv von ihnen abgrenzen.

Dem Spiegelstadium kommt Lacan zufolge also eine wichtige Bedeutung für die Konstitution von Welt- und Selbstverhältnissen zu. Dabei geht es Lacan weniger (wie der Begriff Spiegel*stadium* nahelegen könnte) um entwicklungspsychologische Aussagen über eine bestimmte Phase der frühen Kindheit, die es empirisch oder gar experimentell zu überprüfen gälte, als vielmehr um die theoretische Beschreibung einer Struktur, die sich im Rahmen der Psychoanalyse anhand der Erschließung und Deutung von unbewussten Phänomenen wie Träumen, Fehlleistungen oder Symptomen bewähren muss. Festzuhalten dabei ist, dass Lacan zufolge das Bild des eigenen Körpers im Spiegel einerseits als unabdingbar angesehen werden muss für die Entstehung der psychischen Instanz des Ich und damit für das Verhältnis des Subjekts zu sich und zu anderen, dass dieses Bild aber andererseits in diese Verhältnisse das Moment der Verkennung und damit eine grundlegende Aggressivität einführt. Beide Momente, Verkennung und Aggressivität, können deshalb als zentrale Elemente der Struktur jenes Verhältnisses gelten, das ein Subjekt zu anderen und zu sich selber unterhält.

4.2 Der Begriff des Begehrens *(désir)*

Im Einklang mit Freud versteht Lacan die Psychoanalyse allerdings nicht nur als eine Theorie der Subjektkonstitution, sondern auch als ein therapeutisches Verfahren, dessen nicht-affirmative, kultur- und gesellschaftskritische Kraft es zu behaupten bzw. zurück zu gewinnen gilt. Wird die Psychoanalyse in dieser Weise als Therapie verstanden, so stellt sich die Frage, auf welches Ziel hin diese »Kur« ausgerichtet sein soll (vgl. dazu Lacan 1975a, S. 171–239). Im Text über das Spiegelstadium findet sich diese Frage in Gestalt des Problems, ob und wie das Subjekt über die imaginäre Bindung an sein Spiegelbild hinausgelangen kann. Eine Antwort darauf wird am Ende des Aufsatzes freilich nur angedeutet, wenn Lacan auf die Funktion verweist, welche die Psychoanalyse in dieser Hinsicht übernehmen kann:

> »In der Zuflucht, welche wir vor dem Subjekt für das Subjekt retten, kann die Psychoanalyse den Patienten bis zu der Grenze der Entzückung begleiten, wo sich ihm in der Formel ›*du bist es*‹ die Chiffre seiner irdischen Bestimmung enthüllt, aber es steht nicht allein in unserer Macht als Praktiker, ihn dahin zu führen, wo die wahre Reise beginnt« (a.a.O., S. 70; Hervorhebungen im Original).

Die Psychoanalyse vermag Lacan zufolge das Subjekt also immerhin an die Schwelle zu geleiten, von der aus die Abhängigkeit vom Bild seiner selbst überwunden werden kann. Markiert wird diese Schwelle durch die mehrdeutige Formel »du bist es«, die u. a. darauf verweist, dass es ein von außen kommender Zuspruch ist, der dem Subjekt einen Weg aus der narzisstischen Struktur des Spiegelstadiums weist.

Mehr Aufschluss darüber lässt sich einem anderen Text Lacans entnehmen, der sich zwar nicht direkt auf das Spiegelstadium bezieht, aber doch ein ähnliches Problem behandelt, nämlich die Ablösung des Subjekts aus der Beziehung zum primären Liebesobjekt. In dem Aufsatz *Die Bedeutung des Phallus* (Lacan 1975b, 119–132) unterscheidet Lacan begrifflich zwischen drei verschiedenen psychischen Strebungen, dem Bedürfnis (*besoin*), dem Anspruch (*demande*) und dem Begehren (*désir*). Während das Bedürfnis auf die Beseitigung eines biologisch bedingten Mangelzustands zielt, bezeichnet der Begriff des Anspruchs die Adressierung eines Bedürfnisses an einen anderen, von dem das Subjekt sich die Befriedigung dieses Bedürfnisses erhofft – beim Kleinkind ist dies im Regelfall die Mutter. Dieser Anspruch richtet sich jedoch nicht nur auf die Befriedigung eines einzelnen Bedürfnisses, sondern darüber hinaus auf die Anwesenheit dieses anderen als Möglichkeitsbedingung der Bedürfnisbefriedigung und ist damit Lacan zufolge seinem Wesen nach Anspruch auf Liebe. Im Liebesanspruch sucht das Subjekt ähnlich wie im Spiegelstadium eine umfassende und ausschließliche Beziehung zu jenem anderen herzustellen, die ihm die umfassende Befriedigung seiner Bedürfnisse zu garantieren scheint. Doch da eine totale Anwesenheit der geliebten Person nicht möglich ist und auch die Befriedigung konkreter einzelner Bedürfnisse notwendigerweise stets hinter diesem Ziel zurückbleibt, muss der Liebesanspruch letztlich unerfüllt bleiben.

Im Scheitern des Liebesanspruchs, der durch das Dazwischentreten eines Dritten (normalerweise des Vaters) symbolisiert wird, sieht Lacan die strukturelle Ursache für die Entstehung des *Begehrens* als der dritten hier relevanten psychischen Strebung. Das Begehren richtet sich auf den uneinlösbaren Rest an Befriedigung, der in jeder dualen Beziehung unerfüllt bleiben muss, aber zielt nicht auf die Beseitigung des damit verbundenen Mangels, sondern auf dessen endlose Verschiebung, nicht auf die totale Verfügung über das eine Liebesobjekt, sondern auf die unendliche Differenz aller möglichen Objekte. Das Begehren ist deshalb nicht zu erfüllen oder zu stillen, sondern realisiert sich nur in der unabschließbaren Bewegung von einem Objekt zum anderen.

Diese Bewegung des Begehrens nun ist es, was in der Lage ist, das Subjekt über die Bindung an das eigene Spiegelbild hinauszuführen. Anspruch und Begehren aber sind Lacan zufolge eingeschrieben in die Struktur der Sprache. Die Überwindung der imaginären Struktur des Spiegelstadiums ist deshalb nur zu verstehen, wenn man auch Lacans Auffassung der Sprache einbezieht, die in dem bereits erwähnten Text *Das Drängen des Buchstabens im Unbewussten* dargelegt wird.

4.3 Lacans Auffassung der Sprache als differenzieller Struktur

Der eigenartige Titel dieses Aufsatzes wird von Lacan gleich zu Beginn folgendermaßen kommentiert:

> »Wie unsere Überschrift hören lässt, entdeckt die Psychoanalyse im Unbewußten [...] die ganze Struktur der Sprache. Von Anfang an ist sie also dem Aufmerksamen eine Warnung, die ihm zeigt, warum er dem Gedanken abschwören muß, daß das Unbewußte nur der Sitz der Instinkte sei« (a.a.O., S. 19).

Die Überschrift (die im französischen Original *L'instance de la lettre dans l'inconscient* lautet) gibt also zu verstehen, dass das Unbewusste weniger durch natürliche Instinkte konstituiert wird als vielmehr durch die kulturelle »Instanz« des Buchstabens bzw. der Sprache. Lacan widerspricht damit ganz entschieden jener Lesart der Freud'schen Psychoanalyse, die das Unbewusste als das Reservoir ursprünglicher Triebe begreift. Statt einer vermeintlich biologischen Triebnatur entdeckt Lacan im Unbewussten vielmehr das, was ›Kultur‹ von ›Natur‹ unterscheidet: die Sprache und deren »Struktur«. Was aber ist die Struktur der Sprache?

Lacans Antwort auf diese Frage besteht in einer ebenso simplen wie vertrackten Formel:

$$\text{»}\frac{S}{s}$$

> zu lesen als: Signifikant über Signifikat, wobei das ›über‹ dem Balken entspricht, der beide Teile trennt« (a.a.O., S. 21).

In dieser Formel greift Lacan zurück auf Saussures Theorie des sprachlichen Zeichens (vgl. Saussure 1967), die er dabei freilich im doppelten Sinn verwendet. Bei Saussure wird das Konzept des Zeichens mit folgendem Schaubild erläutert (a.a.O., S. 78f.):

Im weiteren Verlauf des Textes schlägt Saussure vor, »Vorstellung« durch »Bezeichnetes« (also »Signifikat«) und »Lautbild« durch »Bezeichnendes« (also »Signifikant«) zu ersetzen (ebd.). Vergleicht man beide Darstellungen, so fällt auf, dass Lacan Saussures Schaubild (auf das er sich an der zitierten Stelle stillschweigend bezieht), gleich in zweierlei Hinsicht verändert: Zum einen vertauscht er die Positionen von Signifikant und Signifikat und zum andern betont er statt der Einheit des Zeichens (die bei Saussure durch die ovale Umfassungslinie angedeutet wird) den Balken, der beide Teile voneinander trennt.

Die Vertauschung der Positionen und die Großschreibung des S, das für den Signifikanten steht, verleihen diesem eine Vorrangstellung gegenüber dem Signifikat und stellen die gängige Auffassung in Frage, wonach der Signifikant das Signifikat *repräsentiert*, ihm also in logischer Hinsicht nachgeordnet ist. Anstelle der Repräsentationsfunktion des Signifikanten stellt Lacan seine Artikuliertheit in den Mittelpunkt:

> »Die Struktur des Signifikanten aber ist darin zu sehen, daß er artikuliert ist, was ja ganz allgemein von der Sprache gilt.
> Das besagt, daß seine Einheiten [...] einer doppelten Bedingung unterworfen sind: Sie sind zurückführbar auf letzte differenzielle Elemente, und diese wiederum setzen sich zusammen nach den Gesetzen einer geschlossenen Ordnung« (Lacan 1975b, S. 26).

Der Begriff der Artikulation bezeichnet dabei die Untergliederung des sprachlichen Materials in Einheiten, die nicht auf ihre bedeutungstragende Funktion, sondern auf ihre differentielle Beziehung zueinander zurückführbar sind, also auf nichts als ihre Verschiedenheit. Die Sprache gilt Lacan mithin als ein rein differentielles System von Signifikanten, das sich nach den Gesetzen einer »geschlossenen Ordnung«, und d. h. nach den Regeln von Phonetik, Wortschatz und Grammatik zusammensetzt.

Aber wie entsteht innerhalb eines solchen geschlossenen Systems nun Bedeutung? Lacan hält zunächst fest, »dass allein die Korrelationen von Signifikant zu Signifikant einen Maßstab abgeben für jede Suche nach Bedeutung« (a. a. O., S. 26). Aber wie wird dabei die Schranke überwunden, die S von s, den Signifikanten vom Signifikat trennt?

Entscheidend für den Prozess der Bedeutungsstiftung (*signification*) sind Lacan zufolge zwei mögliche Korrelationen zwischen Signifikanten, nämlich *Metapher* und *Metonymie*. Diese Begriffe stammen aus der klassischen Rhetorik und bezeichnen dort zwei verschiedene rhetorische Tropen oder Figuren, nämlich den Gebrauch bildhafter Wendungen, die zum Gemeinten entweder in einem Verhältnis der Ähnlichkeit (Metapher) oder der räumlichen bzw. zeitlichen Nähe stehen (Metonymie). Ein Beispiel für die Metapher liefert in Lacans Text ein Vers Victor Hugos: »Sa gerbe n'était pas avare ni haineuse ... (Seine Garbe war nicht geizig noch von Hass erfüllt)«, mit dem die Freigiebigkeit eines reichen Bauern zum Ausdruck gebracht wird, während als Beispiel für die Metonymie die *pars pro toto*-Verwendung des Wortes »Segel« als Bezeichnung eines Schiffes dient (a. a. O., S. 30 f.).

Lacans Bezug auf diese beiden rhetorischen Figuren geht zurück auf den Linguisten Roman Jakobson, der diese Termini benutzte, um damit zwei Hauptachsen der Sprache zu bezeichnen, nämlich die syntagmatische Achse der Kombination von Zeichen, die Jakobson als metonymisch bezeichnet, und die paradigmatische Achse der Substitution eines Zeichens durch ein anderes, die ihm als metaphorisch gilt (vgl. Jakobson 1974). Doch während bei Jakobson der Bezug auf Metapher und Metonymie noch zwischen einem rein syntaktisch-formalen und einem semantischen Verständnis dieser rhetorischen Figuren oszilliert, verwendet Lacan die beiden Termini in einem ausschließlich formalen Sinn. Die Metonymie steht dabei für die Verkettung differentieller Signifikanten im Fluss der Rede, wie sie in der Formel »Wort für Wort« zum Ausdruck gebracht wird. Durch die bloße Verknüpfung von

Signifikanten entsteht aber noch immer keine Bedeutung. Diese wird vielmehr erst durch die Metapher hervorgebracht, die Lacan zufolge »ihren Platz genau da [hat], wo Sinn im Un-sinn entsteht« (Lacan 1975b, S. 33):

> »Der schöpferische Funke der Metapher [...] entspringt zwischen zwei Signifikanten, deren einer sich dem andern substituiert hat, indem er dessen Stelle in der signifikanten Kette einnahm, wobei der verdeckte Signifikant gegenwärtig bleibt durch seine (metonymische) Verknüpfung mit dem Rest der Kette.
> *Ein Wort für ein anderes* ist die Formel für die Metapher« (a. a. O., S. 32).

Bedeutung entsteht Lacan zufolge mithin dadurch, dass ein Signifikant einen anderen ersetzt und der ersetzte Signifikant deshalb zum Signifikat dessen wird, der ihn verdrängt hat.

Ähnlich wie bei Jakobson stehen die beiden Figuren bei Lacan für zwei unterschiedliche, aber einander ergänzende Potentiale der Sprache. Die Metonymie eröffnet durch das Prinzip der Verkettung eine potentiell unendliche Verweisungsstruktur und damit die Möglichkeit, sich der Sprache zu bedienen, um, wie es bei Lacan heißt, »*alles andere* damit zu bezeichnen als das, was sie sagt« (a. a. O., S. 29). Auf diese Weise erscheint die Metonymie als Quelle sprachlicher Assoziierbarkeit und Vieldeutigkeit, wie sie u. a. in Phänomenen wie Reim, Assonanz oder Anagramm zum Ausdruck kommen.

Die Metapher dagegen wird von Lacan mit einem »Steppunkt« oder »Polsterknopf« verglichen (vgl. a. a. O., S. 178 und Evans 2002, S. 286 f.), der zwei Schichten punktuell mit einander verbindet. Ihre Funktion besteht darin, das unaufhörliche Gleiten des Signifizierten unter dem Signifikanten still zu stellen und so Bedeutung zu stiften, die aber stets labil bleiben muss, weil die metonymische Verweisungsstruktur ja fortbesteht.

Was hat diese Struktur der Sprache nun mit dem Unbewussten zu tun? Eine Antwort auf diese Frage zeichnet sich ab, wenn man das beschriebene Zusammenspiel von Metapher und Metonymie als konstitutiv nicht nur für die Struktur der Sprache begreift, sondern auch für das oben dargestellte Verhältnis von Anspruch und Begehren. Die Metonymie ist dabei strukturell dem Begehren zuzuordnen, während der Anspruch bzw. das ihm strukturell ähnliche (neurotische) Symptom[14] Analogien zur Metapher aufweist. Das Symptom bezeichnet Lacan als »Metapher, in der das Fleisch oder die (physiologische) Funktion als signifikantes Element genommen werden« (Lacan 1975b, S. 44). So kann etwa ein hysterisches Symptom (wie z. B. die somatisch nicht erklärbare Lähmung eines Körperteils) so verstanden werden, dass die zunächst rätselhaft erscheinende körperliche Dysfunktion an die Stelle einer verdrängten Vorstellung getreten ist. Die der Zensur zum Opfer gefallene und ins Unbewusste verdrängte Vorstellung ist dabei auf quasi metaphorische Weise durch ein Symptom ersetzt worden. Wie bei der Figur der

---

14 Die Strukturähnlichkeit zwischen Liebesanspruch und Symptom besteht in einer zweistelligen Relation, in welcher eines der Relata dazu tendiert, ganz im anderen aufzugehen. Ähnlich wie das Subjekt im Liebesanspruch die Erfüllung aller seiner Bedürfnisse von der Anwesenheit der geliebten Person abhängig macht, wird im Symptom eine verdrängte Vorstellung völlig durch einen körperlichen Ausdruck ersetzt.

Metapher handelt es sich deshalb beim Symptom um einen Bedeutungseffekt, der aus der Ersetzung eines signifikanten Elements durch ein anderes resultiert.

In ähnlicher Weise lassen sich Parallelen zwischen der Metapher und dem Prozess der Ich-Konstitution im Spiegelstadium bzw. zwischen Metapher und Liebesanspruch ziehen. Der als »zerstückelt« und unvollkommen erfahrene kindliche Körper wird im Spiegelstadium metaphorisch ersetzt durch das Ganzheit und Beherrschbarkeit suggerierende Bild dieses Körpers im Spiegel. Das auf diese Weise entstandene Ich erweist sich so als metaphorischer Bedeutungseffekt. Und im Liebesanspruch tritt die totale Anwesenheit der geliebten Person imaginär an die Stelle der eigenen Bedürftigkeit des Subjekts, die auf diese Weise für immer verschwinden soll.

Am andern Pol dieser Struktur siedelt Lacan das Begehren als metonymische Bewegung an. Die Rätsel des Begehrens, so heißt es im *Drängen des Buchstabens*, »verdanken sich keiner anderen Regellosigkeit des Instinkts als seinem Gefangensein in den ewig auf das Begehren nach etwas anderem ausgerichteten Bahnen der Metonymie« (ebd.). Das Begehren ist der Metonymie strukturell darin gleich, dass es auf nichts anderem beruht als auf Differenz: Es ist »Begehren nach etwas anderem«, nach der Andersheit als solcher, nach dem Immer-wieder-anders-Sein des Objekts. Insofern impliziert das Begehren die Anerkennung der Andersheit des anderen und nicht deren Verleugnung, wie sie für das Spiegelstadium und den Liebesanspruch charakteristisch ist.

Ziel der psychoanalytischen Kur ist für Lacan deshalb nicht die *Erfüllung* des Begehrens im Sinne des Ausfüllens einer Leerstelle bzw. der Beseitigung eines Mangels, sondern die *»Verwirklichung«* des Begehrens im Sinne der Entfaltung oder Freisetzung einer unabschließbaren Bewegung (vgl. Lacan 1975a, S. 210, Fußnote).[15]

Was das Subjekt über die imaginäre Bindung an sein Spiegelbild bzw. an den Adressaten des Liebesanspruchs hinausführen kann, ist also das Begehren, das auf der metonymischen Struktur der Sprache beruht. Diese metonymische Struktur der Sprache stellt zugleich insofern die Bedingung der Möglichkeit dar, das Begehren zu verwirklichen, als sie es dem Subjekt erlaubt, das Begehren *symbolisch* zu realisieren und sich dem metonymischen Fluss der Signifikanten zu überlassen.

4.4 Die Bedeutung dieser Sprachauffassung für eine Theorie transformatorischer Bildungsprozesse

Die hier notwendigerweise verkürzt dargestellten Konzepte Lacans lassen sich zunächst als eine Möglichkeit verstehen, das Verhältnis des Subjekts zu sich und zu anderen theoretisch zu erfassen und dabei die Verflochtenheit von Selbst- und An-

---

15 An der zitierten Stelle wird darauf verwiesen, dass Lacan dort, wo Freud vom Traum als »Wunscherfüllung« spricht, den Terminus »réalisation d'un désir« benutzt, der als »Verwirklichung eines Begehrens« übersetzt werden kann.

derenverhältnis herauszuarbeiten. Denn das Selbstverhältnis erweist sich bei dieser Betrachtung als unabdingbar vermittelt durch den ›Umweg‹ über das Verhältnis zu anderen. So kann das Subjekt, folgt man Lacan, sich nur als Subjekt konstituieren, indem es sich mit etwas identifiziert, was *nicht* es selbst ist: mit seinem Spiegelbild, das dem unfertigen Menschenkind die Ganzheit und Geschlossenheit verspricht, die diesem noch fehlt. Und der dualen Struktur des Liebesanspruchs liegt der Umstand zugrunde, dass das Kind zur Befriedigung seiner Bedürfnisse auf andere angewiesen ist, deren Anwesenheit und Fürsorge die Voraussetzung dafür ist, dass das Subjekt überhaupt ein Verhältnis zu sich selbst entwickeln kann.

Zugleich wird in der Auseinandersetzung mit Lacans Konzepten aber auch deutlich, dass dieses Verhältnis zu anderen, das sich als so konstitutiv für das Selbstverhältnis erweist, auch mit Verkennung und Täuschung einhergeht, weil die Angewiesenheit auf andere ebenso verleugnet werden muss wie die Differenz zwischen sich selbst und den anderen. Die Folge dieser notwendigen Verkennung ist zum einen ein gebrochenes bzw. gespaltenes Verhältnis zu sich selber, das ständig davon bedroht ist, dass die Differenz zu den anderen, denen das Subjekt seine Identität verdankt, offenbar wird, und zum anderen eine grundlegende Rivalität im Verhältnis zu jenen anderen, die eben nicht nur unentbehrlich, sondern zugleich auch bedrohlich für die Integrität des Subjekts sind.

Die Bedeutung von Lacans Konzepten für eine Theorie transformatorischer Bildungsprozesse liegt mithin vor allem in ihrem Beitrag zur theoretischen Erfassung der *Konstitution* des Subjekts sowie seines Verhältnisses zu anderen und zu sich selber. Die anderen Fragen, die eine Theorie transformatorischer Bildungsprozesse zu beantworten hätte, werden von Lacans Konzepten zwar auch berührt, aber nicht ebenso eingehend thematisiert. Insbesondere im Blick auf die *Transformation* von Welt- und Selbstverhältnissen bleiben Fragen offen. So erlauben Lacans Unterscheidung von Anspruch und Begehren sowie seine Beschreibung der metonymischen Struktur des letzteren zwar eine Reihe von Hypothesen über Anlässe, Verlaufsformen und Bedingungen solcher Transformationen, aber lassen letztlich offen, wovon deren Zustandekommen abhängt. So wäre zu vermuten, dass das Scheitern der narzisstischen Identifikation mit dem eigenen Spiegelbild bzw. das Zerschellen des Liebesanspruchs an der Alterität des anderen mögliche Anlässe für transformatorische Bildungsprozesse darstellen, und dass entsprechende Transformationen des Welt- und Selbstverhältnisses nur auf der durch das Begehren eröffneten Bahn metonymischer Bewegung möglich sind. Doch offen bleibt vor allem, wie diese Veränderungen genauer verlaufen und wovon es abhängt, ob sie zustande kommen oder nicht – zumal da überdies ungeklärt ist, wie sich transformatorische Bildungsprozesse zu den therapeutischen Prozessen der psychoanalytischen Kur verhalten.

Festzuhalten ist jedoch, dass aus der Perspektive Lacans das Verhältnis des Subjekts zu sich und anderen weit radikaler als im Konzept der narrativen Identität als brüchig und instabil begriffen werden muss. Brüchigkeit und Instabilität ergeben sich daraus, dass die stabilisierenden Momente wie die psychische Instanz des Ich und die Einheit und Autonomie der Person sich einer grundlegenden Verkennung verdanken, die das gesamte Welt- und Selbstverhältnis des Subjekts nachhaltig strukturiert. Und ähnlich wie das Konzept der narrativen Identität, aber auch in dieser Hinsicht radikaler, betont Lacan die sprachliche Strukturiertheit des Welt- und Selbstbezugs des Subjekts, die aus seiner Perspektive betrachtet auf dem Zusammenspiel metaphorischer und metonymischer Operationen beruht. Metaphorische Tendenzen sorgen dabei für die zeitweilige Stillstellung des Signifikantenflusses und die Entstehung bzw. Fixierung von Bedeutungen, die durch metonymische Prozesse immer wieder verflüssigt werden. Auf diese Weise stellt das Zusammenspiel von Metapher und Metonymie zugleich die Möglichkeitsbedingung für die Infragestellung und Verschiebung etablierter Bedeutungen sowie für die Entstehung neuer Bedeutungen dar. Die sprachtheoretischen Bezüge von Lacans Theorie eröffnen damit im Blick auf die empirische Untersuchung von transformatorischen Bildungsprozessen auch die prinzipielle Möglichkeit linguistisch bzw. rhetorisch fundierter Analysen von Texten, in denen das Zusammenspiel von Metapher und Metonymie in einem gegebenen Fall genauer herausgearbeitet werden kann. Davon wird an späterer Stelle noch genauer die Rede sein (▶ Kap. 13). Zuvor soll aber mit Judith Butlers Konzept der Subjektivation ein weiterer theoretischer Ansatz zur Erfassung von Welt- und Selbstverhältnissen vorgestellt werden, der ebenfalls auf psychoanalytische Überlegungen zurückgreift, diese aber stärker als es bei Lacan der Fall ist, mit gesellschaftstheoretischen und politischen Konzepten verknüpft.

5 Der unhintergehbare Bezug auf andere. Zu Judith Butlers Konzept der Subjektivation

Wie die anderen bisher behandelten Theorien ist auch Judith Butlers Konzept der Subjektkonstitution keine Bildungstheorie im engeren Sinn, sondern entstammt einem anderen Theoriezusammenhang, der aber auf die Fragestellungen einer Theorie transformatorischer Bildungsprozesse bezogen werden kann – und d. h. hier vor allem auf die Frage nach der Struktur und Genese des Verhältnisses, in dem Subjekte zur Welt, zu anderen und zu sich selbst stehen. Butler hat ihre Auffassung der Konstitution des Subjekts vor allem in ihrem Buch *Psyche der Macht* entwickelt, das deshalb im Mittelpunkt der folgenden Überlegungen steht (vgl. Butler 2001).[16]

Ausgangspunkt der dort entwickelten Konzeption ist ein Begriff der »Subjektivation«, den Butler folgendermaßen einführt:

> »Subjektivation‹ bezeichnet den Prozeß des Unterworfenwerdens durch Macht und zugleich den Prozeß der Subjektwerdung« (a.a.O., S. 8).

Der Terminus Subjektivation (engl. *subjection*) verweist also auf ein ambivalentes Geschehen, das sowohl in der Unterwerfung (*becoming subordinated*) *als auch* in der Entstehung bzw. im Werden eines Subjekts (*becoming a subject*) besteht.[17] Den Hintergrund dieser Ambivalenz liefert die Geschichte des Subjektbegriffs, der bekanntlich auf das lateinische Verb *subicere* zurückgeht, das »unter etw. werfen, legen, setzen, stellen« bzw. »unterwerfen, -jochen« bedeutet (Stowasser 1959, S. 470), aber im philosophischen Kontext besonders seit dem deutschen Idealismus zur Bezeichnung des erkennenden Ich verwendet wird (vgl. Dreisholtkamp 1998).

In der weiteren Entfaltung dieses Begriffs bezieht sich Butler vor allem auf zwei Autoren, nämlich Michel Foucault und Louis Althusser, deren Theorien der Macht bzw. der Ideologie jeweils auch eine bestimmte Auffassung der Konstitution von Subjektivität enthalten (vgl. z.B. Foucault 1994 und Althusser 1977). Dabei geht es Butler darum, die Ansätze dieser beiden Autoren in zweierlei Hinsicht weiterzuentwickeln. Zum einen zielt ihre Auseinandersetzung mit dem Prozess der Subjektivation darauf, die *Ambivalenz*, ja vielleicht sogar die *Paradoxie* dieses Konzepts

---

16 Bekanntlich hat Butler sich in früheren Arbeiten wie *Das Unbehagen der Geschlechter* und *Körper von Gewicht* (vgl. Butler 1991 und 1995) vor allem mit der Vergeschlechtlichung von Subjekten auseinandergesetzt, bevor sie sich in Psyche der Macht allgemeineren Fragen der Subjektwerdung zuwandte. Der Zusammenhang von Subjektivierung und Vergeschlechtlichung bleibt im Folgenden unberücksichtigt. Meine Ausführungen konzentrieren sich insbesondere auf die Einleitung von *Psyche der Macht*, die Butlers Überlegungen zur Subjektivierung in konzentrierter Form enthält; vgl. Butler 2001, S. 7–34.
17 Die gelegentlichen Verweise auf das amerikanische Original beziehen sich auf Butler 1997, hier S. 2.

entschiedener herauszuarbeiten als ihre beiden Vorgänger, indem sie betont, dass sich das Subjekt *einerseits* einer ihm gegenüber vorgängigen Macht unterwirft, dass es aber *andererseits* dieser Macht nicht nur seine Existenz, sondern auch seine Handlungsfähigkeit verdankt – und damit ein Vermögen, das sich potentiell auch gegen diese Macht richtet. Und zum andern stellt *Psyche der Macht* den Versuch dar, das Konzept der Subjektivation so weiterzuentwickeln, dass es erlaubt, die von Foucault und Althusser vernachlässigten *psychischen* Mechanismen der Subjektbildung durch Unterwerfung genauer zu beschreiben. Zu diesem Zweck versucht Butler, »die Theorie der Macht zusammen mit einer Theorie der Psyche zu denken« (Butler 2001, S. 8) bzw. den »Diskurs der Macht« mit dem »Diskurs der Psychoanalyse« zusammenzuführen (a.a.O., S. 22). Dieser Versuch Butlers, Foucaults Machttheorie (und Althussers ideologietheoretischen Ansatz) mit psychoanalytischen Konzepten der Subjektkonstitution zu verbinden, lässt sich in drei Schritten nachzeichnen, die eine psychoanalytische Deutung der Subjektwerdung (1.), eine Darstellung des ambivalenten Verhältnisses von Subjekt und Macht (2.) sowie eine Diskussion der psychischen Struktur des Selbstverhältnisses angesichts der Verweigerung gesellschaftlicher Anerkennung (3.) umfassen.

5.1 Zur psychoanalytischen Deutung der Subjektkonstitution

In psychoanalytischer Hinsicht ist der Prozess der Subjektwerdung Butler zufolge durch drei miteinander verbundene Vorgänge gekennzeichnet, aus denen sich eine paradoxe Struktur des Verhältnisses ergibt, in dem das Subjekt zu anderen und zu sich selbst steht. Den Ausgangspunkt dieses Prozesses stellt für Butler die affektive Bindung des Kindes an seine frühesten Bezugspersonen dar:

> »Foucaults Postulat von der Subjektivation als Unterordnung und Bildung (*forming*) des Subjekts in einem gewinnt eine spezifische psychoanalytische Valenz, wenn wir daran denken, daß kein Subjekt ohne leidenschaftliche Verhaftung an jene entsteht, von denen es in fundamentaler Weise abhängig ist […]« (a.a.O., S. 12).

Die Unausweichlichkeit dieser »leidenschaftlichen Verhaftung« beruht für Butler auf der Abhängigkeit, in der sich das Kind gegenüber den Personen befindet, von denen es gepflegt und ernährt wird. Das Verhältnis des Subjekts zu anderen ist mithin zunächst einmal von dieser Abhängigkeit und der daraus resultierenden affektiven Bindung geprägt (vgl. a.a.O., S. 13).

Entscheidend ist nun Butlers These (und darin besteht das zweite Moment der Subjektwerdung), dass das Subjekt diese Bindung, auf die es doch angewiesen ist, zugleich zumindest partiell verleugnen muss:

> »Ohne diese in Abhängigkeit ausgebildete Bindung kann kein Subjekt entstehen, aber ebensowenig kann irgendein Subjekt sich leisten, dies im Lauf seiner Formierung vollständig zu ›sehen‹. Das Verhaftetsein in seinen ursprünglichen Formen muß sowohl *ent-*

stehen wie *verleugnet werden*, seine Entstehung muß seine teilweise Verleugnung sein, soll es überhaupt zur Subjektwerdung kommen« (ebd.; Hervorhebungen im Original).

Zur Subjektwerdung gehört Butler zufolge also nicht nur die Abhängigkeit von anderen, sondern auch die Verleugnung der daraus resultierenden emotionalen Bindung. Zur Plausibilisierung dieser Behauptung verweist Butler auf das Gefühl der Beschämung, das viele Erwachsene überkommt, wenn sie mit ihren frühesten Liebesobjekten wie Eltern, Kindermädchen oder Geschwistern konfrontiert werden: »Einen solchen Menschen kann ich doch unmöglich geliebt haben!« (ebd.) Die Abhängigkeit, so lässt sich dieser Hinweis deuten, muss verleugnet werden, weil sie für das werdende Subjekt zutiefst beschämend ist. Denn was noch für den Erwachsenen eine Kränkung darstellt, muss *a fortiori* beschämend sein für das Kind, das gerade erst dabei ist, ein Subjekt zu werden – und d. h. ein gewisses Maß an Handlungsfähigkeit und Autonomie zu erringen, für das jene Abhängigkeit eine eklatante Bedrohung darstellt.

Um den mit Autonomie und Handlungsfähigkeit verbundenen Subjektstatus zu erlangen, muss das Kind also verleugnen, dass die »Erfordernisse des Lebens« (ebd.) es unhintergehbar auf andere angewiesen machen. Doch was da im Interesse der Subjektwerdung verleugnet wird, macht sich unweigerlich, so Butler weiter, in der Struktur der auf diese Weise entstandenen Subjektivität bemerkbar. Das dritte Moment im Prozess der Subjektwerdung besteht deshalb in einer neurotischen Tendenz zur unbewussten Wiederholung dieser verleugneten leidenschaftlichen Bindung an andere:

> »Das ›Ich‹ wird […] in seinen Grundlagen bedroht vom Gespenst der Wiederkehr dieser (unmöglichen) Liebe und bleibt dazu verurteilt, diese Liebe unbewußt zu wiederholen […]. ›Ich‹ könnte gar nicht sein, wer ich bin, sollte ich so lieben, wie ich es offenbar getan habe, was ich, um als ich selbst weiter zu existieren, weiter leugnen und doch in meinem jetzigen Leben unbewußt wieder durchleben muß, und zwar mit dem schrecklichsten Leid als Folge.'« (a. a. O., S. 14)

Nach den von Freud analysierten Mustern der Wiederkehr des Verdrängten und der unbewussten Übertragung neigt das Subjekt Butler zufolge also dazu, die verleugnete leidenschaftliche Bindung an die frühen Bezugspersonen zu reaktualisieren und auf andere Liebesobjekte zu transferieren. Indem das Subjekt ein Verhalten praktiziert, das seine eigene Existenz als ›Ich‹ bedroht, bewirkt es jedoch tendenziell seine eigene Auflösung als Subjekt:

> »Durch diese neurotische Wiederholung betreibt das Subjekt seine eigene Auflösung – ein Betreiben, das auf eine Instanz verweist, aber nicht auf die des *Subjekts*, sondern vielmehr auf eine Instanz des Begehrens, das auf die Auflösung des Subjekts zielt und wo das Subjekt als Sperre oder Barre dieses Begehrens fungiert« (ebd.; Hervorhebung im Original).

Mit diesem impliziten Hinweis auf Lacans Konzeption der Subjektkonstitution (▶ Kap. 4) hebt Butler die paradoxe Struktur der Subjektivität hervor, die aus dem dreifach gebrochenen Prozess der Subjektwerdung resultiert. Was für das Subjekt den Ursprung seiner Handlungsfähigkeit bedeutet, eben seine Subjektwerdung, ist zugleich mit einer dreifachen Bedrohung verbunden, die diese Handlungsfähigkeit wieder in Frage stellt: erstens mit Bindung und Abhängigkeit, zweitens mit der

Verleugnung dieser Abhängigkeit und drittens mit der Tendenz zur unbewussten Wiederholung solcher Bindungen im Verhältnis zu anderen.

Die Konsequenz dieser Überlegungen für eine Theorie transformatorischer Bildungsprozesse, die an der Beschreibung der Struktur von Welt- und Selbstverhältnissen interessiert ist, besteht zunächst vor allem darin, dass eine solche Beschreibung besondere Aufmerksamkeit auf die Beziehung des Subjekts zu anderen richten und die Kategorie des Welt- und Selbstverhältnisses um diese Dimension des Verhältnisses zu anderen erweitern muss.[18]

Butlers Verweis auf die unvermeidliche Verleugnung der Bindung an andere macht überdies deutlich, dass das Welt- und Selbstverhältnis des Subjekts notwendigerweise Momente der Unverfügbarkeit und der Intransparenz enthält, die dem Subjekt nicht zugänglich sind und von ihm nicht kontrolliert werden können. Eine Theorie transformatorischer Bildungsprozesse müsste deshalb diese Intransparenz und Unverfügbarkeit in Rechnung stellen und Welt- und Selbstverhältnisse von Subjekten daraufhin befragen, wie diese mit dem Umstand umgehen, dass sich ein Teil ihres Seins ihrem Bewusstsein und ihrer Kontrolle notwendigerweise entzieht.[19] Und schließlich folgt aus Butlers Konzeption, dass eine Theorie der Struktur von Welt- und Selbstverhältnissen danach zu fragen hätte, welche Rolle in den Beziehungen zu anderen die verleugnete Bindung des Subjekts an diejenigen spielt, von denen es einmal abhängig war, und inwiefern diese Bindung an übermächtige Andere im aktuellen Verhalten des Subjekts unbewusst wiederholt bzw. im Modus der Übertragung re-inszeniert wird.

5.2 Das ambivalente Verhältnis von Subjekt und Macht

Den zweiten Schritt von Butlers Argumentation markiert der Versuch, das Verhältnis des im Entstehen begriffenen Subjekts zur Macht, die andere über es haben, genauer zu bestimmen. Dieses Verhältnis ist Butler zufolge von einer grundlegenden Ambivalenz geprägt. Denn einerseits ist das Subjekt dieser Macht unterworfen und muss selbst diese Unterwerfung permanent wiederholen, um als Subjekt Anerken-

---

18 Wie bereits in der Einleitung dieses Buchs erwähnt, müsste statt von *Welt- und Selbstverhältnis* konsequenterweise vom *Welt-, Anderen- und Selbstverhältnis* die Rede sein, und wenn im Folgenden aus stilistischen Erwägungen doch die Bezeichnung Welt- und Selbstverhältnis beibehalten wird, so ist das Verhältnis zu anderen darin stets mitzudenken.

19 Dass Welt- und Selbstverhältnisse zumindest partiell unbewusst sind, ergab sich auch schon aus dem Versuch, deren Struktur mit Bourdieus Habitustheorie zu erfassen (▶ Kap. 2). Im Unterschied zu Bourdieu benutzt Butler den Begriff des Unbewussten allerdings im psychoanalytischen Sinne. Das impliziert, dass die Unbewusstheit zentraler Momente des Welt- und Selbstbezugs nicht nur (wie bei Bourdieu) Effekt lang andauernder Gewöhnung ist, sondern vielmehr Resultat eines Verdrängungsvorgangs und deshalb einer Bewusstwerdung erheblichen Widerstand entgegenbringt.

nung zu finden. Auf der anderen Seite aber existiert es gar nicht *vor* dieser Unterwerfung, sondern wird dadurch überhaupt erst als Subjekt hervorgebracht. Erst durch Unterwerfung unter die Macht gewinnt das Subjekt also seine Existenz und damit zugleich seine Handlungsfähigkeit. Das entscheidende Argument Butlers besagt nun, dass diese Handlungsfähigkeit sich potentiell auch *gegen* die Macht richtet, d. h. sich als Widerstand bzw. Auflehnung gegen die Macht artikulieren kann.

Mit dieser Argumentation verfolgt Butler das Ziel, aus dem ambivalenten Verhältnis des Subjekts zur Macht auch dessen Fähigkeit zum potentiell widerständigen Handeln zu erklären und so einen »Begriff politischer Handlungsfähigkeit in postliberalen Zeiten« zu entwickeln, der weder naiv-optimistisch den alten Subjektbegriff wiedereinsetzt noch in fatalistischer Manier eine Totalisierung der Macht betreibt (Butler 2001, S. 22).

Zu diesem Zweck unterscheidet Butler zwei Erscheinungsformen der Macht, nämlich eine »*auf* das Subjekt *ausgeübte* Macht« und eine »vom Subjekt *angenommene* Macht«, wobei diese Annahme »zugleich das Instrument des Werdens dieses Subjekts« ausmache (a. a. O., S. 16; Hervorhebungen im Original). Die erste Form der Macht (die im Folgenden der Einfachheit halber *Macht I* genannt wird) wirkt also auf das Subjekt ein und stellt eine vorgängige *Bedingung* seiner Handlungsfähigkeit dar. Demgegenüber wird die zweite Form bzw. *Macht II* vom Subjekt nicht nur angenommen, sondern auch selbst ausgeübt und stellt so den Vollzug bzw. die *Aktualisierung* seiner Handlungsfähigkeit dar.

Das Verhältnis von Macht I zu Macht II ist für Butler vor allem in zeitlicher Hinsicht interessant. Zunächst scheint klar, dass die *auf* das Subjekt ausgeübte Macht I der *vom* Subjekt ausgeübten Macht II zeitlich vorausgeht. *Zuerst*, so scheint es, muss eine Macht auf das Subjekt einwirken, damit *dann* dieses die Macht annehmen und seinerseits auf andere ausüben kann. Doch bei näherem Hinsehen stellt sich das Verhältnis von Macht I und Macht II als komplizierter heraus:

> »Nach dem Doppelsinn von ›Subjektivation‹ als Unterordnung und Werden des Subjekts besteht die Macht als Unterordnung in einer Reihe von Bedingungen, die dem Subjekt vorhergehen und es von außen bewirken und unterordnen. Diese Formulierung gerät jedoch ins Schwanken, sobald wir daran denken, daß es vor dieser Wirkung gar kein Subjekt gibt. Die Macht *wirkt* nicht nur *auf* ein Subjekt ein, sondern *bewirkt* im transitiven Sinn auch die Entstehung des Subjekts. Als Bedingung geht die Macht dem Subjekt vorher. Wird die Macht jedoch vom Subjekt ausgeübt, verliert sie den Anschein ihrer Ursprünglichkeit; in dieser Situation eröffnet sich die umgekehrte Perspektive, daß Macht die Wirkung des Subjekts ist und daß Macht das ist, was Subjekte bewirken. [...] Weil Macht vor dem Subjekt gar nicht intakt ist, verschwindet der Anschein ihrer Vorgängigkeit, wenn sie auf das Subjekt einwirkt, und das Subjekt entsteht (und leitet sich her) aus dieser zeitlichen Umkehrung im Horizont der Macht. Als Handlungsfähigkeit des Subjekts nimmt die Macht ihre gegenwärtige zeitliche Dimension an« (a. a. O., S. 18; Hervorhebungen im Original).

In der Entstehung des Subjekts als einer Art performativen Wirkung der Macht vollzieht sich eine (nicht nur) zeitliche Umkehr im Verhältnis zwischen Subjekt und Macht. Erscheint die Macht zunächst als vorgängige Bedingung der Handlungsfähigkeit des Subjekts, wird sie im Vollzug dieser Handlungsfähigkeit zu etwas, was das Subjekt selbst bewirkt. Alles hängt nun davon ab, wie man diese Umkehrung deutet. Man könnte daraus den Schluss ziehen, dass Macht II nichts anderes ist als eine Wiederholung oder Re-Inszenierung und damit eine Bestätigung oder Bestärkung von Macht I. Aus dieser Perspektive betrachtet wiederholt das Subjekt, auch wenn bzw. sogar noch indem es gegen seine Unterwerfung unter die Macht Widerstand leistet, diese Unterwerfung und bestätigt so die Macht als vorgängige Bedingung seines Handelns. Ein Ausweg scheint nur denkbar, wenn man eine Instanz jenseits der Macht annehmen würde – wie z. B. einen für die Macht unerreichbaren ›Kern‹ des Subjekts oder dergleichen. Das freilich entspräche jenen »naive[n] Formen des politischen Optimismus«, die der Macht einen »unverfälschten Begriff des Subjekts« gegenüberstellen und von denen Butler sich gerade abgrenzt (a. a. O., S. 22). Zudem ist die Hypostasierung eines solchen Kerns ausgeschlossen, wenn man wie Butler davon ausgeht, dass das Subjekt erst durch Unterwerfung unter die Macht überhaupt erst entsteht. Dann aber drohen als Konsequenz die völlige Preisgabe jeder Option auf ein potentiell widerständiges Handeln und damit »politisch scheinheilige Formen des Fatalismus«, die Butler ebenfalls vermeiden möchte (ebd.).

Butlers Ausweg aus diesem Dilemma besteht in der These einer unaufhebbaren Ambivalenz jenseits einer zweiwertigen Logik der Widerspruchsfreiheit bzw. des Entweder-Oder:

> »Meiner Ansicht nach liegt die Schwierigkeit zum Teil darin, daß das Subjekt selbst Schauplatz dieser Ambivalenz ist, in welcher das Subjekt sowohl als *Effekt* einer vorgängigen Macht wie als *Möglichkeitsbedingung* für eine radikal bedingte Form der Handlungsfähigkeit entsteht. Eine Theorie des Subjekts sollte die ganze Ambivalenz seiner Funktionsbedingungen mit in Betracht ziehen« (a. a. O., S. 19; Hervorhebungen im Original).

Das Subjekt ist für Butler also nicht *entweder* das bloße Resultat einer ihm vorausgehenden Macht *oder* selbst Instanz der Machtausübung, sondern beides zugleich bzw. der »Schauplatz«, auf dem die Ambivalenz zwischen diesen beiden Seiten ausgetragen wird. Daraus folgt, dass das Subjekt nicht in der Alternative von Autonomie oder Heteronomie zu denken ist, sondern das Feld darstellt, auf dem Autonomie und Heteronomie auf komplizierte Weise miteinander verbunden sind.

Im Unterschied zu Bourdieu begreift Butler dabei das gesellschaftlich Vorgängige (bei Bourdieu: die objektiven Existenzbedingungen, bei ihr: die Macht) weder als Determination noch als Limitation, sondern vielmehr als *Ermöglichung*. Die Handlungsfähigkeit, die von der Macht ermöglicht wird, ist zwar, wie es an der zuletzt zitierten Stelle heißt, »radikal bedingt«, wird aber von der Macht nicht völlig limitiert:

> »Überdies ist das vom Subjekt handelnd Bewirkte zwar durch die vorgängige Wirksamkeit der Macht ermöglicht, aber durch sie nicht abschließend begrenzt. Die Handlungsfähigkeit übersteigt die sie ermöglichende Macht« (a. a. O., S. 20).

In der durch die Macht ermöglichten Handlungsfähigkeit ist Butler zufolge also eine Art Überschuss enthalten, der über die Macht hinausweist. Diesen Überschuss – der für eine Konzeption widerständigen politischen Handelns ebenso zentral ist wie für eine Theorie transformatorischer Bildungsprozesse – versucht Butler mit dem Begriff der Wiederholung bzw. der Reiteration zu denken, den sie von Derrida übernimmt und an anderer Stelle genauer ausgeführt hat (vgl. Butler 1998, S. 209 ff.). In *Psyche der Macht* schreibt sie:

»Die Bedingungen der Macht müssen ständig wiederholt werden, um fortzubestehen, und das Subjekt ist der Ort dieser Wiederholung, die niemals bloß mechanischer Art ist. [...] Die Reiteration der Macht verzeitlicht nicht nur die Bedingungen der Unterordnung, sondern erweist diese Bedingungen auch als nichtstatisch, als temporalisiert – aktiv und produktiv« (Butler 2001, S. 20 f.).

Der Grundgedanke dieses Begriffs der Wiederholung bzw. der »Reiteration« besteht in der These, dass keine Wiederholung eine völlig identische Reproduktion des Wiederholten darstellt (und in diesem Sinne nie »bloß mechanischer Art« ist), schon weil der zeitliche Abstand der Wiederholung zum früheren Erscheinen des Wiederholten eine Differenz bzw. eine Veränderung gegenüber dem vermeintlichen Original impliziert. In diesem Sinne enthält die Wiederholung also ein nichtstatisches, dynamisches Moment, ein Potential der Verschiebung oder Veränderung. Auf dem Umweg über die zeitliche Differenz zwischen ursprünglichem Erscheinen und Wiederholung wird der vermeintlichen statischen Struktur des Unterwerfungsgeschehens die Möglichkeit einer (und sei es auch nur minimalen) Verschiebung, einer Transformation eingepflanzt, wird das Verhältnis von Subjekt und Macht sozusagen von innen her aufgeweicht.

Die Konsequenz dieser Überlegungen Butlers für eine Theorie transformatorischer Bildungsprozesse und insbesondere für die Analyse der Struktur von Welt- und Selbstverhältnissen ist vor allem darin zu sehen, dass Welt- und Selbstverhältnisse diesen Ausführungen zufolge nicht mit Hilfe einer strikten Entgegensetzung von Subjekt und Macht oder von Autonomie und Heteronomie erfasst werden können, da für Butler das eine nicht ohne das andere zu haben ist. Die Untersuchung von Welt- und Selbstverhältnissen hätte sich demzufolge darauf einzustellen, diese als ambivalent und in sich widersprüchlich beschreiben zu müssen. Zugleich eröffnet Butlers Bezug auf einen Begriff der Wiederholung, der diese nicht als identische Reproduktion, sondern als Verzeitlichung, Verschiebung und Veränderung denkt, die Möglichkeit, nach Spielräumen für Transformationsprozesse auch in jenen Handlungsweisen der Subjekte zu suchen, die zunächst als bloß bestärkende Wiederholung der eigenen Unterwerfung erscheinen.

5.3 Die »Wendung des Subjekts gegen sich selbst«: Zur psychischen Struktur des Selbstverhältnisses angesichts der Verweigerung gesellschaftlicher Anerkennung

Eine solche bloß bestärkende Wiederholung der eigenen Unterwerfung scheint auch die »Wendung des Subjekts gegen sich selbst« zu sein, die Butler im dritten Schritt ihrer Argumentation in *Psyche der Macht* untersucht. Den Ausgangspunkt ihrer entsprechenden Überlegungen bildet die Ausklammerung der psychischen Mechanismen der Macht im Werk Foucaults:

> »Foucaults Schweigen zum Thema Psyche ist bekannt, aber eine Erklärung der Subjektivation muß, so scheint es, in die Wendungen des psychischen Lebens hineinführen. Genauer muß sie in der merkwürdigen Wendung des Subjekts gegen sich selbst gesucht werden, wie wir sie in Selbstvorwurf, Gewissen und Melancholie vor uns haben, die mit Prozessen sozialer Reglementierung einhergehen« (Butler 2001, S. 23).

Das Ziel von Butlers Bemühungen, den Diskurs der Macht mit dem Diskurs der Psychoanalyse zu verknüpfen, besteht also darin, psychische Phänomene wie Selbstvorwürfe, Gewissen und Melancholie in einen Zusammenhang mit »Prozessen sozialer Reglementierung« zu bringen. Eine gängige Erklärung solcher sozialen Reglementierungsprozesse, wie wir sie z. B. bei Bourdieu kennen gelernt haben, beschreibt deren Mechanismus als Einverleibung bzw. Verinnerlichung äußerer Bedingungen oder Normen. Doch Butler gibt sich mit dieser Beschreibung nicht zufrieden, sondern fragt danach, »was Einverleibung oder allgemeiner Verinnerlichung eigentlich ist« (ebd.).

Den Ausgangspunkt ihrer Antwort auf diese Frage bildet die Annahme eines »vorgängigen Begehrens nach einer gesellschaftlichen Existenz« (a. a. O., S. 24), d. h. eines Wunsches nach sozialer Anerkennung der eigenen Existenz, der das Subjekt zwingt, sich den gesellschaftlichen Normen solcher Anerkennung zu unterwerfen:

> »Wo gesellschaftliche Kategorien eine anerkennungsfähige und dauerhafte soziale Existenz gewährleisten, werden diese Kategorien, selbst wenn sie im Dienst der Unterwerfung stehen, oft vorgezogen, wenn die Alternative darin besteht, überhaupt keine soziale Existenz zu haben« (ebd.).

In seiner Angewiesenheit auf soziale Anerkennung und auf ein gewisses Maß an Kontinuität neigt das Subjekt Butler zufolge dazu, sich den Kategorien zu unterwerfen, von deren Erfüllung solche Anerkennung abhängt. Entscheidend dabei ist, dass dieses Verlangen nach gesellschaftlicher Anerkennung »primäre Abhängigkeiten in Erinnerung ruft«, also jene affektiven Bindungen an Personen, auf die das werdende Subjekt fundamental angewiesen war, und dass es diese Bindungen ausbeutbar macht »als Instrument und Effekt der Macht der Subjektivation« (ebd.). Das aber versetzt das Subjekt in eine Position der Verletzlichkeit gegenüber der Macht:

> »Das Subjekt ist genötigt, nach Anerkennung seiner eigenen Existenz in Kategorien, Begriffen und Namen zu trachten, die es nicht selbst hervorgebracht hat, und damit sucht es das Zeichen seiner eigenen Existenz außerhalb seiner selbst – in einem Diskurs, der gleichzeitig dominant und indifferent ist. [...] Die Subjektivation beutet das Begehren nach Existenz dort aus, wo das Dasein immer von anderswo gewährt wird; sie markiert eine ursprüngliche Verletzlichkeit gegenüber dem Anderen als Preis, der für das Dasein zu zahlen ist« (a. a. O., S. 25).

Erneut betont Butler damit die Abhängigkeit des Subjekts von einer Instanz, die außerhalb seiner selbst liegt – jenem »anderswo«, von dem aus ihm gesellschaftliche Anerkennung zuteilwird. Was zunächst allein in der Hilflosigkeit und Pflegebedürftigkeit des Kleinkindes begründet zu sein schien, erweist sich nun als Folge einer noch umfassenderen Angewiesenheit des Subjekts auf andere: auf die Anerkennung seiner sozialen Existenz. Diese Angewiesenheit macht das Subjekt anfällig für den Einfluss der Macht und gesellschaftlicher Normen, bringt aber zugleich ein dynamisches Moment ins Spiel:

»Soweit Normen als psychische Phänomene fungieren, die das Begehren begrenzen und hervorbringen, lenken sie auch die Subjektbildung und grenzen die Sphäre einer lebbaren Gesellschaftlichkeit ein. Das psychische Funktionieren der Norm bietet der regulierenden Macht einen listigeren Weg als der offene Zwang, einen Weg, dessen Erfolg sein stillschweigendes Funktionieren im Gesellschaftlichen erlaubt. Und doch setzt die Norm als psychische nicht bloß die gesellschaftliche Macht jeweils neu ein, sondern wird auf ganz spezifische Art selbst formativ und verletzlich. Die sozialen Kategorisierungen, in denen das Ausgesetztsein des Subjekts gegenüber der Sprache gründet, sind selbst anfällig sowohl für psychischen wie geschichtlichen Wandel« (a.a.O., S. 25f.).

Von der Möglichkeit des »psychischen« und »geschichtlichen« Wandels, die mit der Möglichkeit einer Transformation von Welt- und Selbstverhältnissen verbunden ist, soll weiter unten noch genauer die Rede sein. Bleiben wir zunächst bei der Frage, wie gesellschaftliche Normen die Subjektkonstitution beeinflussen.

Besonders nachhaltig wirken gesellschaftliche Normen Butler zufolge, wenn sie soziale Anerkennung an das Verbot eines bestimmten Begehrens koppeln und wenn dieses Verbot nicht nur die *Verdrängung*, sondern die *Verwerfung* dieses Begehrens zur Folge hat. Die Unterscheidung von Verdrängung und Verwerfung führt Butler auf Freud zurück, der Verdrängung als Unterdrückung eines unabhängig von seinem Verbot existierenden Begehrens verstanden habe, während die Verwerfung jeden Zugang zu dem fraglichen Begehren rigoros versperre, das demzufolge schon immer ›verloren‹ war und das Subjekt so mit einem ›ursprünglichen‹ Verlust konfrontiere (vgl. a.a.O., S. 27).[20] Es ist dieser Mechanismus der Verwerfung, auf den Butler das psychische Phänomen der Melancholie als einer unabschließbaren Trauer zurückführt.

Bekanntlich hat Freud die Melancholie in seiner Schrift *Trauer und Melancholie* (Freud 1917/1975) als jene mit Selbstvorwürfen und tiefer Niedergeschlagenheit einhergehende ›krankhafte‹ Form der Trauer bestimmt, bei der das Subjekt im Unterschied zur ›normalen‹ Trauer den Verlust eines Liebesobjekts auch nach längerer Zeit nicht zu überwinden vermag, weil verdrängte aggressive Impulse gegenüber dem geliebten Wesen den Abzug der psychischen Besetzungen verhindern und die uneingestandene Wut sich nunmehr auf das eigene Ich richtet. Butler übernimmt dieses theoretische Modell, erklärt aber die Melancholie im Unterschied zu Freud nicht als Folge einer verdrängten Wut auf das Liebesobjekt, sondern als Resultat jener grundlegenden Verwerfung eines Begehrens, das nie präsent werden konnte, weil es immer schon verworfen war. Das Beispiel, an dem sie die melancholische Struktur des Subjekts zu verdeutlichen sucht, ist die Verwerfung der Homosexualität, die ihr »grundlegend für eine bestimmte heterosexuelle Version des Subjekts zu sein scheint« (Butler 2001, S. 27; vgl. a.a.O., S. 125ff.):

»Die Formel: ›Ich habe nie‹ jemanden gleichen Geschlechts ›geliebt‹ und ›ich habe nie‹ eine solche Person ›verloren‹ gründet das ›Ich‹ auf das ›nie-nie‹ dieser Liebe und dieses Verlustes« (a.a.O., S. 27).

---

20 Diese Freud-Interpretation geht zurück auf Lacan, der den bei Freud nicht einheitlich verwendeten Terminus *Verwerfung* dadurch von dem der *Verdrängung* abgrenzt, dass bei der Verwerfung eine unerträgliche Vorstellung mitsamt ihrem Affekt abgewehrt und so behandelt werde, als ob sie nie existiert habe, während bei der Verdrängung die fragliche Vorstellung bewusst war, aber ins Unbewusste zurückgestoßen wurde (vgl. Laplanche/Pontalis 1992, S. 582–587 und 608–612).

Das Beispiel der Homosexualität erlaubt es Butler, den Zusammenhang zwischen dem psychischen Phänomen der Melancholie und den Prozessen sozialer Reglementierung deutlich zu machen, von dem oben die Rede war. Denn was hier die Verwerfung des (homosexuellen) Begehrens und damit die melancholische Struktur des Subjekts begründet, ist eine *gesellschaftliche* Norm, welche die soziale Anerkennung als Subjekt an die ›normale‹, d. h. heterosexuelle Ausrichtung des Begehrens bindet und jede Abweichung davon mit der Verweigerung jener Anerkennung bestraft. Die Folge davon ist eine ›melancholische‹ Struktur des Subjekts und seiner Gesellschaftlichkeit:

> »Was […] geschieht, wenn eine gewisse Verwerfung der Liebe zur Möglichkeitsbedingung der sozialen Existenz wird? Erzeugt das nicht eine von Melancholie betroffene Gesellschaftlichkeit, ein Zusammenleben, in dem ein Verlust nicht betrauert werden kann, weil er als Verlust nicht anerkannt werden kann, weil das, was verloren wurde, niemals eine Existenzberechtigung hatte?« (a. a. O., S. 28 f.)

Diese Sätze sprechen dafür, dass die Verbindung von psychischen Mechanismen und Macht, um die es Butler geht, grundlegender ist als das Verbot der Homosexualität und nicht an eine *bestimmte* Form gesellschaftlicher Reglementierung gebunden werden kann. In *jeder* gesellschaftlichen Ordnung, so könnte man Butlers Ausführungen deuten, kann es Normen geben, die eine »gewisse Verwerfung der Liebe« bzw. die Verwerfung einer gewissen Form der Liebe »zur Möglichkeitsbedingung der sozialen Existenz« machen und so die Subjekte zwingen, auf einen Teil ihres Begehrens zu verzichten, ohne dass dieser Verzicht je bewusst (oder betrauert) werden könnte, weil er immer schon verloren war. Solche Normen, die die Verwerfung eines Begehrens zur Folge haben, strukturieren die Formen, die das Verhältnis zu anderen annehmen kann, und insbesondere das Feld, auf dem Liebe und Verlust sich vollziehen. Wenn meine Interpretation zutrifft, geht es dabei also nicht nur um das Verbot der Homosexualität, sondern darum, dass mit dem Vorhandensein gesellschaftlicher Regeln oder Bedingungen für die Anerkennung als Subjekt stets die Möglichkeit eines Ausschlusses verbunden ist, d. h. die Möglichkeit einer Norm, die die Verweigerung der Anerkennung als gesellschaftliche Existenz und damit die Verwerfung eines Begehrens zur Folge hat. In diesem Sinn ist die Melancholie also mindestens potentiell eine Grundstruktur von Subjektivität überhaupt:

> »Die Verwerfung bestimmter Formen der Liebe verweist darauf, daß die Melancholie, die das Subjekt begründet (und damit diese Grundlage stets zu erschüttern und zu zerstören droht), eine unabgeschlossene und unlösbare Trauer signalisiert. Die Melancholie, nicht in der Verfügung des Subjekts und nicht abgeschlossen, ist die Grenze für den Sinn, den das Subjekt für sein *pouvoir* hat, die Grenze seines Sinns für das, was es erreichen kann und damit für seine Macht. Die Melancholie spaltet das Subjekt, indem sie die Grenzen dessen markiert, auf was es sich noch einstellen kann. Weil das Subjekt über diesen Verlust nicht *reflektiert*, nicht reflektieren kann, markiert dieser Verlust die Grenze der Reflexivität, markiert er, was deren Zirkularität übersteigt (und bedingt). Als Verwerfung verstanden, inauguriert dieser Verlust das Subjekt und bedroht es mit Auflösung« (a. a. O., S. 27 f.; Hervorhebungen im Original).

Die melancholische Struktur der Subjektivität markiert also zugleich eine Grenze für die Macht des Subjekts (d. h. für Macht II im oben beschriebenen Sinn), die darin besteht, dass es aufgrund seiner Angewiesenheit auf soziale Anerkennung sich den gesellschaftlichen Bedingungen dieser Anerkennung unterwerfen und deshalb sein Begehren bis zu einem gewissen Grad an den Normen orientieren muss, die definieren, was eine anerkennungsfähige Existenz ist.

Für eine Theorie transformatorischer Bildungsprozesse und die Frage nach der Struktur des Welt- und Selbstverhältnisses folgt daraus zunächst, dass die bereits im Zusammenhang mit dem ersten Schritt von Butlers Argumentation hervorgehobene Angewiesenheit des Subjekts auf andere unterstrichen und in einer radikalisierten Form zur Geltung gebracht werden muss. Das Welt- und Selbstverhältnis des Subjekts ist mit Butler als grundlegend strukturiert durch den Bezug auf andere, auf eine radikale Alterität zu denken, insofern das Subjekt durch sein Begehren nach sozialer Anerkennung »von Anfang an gesellschaftlichen Bedingungen überantwortet ist, die niemals ganz [seine] eigenen sind« (a.a.O., S. 32).[21] Der Versuch, die Struktur des Welt- und Selbstverhältnisses zu erfassen, muss deshalb die Bedeutung derjenigen gesellschaftlichen Normen berücksichtigen, die die soziale ›Anerkennungsfähigkeit‹ von Subjekten regeln und danach fragen, inwiefern ein Subjekt unter gegebenen gesellschaftlichen Bedingungen in seinem Verhältnis zu anderen durch solche Normen reglementiert bzw. in seinem Begehren begrenzt wird.

Unter dem Gesichtspunkt des Interesses an Bildungsprozessen als einer *Transformation* von Welt- und Selbstverhältnissen schließt sich daran freilich die Frage an, wie unter den beschriebenen Voraussetzungen *Veränderung* gedacht werden kann – d.h. eine Veränderung der beschriebenen Struktur von Subjektivität und ihres Verhältnisses zur Macht.[22] Zur Klärung dieser Frage ist es notwendig, noch einmal auf Butlers Anliegen einer Erklärung der (potentiell widerständigen) Handlungsfähigkeit des Subjekts zurückzukommen. In einer Art Zusammenfassung ihrer Überlegungen am Ende der Einleitung zu *Psyche der Macht* schreibt Butler:

---

21 »So betrachtet ist die Subjektivation die paradoxe Wirkung einer Herrschaft der Macht, unter welcher schon die bloßen ›Existenzbedingungen‹, die Möglichkeit des Weiterlebens als anerkennbares soziales Wesen, die Bildung und den Fortbestand des Subjekts in der Unterordnung verlangen. Übernimmt man Spinozas Auffassung, wonach jedes Streben Streben nach dem Beharren im eigenen Sein ist, und faßt man die *metaphysische* Substanz, die das Ideal des Strebens bildet, etwas geschmeidiger als soziales Sein, dann kann man vielleicht das Streben nach dem Beharren im eigenen Sein als etwas beschreiben, über das sich nur unter den riskanteren Bedingungen des gesellschaftlichen Lebens verhandeln läßt. [...] Wenn die Begriffe, in denen ›Existenz‹ formuliert, erhalten und entzogen wird, dem aktiven und produktiven Vokabular der Macht zugehören, dann bedeutet das Beharren im eigenen Sein, daß man von Anfang an gesellschaftlichen Bedingungen überantwortet ist, die niemals ganz unsere eigenen sind. [...] Nur indem man in der Alterität beharrt, beharrt man im ›eigenen‹ Sein. Bedingungen ausgesetzt, die man nicht selbst geschaffen hat, beharrt man immer auf diese oder jene Weise mittels Kategorien, Namen, Begriffen und Klassifikationen, die eine primäre und inaugurative Entfremdung im Sozialen markieren. Wenn solche Bedingungen eine primäre Unterordnung, ja Gewalt bedeuten, dann entsteht ein Subjekt, um für sich selbst zu sein, paradoxerweise gegen sich selbst« (Butler 2001, S. 31f.; Hervorhebungen im Original).

22 An dieser Stelle wäre es eigentlich erforderlich, auf die neuere Diskussion um das Verhältnis von Subjektivation und Bildung einzugehen, was hier aber nicht geleistet werden kann. Vgl. dazu – stellvertretend für zahlreiche weitere Arbeiten – Ricken 2015 sowie Rucker 2014.

»Zu einer kritischen Theorie der Subjektivation gehören: (1) eine Darstellung der Art und Weise, wie die reglementierende Macht Subjekte in Unterordnung hält, indem sie das Verlangen nach Kontinuität, Sichtbarkeit und Raum erzeugt und sich zunutze macht; (2) die Einsicht, daß das als kontinuierlich, sichtbar und lokalisiert hervorgebrachte Subjekt nichtsdestoweniger von einem nicht anzueignenden Rest heimgesucht wird, einer Melancholie, die die Grenzen der Subjektivation markiert; (3) eine Erklärung der Iterabilität des Subjekts, die aufweist, wie die Handlungsfähigkeit sehr wohl darin bestehen kann, sich zu den gesellschaftlichen Bedingungen, die sie erst hervorbringen, in Opposition zu setzen und sie zu verändern« (a. a. O., S. 32 f.).

Den Ausgangspunkt dieser Zusammenfassung bildet (1) das »Verlangen nach Kontinuität, Sichtbarkeit und Raum«, das sich als eine Folge des oben beschriebenen Begehrens nach gesellschaftlicher Anerkennung verstehen lässt.[23] Festzuhalten bleibt, dass das Subjekt aufgrund dieses Begehrens nach Anerkennung gezwungen ist, sich der reglementierenden Macht zu unterwerfen. Der zweite notwendige Bestandteil einer Theorie der Subjektivation (2) verweist darauf, dass es trotz oder gerade wegen dieser Unterwerfung für das Subjekt einen »nicht anzueignenden Rest« gibt, der sich in einer grundlegenden Melancholie niederschlägt. Anders formuliert: Das Subjekt (und d. h. für Butler offenbar: *jedes* Subjekt) ist mit dem Umstand konfrontiert, dass einem Teil bzw. »Rest« seines Begehrens die gesellschaftliche Anerkennung verweigert wird, den es deshalb verwerfen muss, was zur melancholischen Struktur einer unabschließbaren Trauer führt. Im dritten Schritt der zitierten Passage (3) postuliert Butler dann eine Erklärung der Art und Weise, wie aus dieser Konstellation dennoch die Fähigkeit hervorgehen kann, sich den gesellschaftlichen Bedingungen zu widersetzen bzw. sie zu verändern.

Die »Wendung des Subjekts gegen sich selbst«, von der im letzten Abschnitt dieses Kapitels die Rede war, scheint auf den ersten Blick zu einer Erklärung einer solchen potentiell widerständigen Handlungsfähigkeit wenig beitragen zu können. Denn die damit verbundene melancholische Struktur der Subjektivität wird von Butler ja (wie gezeigt) eher als Begrenzung der Macht des Subjekts denn als Ermöglichung von Handlungsfähigkeit beschrieben. Und doch legt Butlers ganze Argumentation den Schluss nahe, dass es nicht nur die oben beschriebene Struktur der Wiederholung, sondern auch die melancholische Verfasstheit des Subjekts ist, die eine Bedingung der Möglichkeit verändernden Handelns darstellt. Das Zusammenspiel der beiden Momente kann man sich dabei vielleicht folgendermaßen vorstellen: Während die Struktur der Wiederholung aufgrund der Unmöglichkeit einer identischen Reproduktion das *Potential* der Veränderung bereitstellt, liefert die melancholische Struktur der Subjektivität den *Anlass* zum transformatorischen Geschehen. Denn wenn das Subjekt vom Begehren nach sozialer Anerkennung getrieben ist, seine melancholische psychische Verfasstheit aber auf der Verweigerung solcher Anerkennung zumindest für einen Teil seines Begehrens beruht, hat

---

23 Das Begehren nach gesellschaftlicher Anerkennung zielt Butler zufolge nicht nur auf eine »anerkennungsfähige«, sondern auch auf eine »dauerhafte soziale Existenz« (a. a. O., S. 24), impliziert also ein Verlangen nach Kontinuität. Eine gewisse Schwierigkeit der Interpretation stellt der Umstand dar, dass von diesem Verlangen nach Kontinuität nun gesagt wird, es werde von der Macht nicht nur ausgenutzt, sondern auch »erzeugt«, während das Begehren nach Anerkennung als sozialer Existenz ursprünglich zu sein scheint.

dieses Subjekt (auch wenn ihm dies nicht bewusst ist, ja nicht bewusst sein kann) allen Anlass, gegen die gesellschaftlichen Bedingungen aufzubegehren, die ihm diese Anerkennung verweigern.

Während dieser Gedanke in *Psyche der Macht* nur gewissermaßen zwischen den Zeilen zu finden ist, erörtert Butler ihn in ihren Frankfurter Vorlesungen *Zur Kritik der ethischen Gewalt* auch explizit. Dort arbeitet Butler unter Bezug auf Adorno und Foucault das Unterworfensein des (moralischen) Subjekts unter gesellschaftliche Normen und die jeweiligen Bedingungen ihrer Aneignung heraus, die auch die Frage betreffen, wer unter den herrschenden Bedingungen überhaupt als Subjekt anerkannt bzw. wodurch solche Anerkennung begrenzt wird (vgl. Butler 2003, S. 12 ff.). Mit Foucault beschreibt sie diese Bedingungen sozialer Anerkennung als das jeweilige »Wahrheitsregime«, das auch einen Rahmen für die Beziehung des Subjekts zu sich selbst darstelle. Entscheidend für unseren Zusammenhang ist nun die Frage, inwiefern die Verweigerung gesellschaftlicher Anerkennung als Subjekt zum Anlass der Infragestellung eines solchen »Wahrheitsregimes« werden kann. Während Foucault Butler zufolge dies auf den Fall beschränkt, dass ein Subjekt unter gegebenen Bedingungen *sich selbst* nicht anerkennen kann, weil die Normen des herrschenden »Wahrheitsregimes« ihm diese Anerkennung verweigern, ergänzt Butler dieses Argument dahingehend, dass auch das Scheitern des Wunsches, *eine(n) Andere(n)* anzuerkennen, einen Anlass für die Kritik moralischer Normen darstellen kann (vgl. a. a. O., S. 35 ff.).

Für eine Theorie transformatorischer Bildungsprozesse folgt daraus, dass sie ihre Aufmerksamkeit über die Struktur von Welt- und Selbstverhältnissen hinaus auf die Analyse der gesellschaftlichen Normen zu richten hätte, die die Frage betreffen, wer innerhalb einer Gesellschaft als vollgültiges Subjekt anerkannt wird oder nicht. Davon ausgehend hätte eine solche Theorie danach zu fragen, ob und in welcher Weise Subjekte die Erfahrung machen, dass ihnen selbst oder anderen, zu denen sie in Beziehung stehen, die soziale Anerkennung als Subjekt verweigert wird. Sie hätte weiter zu fragen, wie Subjekte auf diese Erfahrung reagieren und welche Bedingungen dazu beitragen, dass daraus Widerstandspotential bzw. Handlungsfähigkeit erwächst.

Dabei bleibt in Butlers Theorie der Subjektivation jedoch weitgehend offen, wie genau die melancholische Struktur der Subjektivität in Handlungsfähigkeit umschlagen und wie aus unabschließbarer Trauer veränderndes Handeln werden kann. Deutlich geworden ist bislang nur, dass das Begehren nach sozialer Anerkennung der eigenen Existenz oder der Existenz anderer einen wichtigen Anlass und dass die Struktur der nicht-identischen Wiederholung ein Potential des Transformationsgeschehens darstellt.[24] Unklar bleibt aber, wovon es abhängt, ob dieser Anlass und dieses Potential genutzt werden. Sehen wir deshalb zu, was andere Theorieansätze zur Klärung dieser Frage beitragen können.

---

24 Weiterführende Überlegungen enthält Butlers Konzept der Resignifizierung, auf das in Kapitel 11 näher eingegangen wird (▶ Kap. 11).

Teil II Zum Anlass transformatorischer Bildungsprozesse

6 Erfahrung als Krise I: Zu Günter Bucks Konzept »negativer Erfahrung«

Nach der Struktur von Welt- und Selbstverhältnissen, von der in Teil I dieses Bandes vor allem die Rede war, steht in den folgenden Kapiteln die zweite Frage im Mittelpunkt, auf die eine Theorie transformatorischer Bildungsprozesse antworten muss – die Frage nach den Anlässen solcher Bildungsprozesse. Wie in Kapitel 1 (▶ Kap. 1) angedeutet, gehe ich dabei im Anschluss an Rainer Kokemohr von der Annahme aus, dass Bildungsprozesse durch eine Art Krisenerfahrung herausgefordert werden, die darin besteht, dass Menschen auf Probleme stoßen, für deren Bearbeitung die etablierten Figuren ihres Welt- und Selbstverhältnisses sich als nicht mehr ausreichend erweisen. Diese Annahme erfuhr in der bisherigen Argumentation insofern Bestätigung, als mit den Konzepten Bourdieus, Butlers und Lacans die relative Stabilität von Welt- und Selbstverhältnissen herausgearbeitet wurde, die deren Transformation zunächst als eher unwahrscheinlich erscheinen lässt. So war mit Bourdieu von der Trägheit der Habitusformen bzw. von deren »Tendenz zum Verharren in ihrem Sosein« die Rede (▶ Kap. 2), während mit Lacan und Butler darauf hingewiesen wurde, dass die Angewiesenheit auf andere für das sich konstituierende Subjekt so bedrohlich ist, dass sie ins Unbewusste abgedrängt werden muss, was ebenfalls zu einer Verhärtung der Welt- und Selbstbezüge beiträgt (▶ Kap. 4, ▶ Kap. 5). Ob man also das Verhältnis eines Subjekts zur Welt, zu anderen und sich selber mit Bourdieu als Habitus oder mit Butler und Lacan als unbewusste Subjektstruktur bestimmt – in jedem Fall folgt daraus, dass Transformationen von Welt- und Selbstverhältnissen nicht ohne Weiteres möglich sind, sondern besonderer Anlässe bedürfen, die mit einer Destabilisierung jener Beharrungskräfte verbunden sind. Zur Beschreibung solcher Anlässe bietet sich der Begriff der *Krise* an. Damit sind keineswegs immer dramatische oder gar katastrophische Entwicklungen gemeint, sondern lediglich solche Situationen oder Konstellationen, in denen die relative Stabilität eines etablierten Welt- und Selbstverhältnisses in Frage gestellt wird.[25]

---

25 Dies stellt zugleich eine Antwort auf den gelegentlich vorgebrachten Einwand gegen das Konzept transformatorischer Bildungsprozesse dar, wonach Bildungsprozesse nicht allein durch Krisenerfahrungen ausgelöst werden können (vgl. z. B. Fuchs 2011, S. 24). Selbst wenn Transformationen durch zufällige Ereignisse angestoßen werden, wie im Fall der von Arnd-Michael Nohl untersuchten »spontanen Bildungsprozesse« (Nohl 2006), können solche Zufälle nur wirksam werden im Rahmen einer Konstellation, die krisenhafte Züge im Sinne der Infragestellung etablierter Welt- und Selbstbezüge aufweist. Relativiert wird der Befund der Stabilität allerdings dadurch, dass die Struktur von Welt- und Selbstverhältnissen mit Ricœur und Lacan zugleich auch als brüchig beschrieben wurde (▶ Kap. 3

Als Anlass für Bildungsprozesse im hier vorgestellten Sinn lassen sich also vor allem solche Situationen verstehen, in denen Menschen mit Problemen konfrontiert werden, für deren Bearbeitung sich die eingespielten Figuren ihres Welt- und Selbstbezugs als unzulänglich erweisen. Solche Krisenerfahrungen können durch *gesellschaftlich* bedingte Problemlagen verursacht sein, für deren Bearbeitung keine bewährten Strategien zur Verfügung stehen. Anlässe für Transformationen des Welt- und Selbstverhältnisses können allerdings auch *individuelle* Krisenerfahrungen sein, wie sie z. B. mit der Adoleszenz oder anderen Statuspassagen im Lebenslauf einhergehen. In solchen Fällen ist die Irritation bisher wirksamer Wahrnehmungs-, Denk- und Handlungsweisen auf körperliche Veränderungen (wie in der Pubertät) und neue soziale Erwartungen zurückzuführen, die sich aus der Zugehörigkeit zu einer bestimmten Alters- oder Statusgruppe ergeben.

Zur theoretischen Erfassung der Grundstruktur solcher Irritationen des Welt- und Selbstverhältnisses bieten sich Konzepte der *Erfahrung* an, die auf den philosophischen Erfahrungsbegriff Edmund Husserls zurückgehen.[26] Ein solches, in unserem Zusammenhang besonders interessantes, weil im Kontext bildungstheoretischer Überlegungen entstandenes Konzept stellt Günter Bucks Begriff der »negativen Erfahrung« dar, der in diesem Kapitel vorgestellt werden soll. Buck entwickelt diesen Begriff in einem Buch mit dem Titel *Hermeneutik und Bildung. Elemente einer verstehenden Bildungslehre* (Buck 1981). Anliegen dieses Buches ist die Klärung der Frage, »inwiefern die Hermeneutik, d. h. die Theorie des kunstmäßig geübten Verstehens, als eine Theorie der Bildung gelten kann« (a. a. O., S. 19; zu Buck vgl. auch Schenk 2017 sowie Schenk & Pauls 2014).

Die Hermeneutik lässt sich, wie Bucks Formulierung anklingen lässt, als eine Theorie des Verstehens begreifen, die das Verstehen zu einer an bestimmten Prinzipien oder Regeln orientierten ›Kunst‹ zu machen versucht. Eine historisch gesehen besonders wichtige Position für die Entwicklung der Hermeneutik stellt bekanntlich Wilhelm Diltheys Versuch einer Begründung des Verstehens als spezifischer Erkenntnisweise der Geisteswissenschaften dar (vgl. Dilthey 1900/1982). Die Hermeneutik gilt ihm dabei als Lehre vom Verstehen fremder Lebensäußerungen oder genauer: als Lehre von der *Auslegung* solcher Lebensäußerungen als der wissenschaftlichen Form des Verstehens. Die Formulierung einer solchen Hermeneutik verstand Dilthey dabei als Begründung für den Wissenschaftsanspruch der Geisteswissenschaften in Abgrenzung zu den Naturwissenschaften, indem er das Verstehen bzw. die Auslegung als spezifische Methode der Geisteswissenschaften (im Unterschied zum *Erklären* der Naturwissenschaften) zu beschreiben versuchte.

---

und ▶ Kap. 4). Diese Brüchigkeit stellt neben dem Moment der Krise eine weitere Möglichkeitsbedingung von Transformationen dar.

26 Die Gemeinsamkeit zwischen den Problemlagen, die ein etabliertes Welt- und Selbstverhältnis in Frage stellen, und Erfahrung im Anschluss an Husserl besteht darin, dass eine Erfahrung zu machen, wie Bernhard Waldenfels schreibt, im phänomenologischen Sinne nicht bedeutet, etwas *herzustellen*, sondern vielmehr etwas *durchzumachen* (▶ Kap. 7 und Waldenfels 1997, S. 19). Eine Erfahrung ist mithin etwas, was einem Subjekt widerfährt und es als Handlungszentrum in Frage stellt.

Bucks Frage, »inwiefern die Hermeneutik [...] als eine Theorie der Bildung gelten kann« lässt sich vor diesem Hintergrund als die Frage danach begreifen, inwiefern die Prozesse geisteswissenschaftlicher Erkenntnisgewinnung, die von der Hermeneutik beschrieben werden, eine ähnliche Struktur aufweisen wie Bildungsprozesse und deshalb Aufschluss auch über Strukturen von Bildung gewähren.

Schon Dilthey betrachtete das Verstehen jedoch nicht nur als besondere Form *wissenschaftlicher* Erkenntnisgewinnung, sondern zunächst und vor allem als alltagsweltlichen Vorgang, der von der Hermeneutik nur in eine wissenschaftliche – oder mit der Formulierung Bucks: in eine »kunstmäßig« auszuübende – Form gebracht werden müsse. Verstehen, so Dilthey, sei die Art und Weise, in der wir uns in unserem alltäglichen Handeln auf fremde Lebensäußerungen beziehen, indem wir aus sinnlich wahrnehmbaren Zeichen auf ein »Inneres«, d.h. den Sinn oder die Bedeutung dieser Äußerungen schließen (a.a.O., S. 318). Spätere hermeneutische Philosophen wie Martin Heidegger und Hans-Georg Gadamer haben diese Position radikalisiert, in dem sie das Verstehen als spezifische Weise menschlichen In-der-Welt-Seins überhaupt begriffen haben (vgl. Heidegger 1926/1984 und Gadamer 1960/1990). Verstehen bezieht sich dabei nicht nur (wie es in der Hermeneutik als Methodenlehre der Geisteswissenschaften der Fall zu sein scheint) auf Texte oder Kunstwerke, sondern auf menschlichen Lebensäußerungen insgesamt.

Aus dieser Ausweitung der hermeneutischen Fragestellung von einem bloßen Methodenproblem der Geisteswissenschaften auf den Modus des menschlichen In-der-Welt-Seins insgesamt folgt, dass die Bedeutung der Hermeneutik für die Bildungstheorie sich nicht in der Eröffnung der Möglichkeit erschöpft, Einsichten über wissenschaftliche Erkenntnisvorgänge per Analogieschluss auf Bildungsprozesse zu übertragen. Denn aufgrund der Ausdehnung ihres Gegenstandsbereichs bezieht sich die Hermeneutik sozusagen direkt auf den menschlichen Welt- und Selbstbezug selber, als dessen wesentlichen Modus sie das Verstehen bestimmt. Die Fragestellung Bucks lässt sich deshalb auch so interpretieren, dass es ihm darum geht, herauszufinden, inwiefern das Verstehen selbst eine Vollzugsform von Bildung darstellt. Im Kontext unserer Überlegungen schließt das die Frage ein, was die hermeneutische Beschreibung von Verstehensprozessen zur Einsicht in die Struktur transformatorischer Bildungsprozesse beitragen kann – also dazu, Bildungsprozesse im Sinne der Entstehung neuer Formen des Verhaltens zur Welt, zu anderen und zu sich selber theoretisch zu erfassen. Im Mittelpunkt des Interesses in diesem Kapitel steht dabei die Frage nach den Anlässen solcher Bildungsprozesse.

6.1 Zur Eingrenzung von Bucks Fragestellung: Sind Bildungsprozesse kontinuierliche oder diskontinuierliche Prozesse?

Für unseren Zusammenhang besonders aufschlussreich ist nun ein Kapitel von Bucks Buch, in dem er sich der Frage zuwendet, inwiefern Prozesse des hermeneutischen Verstehens bzw. Bildungsprozesse als ein kontinuierliches (stetiges) oder als ein diskontinuierliches (unstetiges) Geschehen begriffen werden können (vgl. Buck 1981, S. 71–94). Diese Frage gilt also der Verlaufsform oder Prozessstruktur von Bildungsprozessen, von der im dritten Teil des vorliegenden Bandes ausführlicher die Rede sein soll: Vollziehen sich Bildungsprozesse allmählich (wie z. B. das Wachstum eines Baumes) oder plötzlich (in der Art eines einmaligen Sprungs)? Oder gibt es vielleicht sogar eine Art Zusammenspiel von Kontinuität und Diskontinuität, etwa im Sinne eines Umschlags von Quantität in Qualität?

Um diese Fragen zu klären, stellt Buck die Geschichte des philosophischen Nachdenkens über Kontinuität und Diskontinuität von Leibniz bis Bollnow dar, um daran anschließend dann das Problem der (Dis-)Kontinuität in Husserls Theorie der Erfahrung zu erörtern. Sehr knapp lässt sich der Argumentationsgang Bucks dabei so zusammenfassen: Bis etwa 1800 (und d. h. vor allem: bis Kant) sei die Philosophie vom Vorrang der Kontinuität ausgegangen. Kennzeichnend dafür ist Buck zufolge etwa die Formulierung von Leibniz: »*Tout va par degré dans la nature et rien par saut*« (zit. nach Buck 1981, S. 75).[27] Christian Wolff habe dieses Kontinuitätsdenken dann in Zusammenhang mit dem Prinzip des zureichenden Grundes bzw. dem Prinzip der Kausalität gebracht: Verstehbar, d. h. auf Gründe zurückführbar sei für Wolff nur ein kontinuierliches Geschehen, ob in der Natur oder in der menschlichen Geschichte, wohingegen sich nur das Unerklärliche oder das Wunder sprunghaft bzw. plötzlich ereigneten. Übertragen auf die bildungstheoretische Fragestellung würde das bedeuten, dass Bildungsprozesse nur zu verstehen wären, sofern man Bildung als ein kontinuierliches Geschehen auffasst.

Demgegenüber mehren sich Buck zufolge seit Kant »Indizien, die für Diskretheit sprechen« (a. a. O., S. 78), also für unstetige und sich sprunghaft vollziehende Prozesse. Insbesondere die Entstehung von Moralität, also des moralischen Bewusstseins, beschreibe Kant als »Revolution der Denkungsart«, bei der die Herrschaft der bloßen Gewohnheit auf einen Schlag als illegitim, weil nicht vernünftig begründet erkannt und damit negiert, durchbrochen und überwunden werde. Ähnliches gilt nach Buck, wenn auch mit bemerkenswerten Unterschieden, für Hegels Theorie des qualitativen Sprungs, der zufolge sich »die Geschichte der Bildung des Geistes […] als eine Bewegung [darstellt], in der Epochen schrittweisen Werdens und möglicherweise kumulativer Prozesse dann und wann durch ein intervenierendes Ge-

---

27 Das Zitat stammt aus den *Nouveaux Essais sur L'entendement humain* und lautet in deutscher Übersetzung: »In der Natur verläuft alles nach Gradabstufungen und nichts nach Sprüngen« (Leibniz 1704/1961, Bd. 2, S. 533 f.).

schehen gleichsam quer zur Kontinuität des Werdens unterbrochen werden« (a.a.O., S. 73).

Allerdings betont Buck, dass Kant ebenso wie Hegel das diskontinuierliche Geschehen bzw. den Sprung als Moment einer übergreifenden Kontinuität begreifen würden und nicht als deren bloßes Gegenteil. Diese zentrale These versucht er dann an Husserls Theorie der Erfahrung zu entwickeln, die er von einer anderen, pädagogisch und bildungstheoretisch bedeutsamen Konzeption abgrenzt, nämlich von Otto F. Bollnows existenzphilosophischem *Versuch über unstetige Formen der Erziehung* (vgl. Bollnow 1959). Bollnows These lautet, dass es neben den stetigen Formen der Bildung und der pädagogischen Einwirkung andere, unstetige Formen gebe. Der Grund dafür liege in der »existenziellen Unstetigkeit«, d.h. in dem Umstand, dass der innerste Kern menschlicher Existenz sich immer nur im Augenblick realisiere und deshalb keinerlei Stetigkeit kenne (Buck 1981, S. 83). Als Beispiel dafür führt Buck unter Berufung auf Bollnow die »existenzielle Begegnung« an, die im Unterschied zur »Kontinuitätsmetaphysik« der hermeneutischen Erfahrung in der erschütternden Erfahrung des ganz Anderen bestehe, gegenüber der jede Kontinuität, jede Einordnung in einen übergreifenden Zusammenhang versage.

6.2 Bucks Rekonstruktion des Konzepts negativer Erfahrung bei Husserl

Den in unserem Zusammenhang wichtigsten Teil von Bucks Überlegungen stellt der nun folgende Schritt seiner Argumentation dar, in dem er Husserls Konzeption der lebensweltlichen Erfahrung entfaltet, um sie Bollnows Auffassung von der Unstetigkeit existenzieller Erfahrung entgegenzusetzen. Zentral dafür ist Husserls Begriff der »Horizontstruktur« jeder Erfahrung, den Buck folgendermaßen einführt:

> »Zu jeder aktualen Erfahrung, auch der vermeintlich ursprünglichen, die ein Ding zum erstenmal zur Kenntnis bringt, gehört ein Prius, ein ›Vorwissen‹, das ein Moment der Erfahrung selber ist und aufgrund dessen das Neue, das wir zur Kenntnis nehmen, überhaupt erfahrbar, und das heißt: in einem Erfahrungs-Kontext gleichsam lesbar wird. […] Jede Kenntnisnahme – und das heißt: jede aktuale Einzel-Erfahrung – geschieht von einem Vorverständnis her« (a.a.O., S. 88).

Diese These, wonach wir Erfahrungen mit einem neuen, uns unbekannten Gegenstand nur innerhalb eines bereits vorhandenen Vorwissens oder Vorverständnisses machen können, verdeutlicht Buck unter Bezug auf Husserl am Beispiel der visuellen Wahrnehmung: Wenn wir etwa einen Gegenstand sehen und seine sichtbare Seite als rot wahrnehmen, besteht unser »Vorwissen« darin, dass wir von der nicht sichtbaren, uns noch unbekannten Seite dieses Gegenstandes schon ›wissen‹, dass auch sie eine Farbe hat. Dieses Vorwissen oder Vorverständnis bezeichnet Buck nun im Anschluss an Husserl auch als »Horizont«:

>Immer steht das Unbekannte im Horizont einer Vorbekanntheit, d. h. es ist Unbekanntes in gewisser Hinsicht, es ist relativ Unbekanntes und darum auch immer schon relativ Bekanntes« (a. a. O., S. 90).

Diese These von der Horizontstruktur aller Erfahrung, aus der Buck auch ableitet, dass die »Idee eines absoluten Neuen und Unbekannten [...] phänomenologisch widersinnig« sei (a. a. O., S. 91), impliziert nun auch, dass jede Erfahrung eine Antizipation oder Vorwegnahme darstellt. »Horizont« im Sinne Husserls meint also vor allem einen *Erwartungshorizont*. Entscheidend ist nun die These Bucks, dass solche Horizonte überhaupt erst Erfahrung möglich machen und sich zugleich im Zuge von Erfahrung wandeln können.[28]

Im Blick auf einen solchen Horizontwandel sind Buck zufolge zwei mögliche Fälle zu unterscheiden. Den ersten, einfacheren Fall stellt die Erfüllung einer Erwartung dar, die allerdings nicht bloß in der Bestätigung des Erwartungshorizonts besteht, sondern diesen Horizont insofern verändert, als sie diesen (im Wortsinne von *Er-*füllung) ausfüllt, ausgestaltet und näher bestimmt. So werde z. B. die Erwartung, dass ein bestimmter Gegenstand eine Farbe besitzt, dadurch erfüllt, dass die Wahrnehmung diesen Gegenstand als rot ausweist.

Der kompliziertere, aber zugleich interessantere Fall ist dagegen die Enttäuschung der Erwartung, bei der eine bestimmte Antizipation, die mit dem Erwartungshorizont verbunden ist, sich als nichtig erweist. Diesen Vorgang bezeichnet Buck als »negative Erfahrung« und schreibt ihm den Charakter einer »bestimmten Negation« im Sinne Hegels zu (a. a. O., S. 54). Die Bedeutung einer solchen negativen Erfahrung für den als Horizontwandel konzipierten Prozess der Bildung besteht nun nach Buck darin, dass ›hinter‹ dem bisherigen, nun negierten Horizont ein neuer Horizont auftaucht, der einen adäquateren Rahmen für das Verständnis des Gegenstandes bietet. Die negative Erfahrung der Erwartungsenttäuschung wird im Zuge dieses Horizontwandels demnach integriert in einen neuen, weiteren Horizont. Mit Hegel könnte man diesen zweiten Schritt des Horizontwandels auch als eine zweite oder »absolute« Negation bezeichnen, bei der die bestimmte Negation der negativen Erfahrung in einem veränderten bzw. erweiterten Horizont im Hegelschen Sinne ›aufgehoben‹ wird (vgl. Koch 1995, S. 25 f.).

---

28 Buck bezieht sich dabei auf Husserls Konzeption der Horizontstruktur aller Erfahrung, die »den mit der Horizontalität zusammenhängenden Funktionskreis von Antizipation (Vorverständnis) und ›Erfüllung‹ bzw. ›Enttäuschung‹ der Antizipationen sowie den daraus resultierenden ›Horizontwandel‹« beschreibt (Buck 1981, S. 50).

6.3 Zur Bedeutung des Konzepts der negativen Erfahrung für eine Theorie transformatorischer Bildungsprozesse

Bucks bildungstheoretische Interpretation dieses Konzepts läuft auf die These hinaus, dass sich Husserls Begriff des Horizontwandels von der alltäglichen, lebensweltlichen Erfahrung auch auf die hermeneutische, »lebensgeschichtliche« Erfahrung und damit auf Bildungsprozesse übertragen lasse. Folgt man dieser These, so wäre die doppelte Negativität des Erfahrungsgeschehens zumindest als *ein* Vollzugsmodus von Bildungsprozessen zu begreifen. Dabei liefern Bucks Überlegungen einige Anhaltspunkte für eine Ausarbeitung des hier vertretenen Konzepts transformatorischer Bildungsprozesse. Was Buck mit Husserl »Horizont« nennt, entspricht dem, was in diesem Konzept als Welt- und Selbstverhältnis bezeichnet wird. Und den Umstand, dass transformatorische Bildungsprozesse diesem Konzept zufolge dann auftreten, wenn Menschen mit neuen Problemlagen konfrontiert werden, für deren Bearbeitung oder Bewältigung ihr bisheriges Welt- und Selbstverhältnis nicht ausreicht, wird in Bucks Ausführungen als negative Erfahrung der Erwartungsenttäuschung beschreiben. So könnte man sagen, dass das Welt- und Selbstverhältnis der Subjekte, die einen transformatorischen Bildungsprozess durchlaufen, durch bestimmte Problemlagen *negiert*, d. h. in Frage gestellt, destabilisiert oder gar völlig außer Kraft gesetzt wird. Und der Transformationsprozess, aus dem neue, zur Problembearbeitung besser geeignete Figuren des Welt- und Selbstverhältnisses hervorgehen, ließe sich mit Buck als Horizontwandel bzw. als zweite, absolute Negation begreifen.

Weiterführende Anhaltspunkte liefert dabei Bucks Kritik an Husserl, die u. a. mit Bezug auf Gadamer moniert, dass Husserl sich zu sehr am Erfahrungsmodus der positiv(istisch)en Wissenschaften orientiere und deshalb die Rolle der negativen Erfahrung bagatellisiere, d. h. als zu vermeidendes Missgeschick statt als revolutionierende, das Bewusstsein umkehrende Instanz begreife und so »Gewicht und Wirkungsweise der negativen Instanzen« innerhalb der lebensweltlichen Erfahrung unaufgeklärt lasse (Buck 1981, S. 94).

Die Bedeutung von Bucks Überlegungen für eine Theorie transformatorischer Bildungsprozesse liegt vor diesem Hintergrund vor allem darin, dass das Konzept der negativen Erfahrung es erlaubt, den Anlass für Bildungsprozesse begrifflich genauer zu fassen und als Negation einer mit dem jeweils wirksamen Erfahrungshorizont verbundenen Erwartung zu bestimmen. Der mit dieser Konzeption verbundene Gewinn besteht insbesondere in der produktiven Bedeutung, die darin jenen »negativen Instanzen« bzw. der Negativität als Moment von Bildungsprozessen zukommt. Entscheidend gegenüber anderen Möglichkeiten, den Anlass transformatorischer Bildungsprozesse theoretisch zu erfassen, ist dabei, dass Bildung so nicht wie etwa bei Humboldt als harmonische Ergänzung, sondern als radikale Infragestellung bisheriger Welt- und Selbstverhältnisse erscheint und somit das Krisenhafte und Riskante an Bildungsprozessen betont wird.

Offen bleibt dabei allerdings zweierlei. Zum einen lässt Bucks Konzeption im Unklaren, wovon es abhängt, ob der Anstoß einer negativen Erfahrung – will man hier keinen mechanischen Automatismus unterstellen – zu einem Horizontwandel führt oder nicht. Und zum andern wäre zu fragen, ob Bucks These einer übergreifenden Kontinuität des Erfahrungsgeschehens sich das Problem nicht zu leichtmacht, indem sie nämlich die Möglichkeit ausschließt, dass ›hinter‹ dem negierten Erwartungshorizont kein neuer, umfassenderer Horizont erscheint, weil die Differenz zwischen dem Erwarteten und der tatsächlichen Erfahrung zu groß bzw. zu radikal ist. Was ist, so wäre zu fragen, wenn ein übergreifender Horizont nicht existiert bzw. nicht gefunden werden kann?

Zwar verdient Bucks Skepsis gegenüber der Idee eines absolut Neuen Berücksichtigung im Rahmen unserer weiteren Überlegungen; andererseits aber ist nicht einzusehen, weshalb die Entstehung des Neuen, das aus einer negativen Erfahrung hervorgehen kann, ausschließlich als kontinuierlicher Prozess der *Entfaltung* eines im bisherigen Horizont implizit, aber unbemerkt immer schon Enthaltenen zu begreifen sein soll (vgl. a.a.O., S. 56f.). Radikale Andersheit, die weder auf das Bestehende zurückgeführt noch daraus abgeleitet werden kann, ist innerhalb dieses Ansatzes jedenfalls nicht zu denken. Im nächsten Kapitel soll deshalb von einem Ansatz die Rede sein, der ebenfalls auf Husserls Erfahrungsbegriff zurückgeht, aber dem genannten Problem möglicherweise besser gerecht wird, nämlich Bernhard Waldenfels' Konzeption der Fremderfahrung.

7 Erfahrung als Krise II: Zu Bernhard Waldenfels' Konzept der Erfahrung des Fremden

Mit Buck konnte die Herausforderung, die zum Anlass transformatorischer Bildungsprozesse wird, als negative Erfahrung bestimmt werden, bei der ein bestimmter Erwartungshorizont durchkreuzt wird. Eine Theorie, die ebenfalls an den Erfahrungsbegriff Husserls anknüpft, aber im Unterschied zu Buck nicht das Moment der Negativität, sondern die Erfahrung des Fremden in den Mittelpunkt rückt, stellt Bernhard Waldenfels' Konzeption der Fremderfahrung dar, die in diesem Kapitel vorgestellt und daraufhin geprüft werden soll, was sie zur Ausarbeitung einer Theorie transformatorischer Bildungsprozesse beitragen kann.

Die Darstellung dieser Konzeption, die von Waldenfels in seinen mehrbändigen *Studien zur Phänomenologie des Fremden* entfaltet wird, bezieht sich vor allem auf das Kapitel *Fremderfahrung und Fremdanspruch*, das einen »orientierenden Grundriß« dieser Studien liefert und deren ersten Band *Topographie des Fremden* eröffnet (vgl. Waldenfels 1997, hier S. 13). Das besondere Interesse der folgenden Überlegungen gilt dabei der Frage, welche typischen Problemkonstellationen es gibt, die transformatorische Bildungsprozesse herausfordern. Denn Waldenfels' Konzeption der Fremderfahrung bietet, wie zu zeigen sein wird, eine bildungstheoretisch fruchtbare Beschreibung der Irritation, zu der Begegnungen mit dem Fremden führen können. Im Laufe der Auseinandersetzung mit Waldenfels' Argumentation wird sich allerdings herausstellen, dass seine Konzeption auch im Blick auf die beiden anderen Fragen nach der Grundstruktur von Welt- und Selbstverhältnissen sowie nach Verlaufsformen und Bedingungen ihrer Transformation von Interesse ist.

7.1 Waldenfels' Begriff der Erfahrung und eine erste Umschreibung des Fremden

Ausgangspunkt von Waldenfels' Überlegungen ist der Befund, dass das Fremde seit Beginn der Neuzeit – und d. h. seit dem Auseinanderbrechen einer metaphysischen »großen Gesamtordnung« – in radikaler Form in Erscheinung trete, während es zuvor nur in »gebändigter« Weise aufgetreten sei, weil es stets (wie z. B. in der griechischen Antike) im Rahmen eines übergreifenden mythischen oder kosmischen Ordnungsgefüges gesehen wurde (a. a. O., S. 16). Die Originalität von Waldenfels' Befragung dieser radikalen Erscheinungsform des Fremden besteht darin, dass sie davon ausgeht, dass das Fremde nicht einfach nur ein »Für-Uns« ist, d. h. ein Objekt unseres Wahrnehmens, Denkens und Handelns, sondern etwas, von dem ein Anspruch ausgeht, der dieses »Fürunssein sprengt und uns selbst in unserer Eigenheit in Frage stellt« (a. a. O., S. 18).

Von Anfang an macht Waldenfels also klar, dass das Fremde weder ein bloßes Objekt unserer Wahrnehmung noch ein Konstrukt unserer kognitiven Tätigkeit ist, sondern ein Phänomen eigener Qualität, von dem besondere Wirkungen ausgehen. Noch deutlicher wird dies in dem Begriff der Erfahrung, den Waldenfels im Anschluss an Husserl entfaltet und der zentrale Bedeutung für seine Auseinandersetzung mit dem Phänomen des Fremden hat. Dieser Begriff der Erfahrung weist drei Bestimmungen auf: Erfahrung ist für Waldenfels *erstens* keine bloße Konstruktion im Sinne eines Konstruktivismus gleich welcher Prägung, sondern ein Geschehen, in dem, wie er schreibt, die »Sachen selbst« zutage treten (a. a. O., S. 19). Für dieses Zutage-Treten der Sachen sei ein »wiederholter Umgang« mit ihnen erforderlich, der auch »Leiden und Enttäuschungen« einschließe (ebd.). Dem Subjekt kommt dabei also nicht einfach die Rolle eines Aktivitätszentrums zu, sondern auch und vor allem die einer erleidenden Instanz. Wenn man davon spricht, eine Erfahrung zu machen, bedeutet *machen* Waldenfels zufolge nicht etwa *herstellen*, sondern vielmehr so viel wie *etwas durchmachen*. Erfahrung ist also für Waldenfels kein Objekt, keine feststehende Gegebenheit und kein gesichertes Resultat, nichts, was man besitzen oder worüber man verfügen könnte, sondern vielmehr ein Prozess, indem etwas entsteht bzw. uns widerfährt. *Zweitens* ist Erfahrung Waldenfels zufolge durch »Intentionalität« gekennzeichnet und d. h. dadurch, dass uns »*etwas als etwas*, also in einem bestimmten Sinn, einer bestimmten Gestalt, Struktur oder Regelung erscheint« (ebd.; Hervorhebung im Original). Der Gegenstand selbst und die Art, wie er uns erscheint, oder – mit Waldenfels' Worten – »Sachverhalt und Zugangsart« können deshalb nicht voneinander getrennt werden (ebd.). Daraus folgt schließlich *drittens*, dass der Begriff der Erfahrung auf eine bestimmte, aber jeweils kontingente Ordnung verweist, die dafür sorgt, dass uns dieses ›etwas‹ *als etwas*, und d. h. immer auch, dass es uns so und nicht anders erscheint. Eine solche Ordnung ist deshalb für Waldenfels stets selektiv und exklusiv; d. h. sie bevorzugt bestimmte Erfahrungsmöglichkeiten und schließt andere aus, nimmt Ein- und Ausgrenzungen vor.

Aus diesen Überlegungen ergibt sich nun eine erste Umschreibung des Fremden. Das Fremde ist (oder besser: es *erscheint*) Waldenfels zufolge (als) das, was sich »dem Zugriff der Ordnung«, vielleicht sollte man besser sagen: *einer gegebenen* Ordnung »entzieht« (a. a. O., S. 20). An dieser Formulierung ist dreierlei hervorzuheben: Zum einen handelt es sich bei diesem Begriff des Fremden nicht um einen absoluten, sondern um einen relationalen Begriff, der auf das jeweilige »Hier und Jetzt« bezogen und nur in Relation zu einer jeweiligen »Ordnung »zu bestimmen ist (a. a. O., S. 23 und 37). Die Rede von einem »Fremden schlechthin« ist deshalb Waldenfels zufolge ebenso unsinnig wie die von einem »Links überhaupt« (a. a. O., S. 23). Damit geht einher, dass, seitdem mit Beginn der Neuzeit die Vorstellung einer einzigen, alles umfassenden Ordnung fragwürdig geworden sei, auch mit einer Vielzahl von Fremdheiten gerechnet werden müsse; in Waldenfels' Worten: »so viele Ordnungen, so viele Fremdheiten« (a. a. O., S. 33). Zum anderen ist das Fremde auch nicht einfach als ein bloßes Objekt zu verstehen, das von der jeweils gültigen Ordnung aus eindeutig definiert werden könnte – und sei es nur in negativer Weise als das, was sich entzieht. Waldenfels denkt das Sich-Entziehen des Fremden vielmehr als eine aktive Bewegung, die vom Fremden selbst ausgeht, bzw. als einen »Anspruch«, d. h. als etwas, das an uns gerichtet ist (a. a. O., S. 30). Drittens schließlich impliziert die Auffassung des Fremden als das, was sich der Ordnung entzieht, dass Fremdheit nicht einfach mit Andersheit oder Differenz gleichgesetzt werden kann. Während das Andere vom Selben unterschieden *ist* und d. h. von einem unabhängigen Ort aus unterschieden werden kann (im Sinne von ›a ist nicht gleich b‹), gilt für Fremdes und Eigenes, dass sie sich voneinander *unterscheiden* und dabei durch eine Schwelle getrennt sind, für die es kein gemeinsames, übergreifendes Drittes oder Allgemeines gäbe. So sind Waldenfels zufolge Äpfel und Birnen insofern *anders*, als sie von einem unabhängigen Beobachterstandpunkt aus unterschieden werden können, während Mann und Frau einander insofern *fremd* sind und sich selbst voneinander unterscheiden, als man diese Unterscheidung nur als Mann oder als Frau treffen kann und kein Außerhalb dieser Unterscheidung existiert.

7.2 Die paradoxe Struktur der Erscheinungsweise des Fremden

Was heißt das nun für die Frage nach der Erfahrung des Fremden? Waldenfels' Formulierung, wonach das Fremde sich dem Zugriff einer gegebenen Ordnung entzieht, war oben nicht als Definition, sondern als Umschreibung bezeichnet worden. Denn Waldenfels legt Wert darauf, dass man dem Fremden nicht auf ontologischem Weg beikomme, also nicht durch die Frage, was das Fremde *ist*, sondern vielmehr phänomenologisch, d. h. durch die Frage, wie das Fremde uns *erscheint* bzw. als was es *sich zeigt*. Waldenfels fasst seine Antworten auf die Frage nach der Erscheinungsweise des Fremden in unterschiedlichen Formulierungen, denen eines gemeinsam ist, nämlich dass es sich jeweils um *paradoxe* Aussagen handelt.

In einer ersten Annäherung unterscheidet Waldenfels zunächst verschiedene Bedeutungen oder Aspekte des Wortes »fremd«, nämlich zum einen den Aspekt des Ortes (d. h. das, was außerhalb des eigenen Bereichs ist; lat. *externum*), zum andern den Aspekt des Besitzes (das, was einem anderen gehört; lat. *alienum*) und schließlich den Aspekt der Art (das, was von anderer Art ist; lat. *insolitum*) (a. a. O., S. 20). Unter diesen drei Aspekten ist für Waldenfels der erste, also der Ortsaspekt, der wichtigste. Dem ersten Band seiner *Studien zur Phänomenologie des Fremden* gibt er deshalb den Titel *Topographie* (also so viel wie ›Ortsbeschreibung‹) *des Fremden*. Und die Frage nach der Erscheinungsweise des Fremden formuliert er folgerichtig als Frage nach dem Ort des Fremden in der Erfahrung bzw. nach dessen »Zugänglichkeit«. In diesem Zusammenhang findet sich nun eine erste jener paradoxen Formulierungen für die Erscheinungsweise des Fremden, die Waldenfels in diesem Fall von Husserl übernimmt: Das Wesen des Fremden werde von Husserl verortet »in der bewährbaren Zugänglichkeit des original Unzugänglichen« (a.a.O., S. 25). Fremd ist für Waldenfels bzw. Husserl mithin dasjenige, was nur insofern zugänglich ist, als es sich »original«, d.h. ursprünglich oder eigentlich durch Unzugänglichkeit auszeichnet.

Seltsamerweise geht Waldenfels mit keinem Wort auf die Frage ein, was diese »Zugänglichkeit des original Unzugänglichen« »bewährbar« macht, also inwiefern und woran sich diese paradoxe Zugänglichkeit bewähren kann oder muss. Immerhin verweist die Formulierung darauf, dass es sich für Husserl nicht nur um irgendeine spekulative Form des Zugangs handelt, sondern vielmehr um eine Zugänglichkeit, die einer Bewährungsprobe ausgesetzt werden und dabei scheitern kann. Doch worin bestünde das Kriterium oder der Maßstab einer solchen Bewährung?[29]

Statt dieser Frage nachzugehen, grenzt Waldenfels die Erfahrung des Fremden von einer einfachen Negation ab, indem er sie ausdrücklich »vor dem Gegensatz von Ja und Nein« ansiedelt (a.a.O., S. 26). Im Unterschied zum Konzept der negativen Erfahrung, wie es sich bei Buck findet, besteht Fremderfahrung für Waldenfels also nicht einfach in der Enttäuschung einer Erwartung oder in der Negation eines Erfahrungshorizonts. Die Erscheinungsweise des Fremden unterscheidet sich von der Negation vielmehr dadurch, dass sie neben *wahr* und *falsch*, d.h. neben Affirmation und Negation, eine dritte Möglichkeit eröffnet, nämlich das Paradox: Etwas erscheint uns auf eine bestimmte Weise, und gerade weil oder insofern es uns auf diese Weise erscheint, erscheint es *zugleich* als sein Gegenteil. In der Sprache der formalen Logik: $(p = q) \rightarrow (p \neq q)$. Anders formuliert: Fremderfahrung im Sinne Waldenfels' besteht anders als Bucks negative Erfahrung nicht einfach in der Negation einer Annahme, die sich einem bestimmten Erwartungshorizont verdankt, sondern in der Außerkraftsetzung einer Ordnung samt der Alternative zwischen Ja und Nein, wodurch die Frage, ob jene Annahme zutrifft oder nicht, unentscheidbar wird.

Die paradoxale Grundstruktur der Fremderfahrung kommt – über das Husserl-Zitat von der »Zugänglichkeit des original Unzugänglichen« hinaus – auch in einer anderen Formulierung von Waldenfels zum Ausdruck, wenn dieser von der »leibhaftigen Abwesenheit« des Fremden spricht, die dem Fremden in einem Atemzug mit der Abwesenheit oder Nicht-Präsenz zugleich Leibhaftigkeit und damit ein zentrales Moment von Präsenz zuschreibt (ebd.). Das Fremde, so scheint es, ist anwesend, indem (oder nur in der Weise, dass) es abwesend ist.

Die dritte und vielleicht wichtigste paradoxe Formulierung, die Waldenfels für die Beschreibung der Erscheinungsweise des Fremden findet, lautet: »Das Fremde zeigt sich, indem es sich uns entzieht« (a.a.O., S. 42). Inwiefern sich das Fremde uns entzieht, ist nach dem bisher Gesagten leicht zu verstehen: Das Fremde entzieht sich uns insofern, als es sich der jeweils geltenden Ordnung entzieht. Aber inwiefern zeigt es sich, gerade in dem es sich entzieht? Vielleicht lässt sich das Gemeinte durch

---

29 Vgl. dazu Husserl 1963, S. 144. Als Unterschied zwischen Husserl und Waldenfels ließe sich festhalten, dass Husserl das Verhältnis von originaler Unzugänglichkeit und »bewährbarer« Zugänglichkeit *temporal* bestimmt (d.h. so, dass das Fremde zunächst unzugänglich ist, aber dann auf eine noch genauer zu beschreibende Weise doch zugänglich wird), während Waldenfels daraus (wie zu zeigen sein wird) ein *paradoxes* Verhältnis macht.

ein Gegenbeispiel erschließen, bei dem sich etwas einer Ordnung entzieht, ohne sich zu zeigen. So könnte man etwa sagen, dass sich die Quantenmechanik der Newtonschen Physik entziehe; so lange sich aber entsprechende Phänomene den Physikern nicht zeigten, erschienen sie ihnen auch nicht als fremd. Ähnliches gilt für die Bewohner anderer Erdteile, die uns nur dann oder insofern als fremd erscheinen, wenn bzw. als sie sich uns in irgendeiner Weise zeigen. In jedem Fall wäre festzuhalten, dass das Sich-Zeigen von Waldenfels als eine *aktive* Bewegung des Fremden verstanden wird, die darin besteht, in unsere Ordnung einzubrechen, uns heimzusuchen und in Unruhe zu versetzen (vgl. ebd.) oder, wie es an anderer Stelle heißt, »unseren Intentionen zuvor[zu]kommen, sie [zu] durchkreuzen, von ihnen ab[zu]weichen, sie [zu] übersteigen« (a.a.O., S. 51).

Die Wirkung dieser Erfahrung des Fremden wird von Waldenfels als ambivalent beschrieben: Sie kann bedrohlich sein, aber auch verlockend, kann als Konkurrenz für das Eigene erscheinen, aber auch als Eröffnung neuer Möglichkeiten, die durch die Ordnung des Eigenen ausgeschlossen werden. Entscheidend dabei ist, dass es sich in jedem Fall um eine *Beunruhigung* durch das Fremde handelt. Bedeutsam im Blick auf den bildungstheoretischen Kontext unserer Überlegungen ist schließlich, dass diese paradoxen Formulierungen für die Erscheinungsweise des Fremden es erlauben, die Möglichkeit zu denken, dass Menschen auch *sich selbst* fremd werden können. Diese Redeweise, die etwa im Titel von Julia Kristevas Buch *Fremde sind wir uns selbst* theoretische Gestalt angenommen hat (vgl. Kristeva 1990), wäre sonst einigermaßen problematisch, weil sie die Unterscheidung zwischen Eigenem und Fremden einzureißen droht. Aber wenn das Fremde das ist, was sich uns zeigt, indem es sich entzieht, kann es (bzw. die Beunruhigung, die von ihm ausgeht) nicht nur ›von außen‹ kommen, sondern – sofern die räumliche Metaphorik hier Sinn hat – auch ›von innen‹: Etwas in oder an uns selbst (wie z.B. unsere Träume) kann uns als fremd erscheinen, indem es sich unserem durch eine bestimmte Ordnung strukturierten Zugriff, unseren Denk- und Wahrnehmungsgewohnheiten entzieht. In diesem Sinne lässt sich sagen, dass Fremdes sowohl *inter*- als auch *intra*personell – und ebenso inter- wie intrakulturell – in Erscheinung treten kann.

7.3 Reaktionen auf die Erfahrung des Fremden

Vor dem Hintergrund der Konzeption transformatorischer Bildungsprozesse ist nun vor allem die Frage interessant, in welcher Weise Menschen auf die Erfahrung des Fremden und die damit verbundene Beunruhigung reagieren. Waldenfels unterscheidet dabei drei Formen solcher Reaktionen: Eine erste Form beruht auf der *Gleichsetzung von Fremdem und Feind*. Wenn die Beunruhigung durch das Fremde vor allem als Bedrohung wahrgenommen wird, erscheint das Fremde als potentieller Feind. Die politische Philosophie eines Carl Schmitt, in der bekanntlich die Unterscheidung von Freund und Feind zur Leitdifferenz erhoben wird, setzt das Fremde und den Feind dann explizit einander gleich, und aus dieser Gleichsetzung folgt, dass die Reaktion auf das Fremde in erster Linie darin besteht, es bis hin zur physischen Vernichtung auszugrenzen und auszusondern (vgl. Waldenfels 1997, S. 45 ff.).

Eine zweite und, wie Waldenfels schreibt, auf Dauer »wirksamere Form der Abwehr« (a. a. O., S. 48) stellt die *Aneignung des Fremden* dar, d. h. dessen Absorption und Vereinnahmung. Kennzeichen dieser Reaktion auf das Fremde sind zum einen die Affirmation des Eigenen, das fraglos als Norm vorausgesetzt wird, und zum andern die Subsumtion des Fremden unter diese Norm, was dazu führt, dass das Fremde seiner Fremdheit beraubt und dem Eigenen assimiliert wird.

Eine dritte Form der Reaktion auf das Fremde, die dieses weder vernichtet noch seiner Fremdheit beraubt, besteht schließlich in dem, was Waldenfels »Antworten auf den Anspruch des Fremden« nennt (a. a. O., S. 50). Anders als die beiden anderen Umgangsweisen geht diese Form der Reaktion nicht vom Eigenen aus, sondern von der Beunruhigung durch das Fremde und fasst diese Beunruhigung als Herausforderung oder eben als *Anspruch* auf: »Das Fremde wäre das, worauf wir antworten und zu antworten haben, was immer wir sagen und tun« (a. a. O., S. 51). Die responsive Struktur dieser Reaktionsform bringt es mit sich, dass das Selbst bzw. das Eigene hier nicht wie selbstverständlich als das Primäre vorausgesetzt wird, sondern sich gegenüber dem Anspruch, der vom Fremden ausgeht – und zwar unabhängig davon, wie die Antwort ausfällt – immer schon in einer nachrangigen Position befindet. Dabei unterscheidet Waldenfels zwischen reproduktiven und produktiven Antworten auf den Anspruch des Fremden (vgl. a. a. O., S. 53): Reproduktiv wäre eine Antwort, die einen bereits existierenden Sinn wieder- oder weitergibt, während produktive oder kreative Antworten Neues hervorbringen. Eine solche Neuschöpfung ist jedoch, wie Waldenfels hervorhebt, keineswegs Werk des Subjekts selber, sondern vielmehr etwas, was zwischen dem Subjekt und dem Fremden entsteht und deshalb keinem von beiden gehört.

Dass solche kreativen Antworten weder einfach bereitliegen noch vom Subjekt allein hervorgebracht werden können, bringt Waldenfels auch darin zum Ausdruck, dass er – unter Anspielung auf Kleists berühmten Essay *Über die allmähliche Verfertigung der Gedanken beim Reden* – von der »allmählichen Verfertigung von Antworten im Antworten« spricht oder davon – wiederum in einer paradoxen Formulierung –, dass wir in einer solch kreativen Antwort »geben, was wir nicht haben« (ebd.). Entscheidend für Waldenfels' Konzeption der kreativen Antwort ist mithin die dezentrierte Struktur dieser Antwort, die ihren Mittelpunkt nicht im antwortenden Subjekt hat, sondern in einem Zwischen angesiedelt ist, das weder dem Subjekt noch dem Fremden zugerechnet werden kann.

7.4 Zur Bedeutung von Waldenfels' Konzeption der Fremderfahrung für eine Theorie transformatorischer Bildungsprozesse

Kehren wir nun zu der Frage zurück, welche Bedeutung Waldenfels' Konzeption der Fremderfahrung im Blick auf eine Theorie transformatorischer Bildungsprozesse zukommt, so ist festzuhalten, dass Waldenfels implizit auf alle drei Fragen Bezug nimmt, die eine Theorie transformatorischer Bildungsprozesse zu beantworten hat. So kann man die erste Frage nach einer genaueren theoretischen Erfassung der Grundstrukturen menschlicher Welt- und Selbstverhältnisse mit Waldenfels dahingehend beantworten, dass Welt- und Selbstbezüge vor allem durch die Ordnungen bestimmt werden, die unser Wahrnehmen, Denken und Handeln strukturieren. Im Blick auf die zweite Frage nach dem Anlass von Bildungsprozessen lässt sich die Erfahrung des Fremden im Sinne von Waldenfels als eine typische Herausforderung für transformatorische Bildungsprozesse verstehen. Und in Bezug auf die dritte Frage nach den Verlaufsformen und Bedingungen, unter denen in transformatorischen Bildungsprozessen Neues entsteht, wäre mit Waldenfels zu sagen, dass neue Grundfiguren des Welt- und Selbstverhältnisses als kreative Antworten auf Fremdansprüche in jenem Zwischenraum zwischen Subjekt und Fremdem entstehen.

Den wichtigsten Beitrag zur Ausarbeitung einer Theorie transformatorischer Bildungsprozesse stellt dabei Waldenfels' Beschreibung der Fremderfahrung selbst dar. Die Erfahrung dessen, was sich zeigt, indem es sich dem Zugriff einer je herrschenden Ordnung entzieht, kann insofern als eine Herausforderung für transformatorische Bildungsprozesse verstanden werden, als dieses Sich-Entziehen die Ordnung in Frage stellt, die dem Wahrnehmen, Denken und Handeln und damit dem Welt- und Selbstverständnis eines Individuums oder einer sozialen Gruppe zugrunde liegt. Entscheidend gegenüber der in Anlehnung an Bucks Konzeption der negativen Erfahrung entwickelten Version, den Anlass transformatorischer Bildungsprozesse theoretisch zu erfassen, ist dabei, dass Waldenfels die Konfrontation mit dem Fremden nicht als einfache Negation beschreibt, sondern als paradoxe Irritation, die auf der Außerkraftsetzung einer Ordnung beruht. Die Herausforderung für die Struktur eines gegebenen Welt- und Selbstverhältnisses ist dadurch ungleich größer, als wenn man den Anlass für Bildungsprozesse als negative Erfahrung bestimmt. Denn durch die Außerkraftsetzung einer Ordnung wird nicht nur eine bestimmte Erwartung negiert (wie etwa die, dass die bislang unsichtbare Seite eines Gegenstandes eine Farbe hat), sondern die gesamte Ordnung, die unser Wahrnehmen, Denken und Handeln strukturiert. An die Stelle der Alternative von Ja und Nein bzw. von wahr und falsch tritt damit die Unentscheidbarkeit; das Fremde ist der jeweils geltenden Ordnung inkommensurabel.

Produktiv und anregend für eine Theorie transformatorischer Bildungsprozesse ist außerdem die Bedeutung, die Waldenfels der responsiven Struktur der Fremderfahrung zumisst. Indem er das Fremde nicht einfach als Objekt oder Konstrukt vom Standpunkt des Selbst aus bestimmt, sondern das Sich-Entziehen als Aktivität des Fremden auffasst, wird deutlich, dass Bildungsprozesse angesichts der Herausforderung durch Fremderfahrungen nicht einfach als Selbst-Bildung verstanden werden können, deren Zentrum das sich bildende Subjekt selber wäre. Transformatorische Bildungsprozesse sind mit Waldenfels vielmehr als responsives Geschehen zu begreifen, das auf einen Anspruch antwortet, der vom Fremden ausgeht (vgl. dazu auch Waldenfels 1994).

Offen bleibt in Waldenfels' Konzeption im Blick auf eine Theorie transformatorischer Bildungsprozesse freilich insbesondere zweierlei. Zum einen erscheint der zentrale Begriff der Ordnung, der für die relationale Bestimmung des Fremden entscheidend ist, als zu abstrakt, um damit die Grundfiguren von Welt- und Selbstverhältnissen genauer beschreiben zu können. Klar ist nur, dass Welt- und Selbstbezüge als Ordnungen gefasst werden können, die zugleich selektiv und exklusiv wirken; genauer zu bestimmen wäre allerdings, *was* durch die Grundfiguren des Welt- und Selbstverhältnisses jeweils *auf welche Weise* geordnet wird oder – mit einer Formulierung aus Waldenfels' früherem Buch *Ordnung im Zwielicht* – was den »Ordnungsbestand« und das »Ordnungsgefüge« von Welt- und Selbstverhältnissen ausmacht (vgl. Waldenfels 1987, S. 137).[30]

Zum andern vermag Waldenfels' Konzeption über den wichtigen Hinweis auf die Responsivität dieses Geschehens hinaus nicht genauer zu klären, wie in Reaktion auf die Beunruhigung durch das Fremde neue Antworten und damit möglicherweise auch neue Ordnungen bzw. neue Figuren des Welt- und Selbstverhältnisses entstehen. Deutlich wird nur, dass das kreative bzw. innovatorische Potential nicht dem sich bildenden Subjekt selbst innewohnt, sondern in dem Zwischenraum zwischen Subjekt und dem Fremden zu verorten ist. Unklar bleibt bei Waldenfels jedoch, welche Voraussetzungen gegeben sein müssen, damit in diesem ›Zwischen‹ Neues entstehen kann, und welche Verlaufsstrukturen dieser Transformations- bzw. Entstehungsprozess aufweist.

---

30 Hier wäre etwa auf das in Kapitel 2 (▶ Kap. 2) behandelte Habitus-Konzept Bourdieus zu verweisen, mit dessen Hilfe der »Ordnungsbestand« von Welt- und Selbstverhältnissen als Schemata des Denkens, Wahrnehmens und Handelns begriffen werden kann.

8 Inkommensurable Diskursarten. Zu Jean-François Lyotards Philosophie des Widerstreits

Im Zentrum der bisherigen Bemühungen, den Anlass oder die Herausforderung für transformatorische Bildungsprozesse zu bestimmen, standen mit Bucks Konzept der »negativen Erfahrung« und Waldenfels' Konzept der Erfahrung des Fremden zwei Ansätze, die in unterschiedlicher Weise auf die Philosophie Husserls und dessen Begriff der Erfahrung zurückgehen. Ein zentraler Bezugspunkt dieser Konzepte ist der Begriff des Subjekts, da Erfahrungen – unabhängig davon, wie man sie im Einzelnen genauer bestimmt – stets auf ein Subjekt bezogen sind und nur mit Bezug auf dieses Subjekt gedacht werden können. Zwar stellen weder Buck noch Waldenfels das Subjekt in einer ursprünglichen oder selbstherrlichen Position dar; Erfahrung stellt für beide vielmehr einen Vorgang dar, der nicht vom Subjekt ausgeht, sondern diesem widerfährt. Und Waldenfels betont, dass dieser Vorgang vom Fremden initiiert wird, das in die etablierte Ordnung eines Subjekts oder einer sozialen Gruppe störend einbricht. Dennoch spielt bei beiden Autoren der Begriff des Subjekts insofern eine zentrale Rolle, als eine Erfahrung stets *einem Subjekt* geschieht und der Begriff der Erfahrung ohne diesen Bezug sinnlos wäre.

Nun ist der Begriff des Subjekts allerdings im Zuge der Entwicklung poststrukturalistischer Theorien einer radikalen Kritik unterzogen worden, die das Subjekt aus seiner Stellung im Zentrum philosophischen sowie sozial- und kulturwissenschaftlichen Denkens vertrieben oder diese zentrale Stellung zumindest nachhaltig in Frage gestellt hat (vgl. z. B. Koller 2001). Von daher drängt sich die Frage auf, ob bzw. inwiefern vor dem Hintergrund solcher Subjektkritik der Anlass für transformatorische Bildungsprozesse anders als unter Bezug auf den Erfahrungsbegriff bestimmt werden kann.

Ein aussichtsreicher Kandidat für einen solchen Versuch, Situationen oder Konstellationen, durch die etablierte Strukturen des Welt- und Selbstverhältnisses in Frage gestellt werden, theoretisch anders als unter Bezug auf die Erfahrung eines Subjekts zu bestimmen, stellt die Konzeption des Widerstreits dar, die von dem französischen Philosophen Jean-François Lyotard entwickelt worden ist und die im Folgenden auf ihre Bedeutung für eine Theorie transformatorischer Bildungsprozesse hin geprüft werden soll.[31]

---

31 Vgl. zum Folgenden Koller 1999, wo Lyotards Konzeption ausführlicher dargestellt und vor dem Hintergrund der Bildungstheorien Humboldts und Adornos auf ihre Bedeutung für eine zeitgenössische Reformulierung des Bildungsbegriffs hin diskutiert wird. Da dabei allerdings das Konzept transformatorischer Bildungsprozesse noch keine explizite Rolle spielt, soll im Folgenden versucht werden, den Ertrag der dortigen Überlegungen auf dieses Konzept zu beziehen.

8.1 Vorbemerkung zum Anliegen Lyotards

Das Anliegen, das Lyotard in dem als sein Hauptwerk geltenden Buch *Der Widerstreit* (Lyotard 1989) verfolgt, lässt sich am besten verstehen, wenn man es in Beziehung setzt zu einem früheren Werk, durch das Lyotard vor allem bekannt geworden ist, nämlich seine Studie über *Das postmoderne Wissen* (Lyotard 1986). In dieser Studie, in der Lyotard im Auftrag des Universitätsrats der Regierung der kanadischen Provinz Québec das Ziel verfolgt, die soziokulturelle Verfasstheit zeitgenössischer Gesellschaften zu bestimmen, vertritt er die These, diese Verfasstheit lasse sich als »postmodern« in dem Sinne charakterisieren, dass sie durch eine radikale Pluralität unterschiedlicher Sprachspiele gekennzeichnet sei.

Diese These, die die Debatte um den Begriff der Postmoderne entscheidend geprägt hat, wird in Lyotards Studie vor allem am Beispiel des wissenschaftlichen Wissens diskutiert. Um den Geltungsanspruch wissenschaftlichen Wissens zu begründen, gibt es Lyotard zufolge in der Gegenwart nicht ein einziges, von allen Wissenschaften oder Teildisziplinen gleichermaßen anerkanntes Verfahren, sondern eine Vielzahl unterschiedlicher und konkurrierender Begründungsweisen, die er im Anschluss an Wittgenstein als »Sprachspiele« bezeichnet. Vor diesem Hintergrund zeichne sich die Postmoderne als soziokulturelle Verfasstheit gegenwärtiger Gesellschaften durch den Glaubwürdigkeitsverlust der so genannten »großen Erzählungen« aus. Unter »großen Erzählungen« versteht Lyotard geschichtsphilosophische Konstruktionen zur Legitimierung wissenschaftlichen Wissens, wie sie z. B. die Aufklärung mit ihrer Auffassung des Wissens als eines Werkzeugs zur Emanzipation des Menschen von der Herrschaft politischer oder religiöser Autoritäten entwickelt habe. »Große Erzählungen« in diesem Sinn haben Lyotard zufolge ihre Glaubwürdigkeit verloren, weil sie zu einer Vereinheitlichung der Sprachspiele tendierten und deren tatsächliche Vielfalt ausblendeten – z. B. indem sie dazu neigten, deskriptive und normative Aussagen zu vermischen. Diese These vom Glaubwürdigkeitsverlust der »großen Erzählungen« bezieht sich allerdings keineswegs nur auf die aufklärerische Idee der Emanzipation durch Wissen, sondern gilt etwa auch für die von Lyotard als ›modern‹ apostrophierte Version einer Legitimation wissenschaftlichen Wissens durch Effizienzsteigerung. Als postmoderne Alternative zu diesen Legitimationsformen, die ihre Glaubwürdigkeit weitgehend eingebüßt hätten, schlägt Lyotard die Legitimation durch das Kriterium der »Paralogie« vor, der zufolge ein Wissen dann legitim ist, wenn es »paralogisch« ist, d. h., wenn es eine bisher geltende Logik bzw. ein etabliertes Regelsystem durchbricht oder – wie man auch sagen könnte – wenn es in einem spezifischen Sinne *neu* ist.

Bereits an dieser Stelle zeichnet sich ab, weshalb Lyotards Denken für eine Theorie transformatorischer Bildungsprozesse interessant sein könnte – auch wenn Lyotard selbst auf den Begriff der Bildung eher kritisch Bezug genommen hat (dazu später mehr). Denn immerhin lässt sich als Parallele zwischen Lyotards Vorschlag einer postmodernen Legitimation des Wissens durch Paralogie und dem Konzept transformatorischer Bildungsprozesse festhalten, dass in beiden Fällen das Kriterium der *Neuheit* eine entscheidende Rolle spielt. Während Lyotard dafür plädiert, Wissen als legitim anzusehen, wenn es neu ist, insofern es geltende Regeln der Wissensproduktion außer Kraft setzt, begreift das Konzept transformatorischer Bildungsprozesse Bildung als den Vorgang, bei dem neue Figuren des Welt- und Selbstverhältnisses entstehen, weil sich etablierte Figuren angesichts neuer Herausforderungen als nicht mehr tauglich erweisen.

Allerdings erscheint Lyotards Argumentation im *Postmodernen Wissen* in zweierlei Hinsicht als begrenzt. Zum einen beschränkt sich seine Erörterung der Legitimationsproblematik dort – dem Charakter der Studie als Auftragswerk entsprechend – auf die Frage der Legitimation von *Wissen* und klammert die grundlegendere, traditionell mit der Legitimationsproblematik verbundene (und auch für die bildungstheoretische Begründung pädagogischen Handelns zentrale) Frage nach der Legitimation *gesellschaftlicher bzw. politischer* Ordnung aus. Und zum andern bleiben die sprachtheoretischen Grundlagen seiner Pluralitätsdiagnose insofern fraglich, als sie sich vor allem auf den Sprachspielbegriff Wittgensteins stützen, der eine präzisere Identifizierung und Unterscheidung konkreter Sprachspiele schwierig macht.

Vor diesem Hintergrund kann Lyotards vier Jahre nach dem *Postmodernen Wissen* erschienenes Buch *Der Widerstreit* als Versuch verstanden werden, erstens die Frage nach der Legitimation gesellschaftlicher Ordnung (und damit das Problem der Gerechtigkeit) aufzugreifen und zweitens zugleich die Diagnose einer postmodernen, weil radikal pluralen Verfasstheit gegenwärtiger Gesellschaften auf eine besser ausgearbeitete sprach- und diskurstheoretische Grundlage zu stellen.

8.2 Sprach- und diskurstheoretische Grundlagen

Im *Widerstreit* wird die in Lyotards früherer Studie aufgeworfene Frage nach der Legitimation wissenschaftlichen Wissens auf jede Art von Diskursen ausgedehnt. »Der Titel des Buches«, so heißt es im Vorwort, »legt [...] nahe, daß eine universale Urteilsregel in bezug auf ungleichartige Diskursarten im allgemeinen fehlt« (Lyotard 1989, S. 9). *Der Widerstreit* als Titel des Buches besagt also, dass ein universaler Metadiskurs ganz generell nicht existiert – nicht nur im Blick auf die Autorisierung des Wissens, sondern auch in Bezug auf jeden denkbaren Konflikt zwischen verschiedenen Diskursarten.

Den Ausgangspunkt von Lyotards Begründung dieser These bildet die Debatte um die Forderung des französischen Publizisten Faurisson, einen wissenschaftlichen Beweis für den Holocaust durch Augenzeugenberichte von Überlebenden zu erbringen. Lyotards Antwort auf diese Forderung besagt, das Schweigen der meisten Überlebenden beweise nicht etwa (wie Faurisson dies nahelegt), dass es keine Gaskammern gegeben habe, sondern nur, dass das Unrecht, das den Juden in den Vernichtungslagern zugefügt wurde, in der Diskursart des wissenschaftlichen Beweises nicht angemessen artikuliert werden könne (vgl. a.a.O., S. 17ff.). Auf dem Spiel steht für Lyotard also nicht die Frage, ob und wie die Existenz von Gaskammern bewiesen werden kann, sondern ob ein wissenschaftlicher Beweis die dem Holocaust angemessene Diskursart ist. Das Geschehen von Auschwitz stellt in diesem Zusammenhang mehr als nur ein Beispiel dar, weil die massenhafte und industriell organisierte Tötung eines ganzen Volkes die auf die Spitze getriebene Form der totalitären Herrschaft eines Diskurses über andere Diskurse darstellt.

Wie begründet Lyotard nun im *Widerstreit* seine These einer radikalen Pluralität der Sprachspiele oder Diskursarten? Den theoretischen Ausgangspunkt seiner Argumentation bildet der Satz als kleinste Einheit des Diskurses. Aufgrund der logischen Fallstricke, in die der Versuch geraten würde, mittels eines oder mehrerer Sätze zu definieren, was ein Satz ist, verzichtet Lyotard auf eine solche Definition, nicht aber auf eine Aussage darüber, was ein Satz *bewirkt*:

> »Auf vereinfachende Weise müßte man sagen, daß ein Satz darstellt, worum es geht, den Fall [...]: seinen Referenten; ebenso das, was der Fall meint: den *Sinn*; wohin oder an wessen Adresse diese Sinnschicht des Falles gerichtet ist: den Empfänger; schließlich wo-›durch‹ oder in wessen Namen der Sinn (bzw. die Bedeutung) des Falles vermittelt wird: den Sender. Der Zustand des Satz-Universums ergibt sich aus der Situation, in der diese Instanzen zueinander stehen« (a. a. O., S. 34 f.; Hervorhebung im Original).

Sätze stellen also jeweils (mindestens) ein *Universum* dar, das aus vier Instanzen (und ihren Relationen zueinander) besteht: aus dem *Referenten* (»worum es geht«), der *Bedeutung* (»was der Fall meint«), dem *Empfänger* (»an wessen Adresse«) und dem *Sender* (»in wessen Namen«).

Aus diesem Begriff der Satz-Instanzen und des von ihnen gebildeten Satz-Universums ergeben sich weitreichende Konsequenzen für die einleitend aufgeworfene Frage nach dem Subjekt. Auch wenn Lyotard darauf verzichtet, Instanzen anzunehmen, die dem Sich-Ereignen von Sätzen vorausgehen, bedeutet dies nicht etwa, dass in seiner Theorie Subjekte überhaupt keinen Platz fänden. Bestritten wird vielmehr nur, dass sie *vor* oder *außerhalb* von Sätzen anzusiedeln wären. Innerhalb eines Satz-Universums lassen sich die Satz-Instanzen als Positionen verstehen, die von der Sprache für die Subjekte bereitgehalten werden. Subjekte können von einem Satz sowohl als Sender oder Empfänger wie auch als Referenten situiert (und im letzteren Fall mit einer Bedeutung versehen) werden. Entscheidend dabei ist nur, dass dies jeweils von einem Satz und nicht von den Subjekten selbst bewirkt wird.

Aus der Aussage, dass jeder Satz (mindestens) ein Universum darstellt, folgt eine radikale Heterogenität der Sätze untereinander: »Es gibt ebenso viele Universen wie Sätze. Und ebenso viele Situationen von Instanzen wie Universen« (a. a. O., S. 135). In diesem Sinne ist bereits jeder einzelne Satz grundlegend verschieden von allen anderen Sätzen. Auf der anderen Seite aber lassen sich bestimmte Arten der Darstellung von Universen und damit Familien einander ähnlicher Sätze unterscheiden. Diese Darstellungsmodi sind verknüpft mit den Formationsregeln, nach denen Sätze gebildet werden. Solche Regeln, die eine Satzfamilie auszeichnen, nennt Lyotard *Satz-Regelsysteme (régimes de phrases)*. Im *Widerstreit* unterscheidet er u. a. deskriptive, präskriptive, evaluative, interrogative und ostensive Sätze (vgl. a. a. O., S. 10 und 149), ohne damit Anspruch auf eine vollständige bzw. geschlossene Taxonomie zu erheben.

Die radikale Verschiedenheit der Sätze wiederholt sich nun auf dieser Ebene der Satzfamilien: »Sätze unterschiedlicher Regelsysteme können nicht ineinander übersetzt werden« (a. a. O., S. 92). Der Grund dafür liegt darin, dass jede Satzfamilie die vier Satz-Instanzen in einer ganz bestimmten, für sie typischen Relation zueinander situiert. So scheint zwar der deskriptive Satz *Die Tür steht offen* unter bestimmten Kontextbedingungen dieselbe verpflichtende Bedeutung zu haben wie die Aufforderung *Mach die Tür zu*, doch situieren beide Sätze den Empfänger in einer anderen Relation zur Bedeutung und sind deshalb keineswegs austauschbar (vgl. a. a. O., S. 92 f.).

Besondere Relevanz gewinnt die Heterogenität der Satzfamilien bei der Verkettung von Sätzen. Zwar legen Sätze eines bestimmten Satz-Regelsystems eine bestimmte Verkettung nahe; so verlangt etwa ein Fragesatz nach einer Antwort. Doch prinzipiell ist nur festgelegt, *dass* verkettet werden muss, aber nicht *wie* diese Verkettung zu erfolgen hat: »[...] die Verkettung ist notwendig, die Art und Weise kontingent« (a. a. O., S. 58). Sätze müssen weiterverkettet werden, denn auch ein Schweigen wäre als *negativer* Satz aufzufassen, durch den wenigstens eine der vier Instanzen negiert wird (vgl. a. a. O., S. 34). Das *Wie* dieser Verkettung aber ist offen; auf eine Frage kann statt einer Antwort auch eine Gegenfrage oder ein Gelächter folgen.

Es gibt allerdings Regeln, die eine bestimmte Verkettung als »passend« oder »triftig« erscheinen lassen (a. a. O., S. 59 und 142). Solche Verkettungsregeln konstituieren eine Diskursart. Unter *Diskursarten (genres de discours)* versteht Lyotard Regelsysteme ›höherer‹ Ordnung, die die Verkettung von Sätzen unterschiedlicher Satzfamilien betreffen, und zwar jeweils nach Maßgabe eines bestimmten Zwecks. So lässt sich z. B. die kognitive bzw. wissenschaftliche Diskursart beschreiben als Verkettung einer Benennung, einer Beschreibung und einer Ostension mit dem Zweck, die Wirklichkeit eines Referenten zu ermitteln (vgl. a. a. O., S. 78 ff.). Als Zwecke anderer Diskursarten nennt Lyotard »Wissen, Lehren, Rechthaben, Verführen, Rechtfertigen, Bewerten, Erschüttern, Kontrollieren«, an anderer Stelle auch »überreden, überzeugen, besiegen, zum Lachen, zum Weinen bringen usw.« (a. a. O., S. 10 und 149). Gemäß Lyotards Kritik an jeder subjektzentrierten Perspektive sind solche Zwecke allerdings nicht als intentionale Zielsetzungen der beteiligten Subjekte zu verstehen, sondern als Strategien von der Art, wie sie ein Spiel den Spielern auferlegt (vgl. a. a. O., S. 227 f.).

Von Zwecken und Verkettungsmodi ausgehend lassen sich nun verschiedene Diskursarten unterscheiden; im *Widerstreit* beschreibt Lyotard u. a. die kognitive oder wissenschaftliche, die ökonomische, die philosophische und die narrative Diskursart. Auch hier handelt es sich nicht um eine geschlossene Taxonomie; die Sprache ist Lyotard zufolge vielmehr grundsätzlich offen für neue Sätze und Diskursarten. Entscheidend für die Analyse von Diskursen ist vor allem das methodische Prinzip: Es geht darum, innerhalb gegebener Satzverkettungen retrospektiv die Regelhaftigkeit und Zweckgerichtetheit der Verkettungen zu bestimmen und so verschiedene Gattungen oder Genres des Diskurses zu unterscheiden.[32]

Mit dem Begriff der Diskursarten sind wir beim Kern von Lyotards sprachphilosophischer Konzeption angelangt. Die für das ganze Buch zentrale These besagt, dass es beim Aufeinandertreffen zweier unterschiedlicher Diskursarten unvermeidlich zu einem *Widerstreit (différend)* kommt, d. h. zu einem Konflikt, der prinzipiell

---

32 An dieses methodische Prinzip kann auch die Analyse von Texten im Rahmen der empirischen Erforschung von Bildungsprozessen anknüpfen; vgl. dazu Koller 1999, S. 161 ff.

nicht zu schlichten ist, weil eine übergreifende Urteilsregel fehlt. Im Unterschied dazu versteht Lyotard unter einem *Rechtsstreit (litige)* einen Konflikt zweier Parteien, der geschlichtet werden kann, weil er innerhalb *einer* gemeinsamen Diskursart stattfindet. Zwischen zwei verschiedenen Diskursarten aber ist eine Schlichtung unmöglich, weil keine Meta-Diskursart existiert, die die Ansprüche der einzelnen Diskursarten gegeneinander abgrenzen und über ihre jeweilige Berechtigung entscheiden könnte.

Prinzipiell steht der Widerstreit bereits an jeder ›Nahtstelle‹ zwischen zwei Sätzen auf dem Spiel, d.h. immer dann, wenn ein Satz weiterverkettet werden muss. Denn da kein Satz der erste ist, wird jeder Satz in ein Kraftfeld eingeschrieben, in dem die Diskursart des vorangegangenen Satzes sich mit anderen Diskursarten im Streit um die triftige Verkettung befindet – einem Streit, der noch dadurch verschärft wird, dass immer nur ein Satz auf einmal möglich ist und deshalb jeder aktuelle Satz alle anderen möglichen Sätze ausschließt (vgl. a.a.O., S. 227).

Was hier zunächst als sprachphilosophische Spitzfindigkeit erscheinen mag, gewinnt seine ethische und politische Tragweite angesichts der Fälle von Widerstreit, die Lyotard zur Verdeutlichung heranzieht: des Streits um die wissenschaftliche Beweisbarkeit des Holocaust oder des Konflikts zwischen Kapital und Arbeit. Dabei wird allerdings deutlich, dass der Widerstreit keineswegs immer als Aufeinandertreffen von zwei tatsächlich artikulierten Diskursarten in Erscheinung treten muss. Im Gegenteil, weitaus häufiger scheint der Fall zu sein, dass der Widerstreit als Rechtsstreit erscheint, weil eine gemeinsame Urteilsregel unterstellt wird oder weil eine der beiden Diskursarten sich gegenüber der anderen durchgesetzt hat.

>»Zwischen zwei Parteien entspinnt sich ein Widerstreit, wenn sich die ›Beilegung‹ des Konflikts, der sie miteinander konfrontiert, im Idiom der einen vollzieht, während das Unrecht, das die andere erleidet, in diesem Idiom nicht figuriert« (a.a.O., S. 27).

Das *Unrecht (tort)*, das die unterlegene Konfliktpartei geltend machen möchte, kann deshalb keinen Ausdruck mehr finden; es erscheint als ein bloßer *Schaden (dommage)*, der innerhalb der siegreichen Diskursart behoben werden kann. Die unterlegene Konfliktpartei ist damit zum *Opfer* geworden: ihrer Mittel beraubt, das ihr zugefügte Unrecht zu artikulieren (vgl. a.a.O., S. 25).

In solchen Fällen findet der Widerstreit nicht mehr direkt Ausdruck; er hat sich in einen Rechtsstreit ›verpuppt‹. Ein Indiz für den Widerstreit findet sich dann unter Umständen nur noch im Schweigen der unterlegenen Konfliktpartei (z.B. im Schweigen der Überlebenden aus den Vernichtungslagern). Das Schweigen verweist auf das, was in der Diskursart, die sich durchgesetzt hat, *nicht* gesagt werden kann:

>»Der Widerstreit ist der instabile Zustand und der Moment der Sprache, in dem etwas, das in Sätze gebracht werden können muß, noch darauf wartet. Dieser Zustand enthält das Schweigen als einen negativen Satz, aber er appelliert auch an prinzipiell mögliche Sätze. Was diesen Zustand anzeigt, nennt man normalerweise Gefühl. ›Man findet keine Worte‹ usw.« (a.a.O., S. 33).

An dieser Stelle wird zunächst deutlich, dass die oben geäußerte Einschätzung relativiert werden muss, wonach Lyotard auf jede Annahme über Instanzen verzichte, die dem Sich-Ereignen von Sätzen vorgelagert wären. Zwar bestreitet er die gängige kommunikationstheoretische Auffassung, die das Sprachgeschehen als einen Austausch von Botschaften versteht und Kommunikationspartner (Subjekte) wie deren Botschaften (Intentionen) als vorgängig gegenüber ihrer jeweiligen sprachlichen Fassung unterstellt (vgl. a.a.O., S. 31 f.). Andererseits aber verfällt Lyotard keineswegs in die monistische Auffassung, wonach schlechthin *alles* Sprache wäre, sondern hält die Möglichkeit offen, dass es immer »etwas« geben kann, das (noch) nicht gesagt worden ist. Allerdings kann über die Natur dieses »etwas« innerhalb der Sprache nichts Allgemeingültiges gesagt werden; Lyotard vermeidet konsequenterweise jede Festlegung und belässt es bei der Formulierung, das Indiz für jenes »etwas« *nenne man normalerweise* »Gefühl«.

8.3 Die ethische Dimension von Lyotards Konzeption

Die zitierte Stelle enthält aber auch Hinweise darauf, inwiefern *Der Widerstreit* nicht nur eine Sprachphilosophie, sondern auch eine Theorie der Gerechtigkeit darstellt. Das Schweigen, so Lyotard, *appelliere* »an prinzipiell mögliche Sätze«; und von dem in Rede stehenden »etwas« wird gesagt, es *müsse* »in Sätze gebracht werden können« – beides Formulierungen, die über die analytische Beschreibung hinaus auch eine normative Dimension enthalten. Schon kurz vor der zitierten Stelle hieß es:

> »Dem Widerstreit gerecht zu werden bedeutet: neue Empfänger, neue Sender, neue Bedeutungen *(significations)*, neue Referenten einsetzen, damit das Unrecht Ausdruck finden kann und der Kläger kein Opfer mehr ist. Dies erfordert neue Formations- und Verkettungsregeln für die Sätze. Niemand zweifelt, daß die Sprache diese neuen Satzfamilien und Diskursarten aufzunehmen vermag. Jedes Unrecht muß in Sätze gebracht werden. Eine neue Kompetenz (oder ›Klugheit‹) muß gefunden werden« (a.a.O., S. 32 f.).

Und wenig später fährt Lyotard fort:

> »Es bedarf einer angestrengten Suche, um die neuen Formations- und Verkettungsregeln für die Sätze aufzuspüren, die dem Widerstreit, der sich im Gefühl zu erkennen gibt, Ausdruck verleihen können, wenn man vermeiden will, daß dieser Widerstreit sogleich von einem Rechtsstreit erstickt wird und der Alarmruf des Gefühls nutzlos war. Für eine Literatur, eine Philosophie und vielleicht sogar eine Politik geht es darum, den Widerstreit auszudrücken, indem man ihm entsprechende Idiome verschafft« (a.a.O., S. 33).

Trotz seiner Abkehr von jeder Annahme eines Meta-Diskurses (der nötig wäre, um präskriptive Aussagen über die Diskursarten insgesamt begründen zu können) enthält Lyotards Denken, wie die zitierten Passagen zeigen, auch eine ethische Dimension. Um ihren prekären Status angesichts der Unmöglichkeit einer metadiskursiven Begründung zu kennzeichnen, könnte man diese ethische Perspektive eine ›kleine‹ oder ›schwache‹ Ethik nennen. Der Kerngedanke dieser Ethik besteht in der Anerkennung der radikalen Heterogenität der Diskursarten und in der Forderung nach einer entsprechenden diskursiven Praxis. Lyotards Formulierung für diese diskursive Praxis lautet »den Widerstreit bezeugen« (a.a.O., S. 12) oder »dem Widerstreit gerecht werden« (a. a. O., S. 32). Diese Grundnorm impliziert mindestens zweierlei: zum einen die Forderung, einen bereits artikulierten Widerstreit offen zu halten und seine Verwandlung in einen Rechtsstreit zu verhindern – und das hieße z. B., vorfindliche Konflikte daraufhin zu prüfen, inwieweit es sich um Fälle eines Widerstreits handelt, dessen Schlichtung einer Konfliktpartei notwendigerweise Unrecht zufügen würde. Zum andern aber enthält das Prinzip »dem Widerstreit gerecht zu werden« den Appell, mit der Möglichkeit des Widerstreits auch dort zu rechnen, wo kein offener Konflikt zu erkennen ist, sondern nur ein Schweigen oder ein »Gefühl« anzeigt, dass in der vorherrschenden Diskursart »etwas« nicht gesagt werden kann. In diesen Fällen zielt Lyotards Forderung darauf, dem bislang nicht artikulierten Widerstreit ein Idiom zu verschaffen: neue Sätze, Satzfamilien und Diskursarten zu (er)finden, die jenes »etwas« sagbar machen.[33]

8.4 Die Bedeutung von Lyotards Philosophie des Widerstreits für eine Theorie transformatorischer Bildungsprozesse

Fragt man nun nach der Bedeutung, die dieser Konzeption des Widerstreits im Blick auf die Ausarbeitung einer Theorie transformatorischer Bildungsprozesse zukommen könnte, so ist zunächst zu betonen, dass sich bei Lyotard selber keine im engeren Sinne bildungstheoretischen Aussagen finden lassen. Wenn im *Widerstreit* überhaupt von Bildung die Rede ist, dann eher in kritischer Weise. Das hat vor allem zwei Gründe. Zum einen stellen Bildungstheorien, wie Lyotards Verweis auf Humboldt im *Postmodernen Wissen* deutlich macht (vgl. Lyotard 1986, S. 98 ff.), zumindest tendenziell so etwas wie »große Erzählungen« dar, insofern sie zwar nicht wissenschaftliches Wissen insgesamt, wohl aber pädagogisches Wissen und pädagogisches Handeln zu legitimieren versuchen. Und zum andern gehen Bildungstheorien in der Regel vom Subjekt und nicht wie Lyotard von Sätzen als zentraler Instanz aus. Das zeigt sich etwa am Begriff der Erfahrung, der von Lyotard folgendermaßen problematisiert wird:

> »Die Idee von Erfahrung setzt die eines Ichs [*je*] voraus, das sich ›bildet‹ [im Original: *se forme (Bildung)*; HCK], indem es die Eigenschaften der ihm begegnenden Dinge aufnimmt und mit der Erstellung ihrer zeitlichen Synthese die Wirklichkeit konstituiert« (Lyotard 1989, S. 86).

Diese Idee der Erfahrung (und die mit ihr verbundene Idee der Bildung) impliziert Lyotard zufolge also ein Ich, das logisch und zeitlich den Sätzen vorausgeht, deren

---

33 Zur Auseinandersetzung mit dem Einwand, Lyotards Diskurs werde in Verletzung seiner eigenen Prämissen insofern selbst zu einem Meta-Diskurs, als er mit der Forderung nach Anerkennung des Widerstreits eine Art diskursiver Meta-Präskription vorschlage und die Geltungsansprüche anderer Diskursarten zu begrenzen suche, vgl. Koller 1999, S. 41 ff.

Sender, Empfänger oder Referent es ist. Für Lyotard aber wird ein solches Ich (oder Subjekt) erst in und mit den Sätzen möglich, die es innerhalb bestimmter Satz-Universen und innerhalb eines bestimmten Geflechts von Namen situieren. Deshalb weist er diese Idee zurück:

> »Die Möglichkeit der Wirklichkeit ist – zusammen mit der des Subjekts – in Namensgeflechten festgelegt, noch ›bevor‹ sich die Wirklichkeit in einer Erfahrung zeigt und dort Bedeutung annimmt« (a. a. O., S. 88).

Begreift man jedoch Bildung nicht als eine aktive Leistung des Subjekts, die von dessen Initiative ausgeht, sondern eher als einen Prozess, der sich im Medium der Sprache (oder anderer symbolisch-semiotischer Systeme) an und mit Subjekten vollzieht, scheint trotz Lyotards Reserve ein Bezug seiner Konzeption auf eine Theorie von Bildungsprozessen möglich. Dabei lässt sich zeigen, dass Lyotards Philosophie des Widerstreits für alle drei eingangs formulierten Fragen relevant ist, die eine Theorie transformatorischer Bildungsprozesse beantworten müsste. Ganz besondere Bedeutung kommt ihr freilich vor allem im Blick auf die Frage nach den Problemlagen zu, durch die Welt- und Selbstverhältnisse so nachhaltig in Frage gestellt werden, dass deren Transformation unausweichlich scheint.

Eine Antwort auf die erste Frage nach der begrifflichen Bestimmung der Struktur von Welt- und Selbstverhältnissen lässt sich aus Lyotards Philosophie insofern ableiten, als seine Sprach- und Diskurstheorie es erlaubt, die Positionierung von Subjekten in Relation zur Welt und zu sich selber eben nicht als Ausdruck einer vorgängigen Subjektivität zu begreifen, sondern vielmehr als Effekt sprachlicher Prozeduren, nämlich als Resultat der Verkettung von Sätzen gemäß bestimmter diskursiver Regeln. Wie dargestellt bildet den Ausgangspunkt von Lyotards Sprachphilosophie der Satz als nicht weiter reduzierbares sprachliches Geschehen, durch das jeweils ein sprachliches Universum mit den vier Instanzen Sender, Empfänger, Referent und Bedeutung konstruiert wird. Ein Subjekt wird also durch Sätze in einer dieser Positionen verortet, und zwar je nach Diskursart, d.h. dem jeweils geltenden Regelsystem zur Verkettung von Sätzen, in unterschiedlicher Weise, also z.B. als Sender einer Erzählung, als Empfänger einer Vorschrift oder als Referent deskriptiver, kognitiver bzw. wissenschaftlicher Sätze. In diesem Sinne lässt sich das Welt- und Selbstverhältnis eines Subjekts also mit Lyotard durch die jeweils vorherrschenden Diskursarten bestimmen, die dem Subjekt einen ganz bestimmten Platz innerhalb der diskursiven Ordnung zuweisen.

Eine Antwort auf die Frage nach den Problemlagen, die zur Herausforderung für Bildungsprozesse werden können, bietet Lyotards Philosophie deshalb, weil der Begriff des Widerstreits es erlaubt, politische, gesellschaftliche oder kulturelle Auseinandersetzungen als Fälle von Widerstreit, und d.h. als Konflikte aufzufassen, die sich durch das Aufeinandertreffen miteinander unvereinbarer Sprachspiele oder Diskursarten auszeichnen.[34] Entscheidend ist dabei, dass Lyotard zufolge für Kon-

---

34 Wie oben erwähnt führt Lyotard selbst als Beispiel die Auseinandersetzung über die wissenschaftliche Beweisbarkeit des Holocaust durch Augenzeugenberichte von Überlebenden der Gaskammern an. Dieser Streit ist als Widerstreit aufzufassen – aber nicht etwa deshalb, weil die Existenz der Gaskammern nicht bewiesen werden könnte, sondern weil das Unrecht, das den dort Ermordeten (und den wenigen Überlebenden) angetan wurde, in

flikte vom Typ des Widerstreits (die er als Kennzeichen postmoderner Gesellschaften beschreibt), keine übergeordneten Urteilsregeln existieren. Denn wie oben erläutert, ist im Unterschied zu einem *Rechtsstreit*, bei dem ein Konflikt innerhalb ein und derselben Diskursart ausgetragen wird, bei einem *Widerstreit* keine Schiedsinstanz vorhanden, die es erlauben würde, den Konflikt zu schlichten. Von harmonischen Auffassungen gesellschaftlicher, politischer oder kultureller Vielfalt unterscheidet sich Lyotards Konzeption des Widerstreits also vor allem durch den Gedanken einer *radikalen* Pluralität der Diskursarten, für deren konflikthafte Grundstruktur es keine diskursartübergreifenden Lösungsmodelle gibt.

Eine Antwort auf die Frage nach den Bedingungen und Verlaufsformen der Transformation von Welt- und Selbstverhältnissen schließlich ist aus Lyotards Philosophie des Widerstreits zu gewinnen, wenn man der darin enthaltenen ethischen Dimension genauer nachgeht. Wie oben skizziert und an anderer Stelle genauer ausgeführt (vgl. Koller 1999, S. 146 ff.) stellt ein Widerstreit als Konflikt zwischen zwei unvereinbaren Diskursarten Lyotard zufolge eine ethische Herausforderung dar, für deren Bewältigung vor allem zweierlei erforderlich ist: zum einen das Offenhalten des Widerstreits (d. h. der Versuch zu verhindern, dass er in einen Rechtsstreit verwandelt wird) und zum andern die Anstrengung, ein Idiom zu finden, in dem der Widerstreit angemessen artikuliert werden kann. Das Letztere gilt insbesondere für den Fall eines Widerstreits, der darin besteht, dass eine der Konfliktparteien gar nicht über die Möglichkeiten zur Artikulation ihres Anliegens verfügt und der Widerstreit deshalb von Anfang an als Rechtsstreit behandelt wird. Meine bildungstheoretische Schlussfolgerung aus diesen Überlegungen läuft nun auf den Vorschlag hinaus, die ethische Dimension bei Lyotard als Ausgangspunkt für eine Neufassung des Bildungsbegriffs zu nehmen und Bildung als jenen Prozess der Entstehung neuer Sätze und Diskursarten zu begreifen, der zur Anerkennung und zum Offenhalten des Widerstreits erforderlich ist. Auf eine Formel gebracht lässt sich die Transformation von Welt- und Selbstverhältnissen im Anschluss an Lyotard mithin als ein innovatorisches bzw. paralogisches Sprachgeschehen beschreiben, bei dem neue sprachliche Möglichkeiten ge- oder erfunden werden, um dem Widerstreit der Diskursarten gerecht zu werden.[35]

Lyotards Werk enthält allerdings keine genauere Beschreibung dieses Geschehens, seiner Verlaufsformen oder seiner Bedingungen. Deutlich wird nur, dass Lyotard die Sprache prinzipiell für geeignet hält, solche Innovationen hervorzubringen: »Niemand zweifelt, daß die Sprache diese neuen Satzfamilien und Diskursarten aufzunehmen vermag« (Lyotard 1989, S. 33). Unter welchen konkreten

---

der Diskursart wissenschaftlicher Beweisführung nicht artikuliert werden kann (vgl. Lyotard 1989, S. 17 ff.).

35 Daran wird deutlich, dass mit Lyotard auch eine Antwort auf die Frage nach den normativen Implikationen des Konzepts transformatorischer Bildungsprozesse möglich ist (▶ Kap. 15.5). Nicht jede Transformation von Welt- und Selbstverhältnissen kann demzufolge als Bildungsprozess bezeichnet werden – wie einige Kritiker einwandten (vgl. Fuchs 2011, S. 390 f.). Der Begriff wäre im Anschluss an Lyotard auf solche Transformationen zu beschränken, die einem Widerstreit gerecht werden, für den es zuvor keine Artikulationsmöglichkeiten gab. Das schließt u. a. solche Transformationen aus, in denen die radikale Pluralität von Diskursarten und Orientierungsmustern verleugnet oder unterdrückt wird.

Bedingungen es zu solchen transformatorischen Sprachereignissen kommt und was die Voraussetzungen dafür sind, dass die »Suche« nach »neuen Formations- und Verkettungsregeln« (ebd.) gelingt, bleibt im *Widerstreit* jedoch offen. Im Folgenden soll deshalb versucht werden, Theorien der Entstehung des Neuen darauf hin zu befragen, was sie zur Beantwortung dieser Fragen beitragen können.

Teil III   Zur Entstehung des Neuen in transformatorischen Bildungsprozessen

9 Die Entstehung neuen Wissens. Zu den wissenschaftstheoretischen Konzepten von Karl R. Popper, Thomas Kuhn und Charles S. Peirce

Im Mittelpunkt der folgenden Überlegungen steht also die Frage, wie sich Bildung als Hervorbringung *neuer* Figuren des Welt- und Selbstverhältnisses theoretisch genauer beschreiben lässt. Von Kritikern des Konzepts ist gelegentlich eingewandt worden, dass Bildung nicht zwingend mit der Entstehung von Neuem gleichzusetzen sei, weil doch etwa auch das Durchhalten und Festigen eines bisherigen Orientierungsrahmens »gegen widrige Umstände« als »Bildungsschritt« gelten könne (Müller 2009, S. 254; vgl. auch Fuchs 2011, S. 179f.). Angesichts dieses Einwands ist vor dem Hintergrund der bisherigen Argumentation daran zu erinnern, dass die Konstellationen, die als Anlässe für transformatorische Bildungsprozesse beschrieben wurden (also negative bzw. Fremderfahrungen im Sinne Bucks und Waldenfels' bzw. Fälle von Widerstreit im Sinne Lyotards), ja gerade darin bestehen, dass ein etabliertes Welt- und Selbstverhältnis an seine Grenzen gelangt ist und mit einem Problem konfrontiert wird, zu dessen Bearbeitung ihm die Mittel fehlen. Ein Ausweg aus einer so beschaffenen Situation verspricht daher tatsächlich nur die Erfindung oder Erschließung *neuer* Mittel und Wege – was selbstverständlich nicht heißen soll, dass es keine Situationen gebe, in denen das Festhalten an bisherigen Orientierungen sich als angemessen erweisen kann. Akzeptiert man also die Voraussetzung, dass Bildungsprozesse der hier beschriebenen Art zumindest *eine* Form von Bildung darstellen, so wäre festzuhalten, dass dieser Typ von Bildungsprozessen notwendigerweise mit der Entstehung neuer Figuren des Welt- und Selbstverhältnisses einhergeht.

Die Auseinandersetzung mit Theorien, die bei der Beantwortung der Frage nach den Verlaufsformen und Bedingungen solcher innovativer Prozesse helfen könnten, beginnt mit *wissenschaftstheoretischen* Konzepten. Theorien wissenschaftlicher Erkenntnisgewinnung scheinen dafür insofern besonders geeignet zu sein, als Wissenschaft vor der Aufgabe steht, *neue* Erkenntnisse hervorzubringen bzw. das Wissen, das wir über bestimmte Ausschnitte oder Aspekte der Welt haben, zu erweitern oder zu transformieren. Wissenschafts*theorie* zielt also u. a. darauf, zu beschreiben und zu erklären, *wie* solche neue Erkenntnis entsteht bzw. wie Wissen transformiert wird.

Zusätzliche Relevanz im Blick auf eine Theorie transformatorischer Bildungsprozesse kommt der Frage nach der Entstehung neuen Wissens vor dem Hintergrund der aktuellen Diskussion über die wachsende Bedeutung des Wissens in modernen Gesellschaften zu. Nach Auffassung vieler Beobachter befindet sich die gegenwärtige Gesellschaft im Übergang zu einer Wissens- oder Informationsgesellschaft, da an die Stelle von Kapital und Arbeit als den wichtigsten Produktivkräften immer mehr das Wissen trete. Von zentraler Bedeutung für die wirtschaftliche und gesellschaftliche Entwicklung, aber auch für die Zuweisung von Lebenschancen an die Individuen sei nicht mehr einfach die Verfügung über Geld und Arbeitskraft, sondern mehr und mehr die Verfügung über bzw. der Zugang zu Wissen (für einen Überblick über die Diskussion vgl. Höhne 2003, S. 9–77).

Die Fragen, die sich daraus für die Erziehungswissenschaft im Allgemeinen und für die Bildungstheorie im Besonderen ergeben, sind außerordentlich komplex und können hier nicht umfassend erörtert werden (vgl. z. B. Pongratz, Reichenbach & Wimmer 2007 und Müller & Stravoravdis 2007). Die folgenden Überlegungen konzentrieren sich deshalb auf den in unserem Kontext interessantesten Aspekt, nämlich die Frage, wie die Entstehung *neuen* Wissens genauer beschrieben und erklärt werden kann und welche Schlussfolgerungen daraus im Blick auf die Entstehung neuer Figuren des Welt- und Selbstverhältnisses in Bildungsprozessen gezogen werden können.

Den folgenden Überlegungen liegt die Hypothese zugrunde, dass sich aus den wissenschaftstheoretischen Versuchen, den Prozess der Entwicklung neuer Erkenntnisse zu beschreiben, auch Einsichten in den transformatorischen oder innovatorischen Charakter von Bildungsprozessen gewinnen lassen. Um Missverständnissen vorzubeugen, sei betont, dass damit keineswegs behauptet werden soll, Bildungsprozesse seien dasselbe wie Prozesse der wissenschaftlichen Erkenntnisgewinnung. Wohl aber ist davon auszugehen, dass es strukturelle Analogien zwischen beiden Prozessen gibt[36], dass also die Entstehung des Neuen in Bezug auf die grundlegenden Figuren des Welt- und Selbstverhältnisses strukturelle Ähnlichkeiten mit dem Prozess wissenschaftlicher Erkenntnisgewinnung aufweist und dass deshalb aus der Betrachtung wissenschaftlicher Innovationen auch etwas darüber herauszufinden ist, wie sich die Entstehung des Neuen in Bildungsprozessen vollzieht. Im Folgenden soll deshalb geprüft werden, inwieweit die Entwicklung neuen Wissens als heuristisches Modell zur Beschreibung der Verlaufsformen und Bedingungen von Bildungsprozessen dienen kann, in denen neue Welt- und Selbstentwürfe hervorgebracht werden.

9.1 Die Entstehung des Neuen durch Falsifikation (Popper)

Eine noch immer einflussreiche Konzeption wissenschaftlicher Erkenntnisgewinnung ist die Wissenschaftstheorie Karl R. Poppers, die trotz mancher Kritik nach wie vor als Modell jener Art von Forschung gelten kann, die sich am Vorbild der Naturwissenschaften orientiert (vgl. Popper 1935/1989). Poppers Ausgangspunkt stellt

---

36 Eine Strukturanalogie liegt insofern vor, als transformatorische Bildungsprozesse ebenso wie wissenschaftliche Erkenntnisgewinnung dadurch angestoßen werden, dass ein Problem mit den etablierten Mitteln nicht mehr angemessen bearbeitet werden kann.

die Frage dar, wie man zu allgemeingültigen Gesetzesaussagen gelangen kann, wenn der induktive Weg der Erkenntnisgewinnung, also der verallgemeinernde Schluss von einigen wenigen Fällen auf die Gesamtheit aller Fälle verbaut ist. Seine Antwort auf diese Frage beruht bekanntlich auf der strengen Unterscheidung zwischen dem *Entdeckungszusammenhang* (d. h. dem Zustandekommen einer wissenschaftlichen Aussage) und dem *Begründungszusammenhang* (d. h. deren Begründung bzw. Geltungsprüfung). Für die Wissenschaftlichkeit einer Aussage ist es demnach völlig irrelevant, wie sie zustande gekommen ist bzw. wodurch jemand auf die Idee kam, sie zu formulieren. Ausschlaggebend ist vielmehr, wie ihre Geltung *begründet* wird (vgl. a.a.O., S. 6). Und für eine solche Begründung bzw. den Geltungsnachweis einer wissenschaftlichen Aussage gibt es Popper zufolge im Bereich der empirischen Wissenschaften nur einen einzigen Weg, nämlich die intersubjektive Überprüfung nach streng rationalen Kriterien. Zu diesem Zweck werden aus der – wie auch immer gewonnenen – Hypothese oder Theorie rein *deduktiv* (und d. h. ohne die bedenklichen Implikationen induktiver Schlüsse) logische Folgerungen abgeleitet, denen für das weitere Verfahren der Status von Prognosen zukommt und die konkrete, überprüfbare Sachverhalte benennen, die eintreten müssen, falls die Hypothese zutrifft. Diese Prognosen werden dann – z. B. auf dem Wege systematischer Beobachtungen oder gezielter Experimente – einer empirischen Bewährungsprobe unterzogen. Kommt es dabei zur *Falsifikation* der Hypothese, ist mit der Widerlegung der aus der Theorie abgeleiteten Prognose auch die Theorie als ganze falsifiziert, da nach logischen Kriterien ein einziger Fall genügt, um eine Aussage mit Allgemeingültigkeitsanspruch zu widerlegen. Der umgekehrte Fall, die *Verifikation* der Prognose dagegen hat Gültigkeit nur für diesen einen Fall, denn eine Verallgemeinerung dieses Befunds ist aufgrund der Unzulässigkeit induktiver Schlüsse nicht möglich. Im Blick auf den Wahrheitsanspruch der zu prüfenden Hypothese oder Theorie hat die Verifikation der daraus abgeleiteten Prognosen deshalb nur die Konsequenz einer *vorläufigen Bewährung*, die jederzeit durch weitere Überprüfungsversuche widerlegt werden kann (vgl. a.a.O., S. 8).

Als entscheidende Bedingung für die Entstehung neuen wissenschaftlichen Wissens betrachtet Popper also nicht die Verifikation einer Hypothese im Sinne eines positiven Nachweises ihrer Gültigkeit, sondern vielmehr nur die Falsifikation solcher Hypothesen. Eine empirisch bestätigte Hypothese gilt nämlich nicht als bewiesen, sondern nur als vorläufig »bewährt« und kann jederzeit durch einen erneuten, erfolgreichen Falsifikationsversuch außer Kraft gesetzt werden. Neue Erkenntnis im Sinne gesicherten Wissens entsteht Popper zufolge also nur gleichsam negativ, durch die empirische Widerlegung bisheriger Annahmen.

Im Blick auf die Frage nach der Entstehung des Neuen in Bildungsprozessen ist damit allerdings nicht viel gewonnen. Denn Poppers Falsifikationismus liefert nichts grundsätzlich Anderes als eine wissenschaftstheoretische Formulierung dessen, was im zweiten Teil dieses Buches als Anlass oder Herausforderung für Bildungsprozesse beschrieben worden war: das Scheitern eines bisher gültigen oder »bewährten« Welt- und Selbstverständnisses bei der Konfrontation mit neuen

Erfahrungen bzw. Problemen.[37] Die entscheidende Frage, wie aus diesem Scheitern neues Wissen bzw. – übertragen auf das Thema Bildung – neue Welt- und Selbstentwürfe hervorgehen, bleibt unbeantwortet, da sie von Popper aus dem erkenntnistheoretisch entscheidenden »Begründungszusammenhang« ausdrücklich ausgeschlossen und dem allenfalls psychologisch relevanten »Entdeckungszusammenhang« überantwortet wird. Für eine bildungstheoretisch befriedigende Erklärung der Entstehung des Neuen müssen wir deshalb andere, in dieser Hinsicht weiterführende wissenschaftstheoretische Konzeptionen heranziehen.

9.2 Das Neue als Produkt wissenschaftlicher Revolutionen (Kuhn)

Einen ebenfalls vieldiskutierten und in unserem Zusammenhang interessanten Ansatz stellen die wissenschaftstheoretischen Arbeiten Thomas S. Kuhns dar. Kuhns Problemstellung ist allerdings weniger wissenschafts*theoretisch* im Sinne Poppers als vielmehr wissenschafts*geschichtlich*. Im Unterschied zu Popper fragt Kuhn nicht, was als erforderlich gelten soll, um Aussagen als wissenschaftlich gesichert anzusehen bzw. wie Wissenschaftler bei der Suche nach neuen Erkenntnissen verfahren *sollten*. Sein Interesse gilt vielmehr der Frage, wie Wissenschaftler in der Vergangenheit tatsächlich vorgegangen und wie neue wissenschaftliche Erkenntnisse faktisch zustande gekommen *sind*.

In unserem Zusammenhang besonders interessant ist ein Vortrag Kuhns aus dem Jahr 1981, indem er die in seinem Hauptwerk *Die Struktur wissenschaftlicher Revolutionen* (Kuhn 1976) entwickelte und in der Folgezeit weiter ausgearbeitete Position prägnant zusammenfasst (vgl. zum Folgenden Kuhn 1981). Den Ausgangspunkt seiner Argumentation stellt die Unterscheidung zwischen zwei Typen wissenschaftlicher Entwicklung dar, einer »normalen« und einer »revolutionären« (a. a. O., S. 5). Die »normale« Entwicklung wissenschaftlichen Wissens in einem bestimmten

---

37 Genau genommen fiele der Versuch, Poppers Konzept der Falsifikation zum Ausgangspunkt einer Theorie transformatorischer Bildungsprozesse zu machen, sogar hinter den bisher entfalteten Stand der Argumentation zurück. Denn in Poppers Ansatz beschränken sich die Alternativen bei der empirischen Prüfung einer Hypothese auf Ja oder Nein, Verifikation oder Falsifikation. Dies entspricht mithin – unbeschadet aller sonstigen Unterschiede – dem, was oben mit Buck als »negative Erfahrung« beschrieben wurde, also der einfachen Negation einer Aussage bzw. eines Erfahrungshorizonts (▶ Kap. 6). Waldenfels' Überlegungen zur Fremderfahrung als der Erfahrung dessen, was sich zeigt, indem es sich uns entzieht (▶ Kap. 7), nötigen indessen dazu, neben Bestätigung bzw. Affirmation und Widerlegung oder Negation eine dritte Möglichkeit in Betracht zu ziehen, nämlich die, dass eine gegebene Ordnung (oder ein Welt- und Selbstverhältnis) dadurch in Frage gestellt wird, dass sich ›etwas‹ dieser Ordnung entzieht, so dass darüber im Rahmen dieser Ordnung gar nicht entschieden werden kann. Dem entspricht übrigens auch Lyotards Konzept der Inkommensurabilität unterschiedlicher Diskursarten, das ebenfalls jenseits der Alternative von Ja oder Nein angesiedelt ist.

Fachgebiet vollzieht sich demnach als kumulativer Fortschritt im Sinne einer »Zunahme des Wissens durch kumulatives Hinzufügen von Einzelerkenntnissen zu dem, was jeweils schon bekannt war« (a.a.O., S. 6). Eine »revolutionäre« Entwicklung nimmt ihren Ausgang Kuhn zufolge demgegenüber von »Entdeckungen [...], die mit den traditionellen Begriffen [einer Wissenschaft] nicht in Einklang gebracht werden können« (a.a.O., S. 7). Wie bei einer politischen Revolution führen solche Entdeckungen im Falle wissenschaftlicher Revolutionen nicht bloß zu einzelnen Korrekturen, sondern zur Veränderung des gesamten Erkenntniszusammenhangs dieser Wissenschaft.

Das Herzstück von Kuhns Vortrag besteht nun in der ausführlichen Beschreibung dreier Beispiele solcher wissenschaftlichen Revolutionen im Bereich der Physik, nämlich des Übergangs von der Aristotelischen zur Newtonschen Physik um 1700, der Erfindung der elektrischen Batterie durch Alessandro Volta um 1800 und von Max Plancks Arbeit über den so genannten »Schwarzen Körper« im Jahre 1900, die entscheidende Weichenstellungen für die Quantenphysik enthielt. Von größerem Interesse für unseren Zusammenhang als die Einzelheiten dieser drei revolutionären Entwicklungen in der Physik ist eine Zusammenfassung seiner Überlegungen, die Kuhn selbst am Ende seines Vortrags unter der Frage vornimmt, »welche Merkmale für eine revolutionäre Veränderung durch die hier vorgetragenen Beispiele offenbar werden« (a.a.O., S. 32). Dabei arbeitet er drei Merkmale wissenschaftlicher Revolutionen heraus, nämlich dass sie erstens eine ganzheitliche Struktur aufweisen, zweitens den externen, referentiellen Bezug wissenschaftlicher Begriffe auf ihre Gegenstände, und darüber hinaus drittens auch den internen, strukturellen Zusammenhang der Sprache dieser Wissenschaft betreffen.

Das erste Merkmal, die ganzheitliche Struktur wissenschaftlicher Revolutionen zeigt sich Kuhn zufolge darin, dass diese, wie bereits angedeutet, nicht nur Einzelerkenntnisse betreffen, sondern »eine Anzahl untereinander verbundener Gesetzmäßigkeiten« (a.a.O., S. 33), d.h. ein gesamtes System, in das Einzelerkenntnisse eingeordnet und aus dem heraus sie verstanden werden können. Damit ist zugleich eine Aussage über die Zeitstruktur der Veränderung verbunden: Wissenschaftliche Revolutionen erfolgen Kuhn zufolge nicht etappenweise oder Schritt für Schritt, sondern *auf einen Schlag*.

Das zweite Merkmal beschreibt Kuhn so, dass wissenschaftliche Revolutionen eine »Änderung der Art und Weise« implizieren, »wie Worte und Sätze mit den Naturphänomenen verbunden sind« (a.a.O., S. 34). Solche Revolutionen gehen also mit Veränderungen des referentiellen Bezugs wissenschaftlicher Begriffe auf ihre Gegenstände einher, wobei sich nicht nur die Kriterien für die Anwendung von Begriffen auf Naturphänomene verändern, sondern auch die Klassifikation von Objekten oder Situationen, auf die sich diese Begriffe beziehen.

Drittens ändert sich Kuhn zufolge in wissenschaftlichen Revolutionen aber nicht nur der referentielle Bezug von Begriffen auf ihre Gegenstände, sondern auch der innere, strukturelle Zusammenhang einer wissenschaftlichen Sprache, d.h. die gesamte Taxonomie bzw. der systematische Begriffsapparat dieser Wissenschaft und die damit verbundenen Kriterien dafür, was im Gegenstandsbereich dieser Wissenschaft als ähnlich bzw. verschieden angesehen wird. Da die auf solchen Ähnlichkeitsbeziehungen und Analogien beruhenden Modelle, die Kuhn auch als Metaphern bezeichnet, ein wesentliches Element wissenschaftlicher (und alltäglicher) Sprache(n) ausmachen, ändert sich mit der Taxonomie also auch die gesamte Sprache einer Wissenschaft und das damit verbundene Wissen über ihren Gegenstandsbereich.

Was bedeutet dies nun für unsere Frage nach der Entstehung des Neuen in transformatorischen Bildungsprozessen? Die grundlegende Vermutung, die die folgenden Überlegungen leitet, ist die, dass das, was Kuhn über revolutionäre Veränderungen des wissenschaftlichen Wissens sagt, auch für Transformationen von Welt- und Selbstverhältnissen gelten könnte. Ein Anhaltspunkt dafür findet sich bereits in Kuhns Argumentation selbst. Um sein erstes Beispiel einer wissenschaftlichen Revolution, den Übergang von der Aristotelischen zur Newtonschen Physik, zu beschreiben, fragt Kuhn nicht, »was den aristotelischen Naturphilosophen der beginnenden Neuzeit fehlte, um zu den newtonschen Begriffen zu gelangen«, sondern wählt retrospektiv den umgekehrten Weg und fragt, »was mich, der ich als Newtonianer aufgewachsen war, daran hinderte, die Aristotelische Naturphilosophie zu verstehen« (a.a.O., S. 8). Zunächst sei sein Eindruck gewesen, dass Aristoteles offenbar »von den Gesetzmäßigkeiten der Mechanik praktisch keine Ahnung gehabt hatte« und »überhaupt ein unglaublich schwacher Physiker gewesen sein musste« (a.a.O., S. 9). Das aber sei ihm befremdlich erschienen, weil ihm Aristoteles andererseits doch auch als »vielbewunderte[r] Systembauer der klassischen Logik« und als »außerordentlich scharfer Naturbeobachter« bekannt war, dessen Schriften schließlich auch »die ganzen Jahrhunderte über noch für bare Münze genommen« wurden (a.a.O., S. 10). Der Widerspruch zwischen diesen beiden Einschätzungen Aristoteles' wird von Kuhn dann folgendermaßen aufgelöst:

> »Ich sehe mich heute noch an meinem Schreibtisch sitzen, den Text von Aristoteles' ›Physik‹ vor mir aufgeschlagen, einen Vierfarbenstift in der Hand und wie geistesabwesend aus dem Fenster meines Arbeitszimmers starrend [...]. Auf einmal geriet die Ordnung meiner Gedanken in Bewegung, um sich sogleich auf ganz neue Art wieder zu formieren. Mir fiel der Unterkiefer herab, denn unvermutet erschien mir Aristoteles in der Tat als ein sehr guter Physiker, jedoch auf eine Weise, von der ich mir bis dato nichts hatte träumen lassen. Nun verstand ich auch, warum der Stagirit das alles so und nicht anders gelehrt hatte und worauf seine Autorität eigentlich gegründet war. Aussagen, die mir bislang voller krasser und offensichtlicher Fehler gesteckt zu haben schienen, waren jetzt schlimmstenfalls noch kleine Schnitzer innerhalb einer ansonsten mächtigen und durchaus erfolgreichen Schultradition. Dieserart Grunderfahrung – das plötzliche Umsortieren und neuartige Zusammensetzen der Gedankenfragmente – ist das erste Merkmal der revolutionären Veränderung, das ich des näheren bestimmen möchte [...]. Denn wenngleich wissenschaftliche Revolutionen der Forschung noch viel kleinweises Aufarbeiten hinterlassen, so kann die entscheidende Wandlung nicht im Detail – Schritt für Schritt – erlebt werden. Vielmehr handelt es sich um einen ziemlich abrupten und unstrukturierten Bewußtseinswandel, bei dem ein gewisser Teil des Erlebnisstroms sich neu orientiert und dabei Denkmuster offenbart, die zuvor nicht sichtbar waren« (ebd., S. 10 f.).

Wie sich aus dem Kontext ergibt, dient diese Passage bei Kuhn als Beschreibung einer wissenschaftlichen Revolution. Seine Darstellungsweise legt jedoch zugleich nahe, sie auch als Beschreibung einer individuellen Veränderung zu verstehen, die ebenfalls revolutionäre Züge aufweist und als transformatorischer Bildungsprozess interpretiert werden kann. Wie der Übergang von der Aristotelischen zur Newtonschen Physik ist auch der hier beschriebene individuelle Erkenntnisvorgang durch das »plötzliche Umsortieren und neuartige Zusammensetzen der Gedankenfragmente« sowie »einen ziemlich abrupten und unstrukturierten Bewußtseinswandel« gekennzeichnet. Folgt man dieser Überlegung, wäre auch bei individuellen Transformationen des Welt- und Selbstverhältnisses zwischen »normalen« und »revolutionären« Veränderungen im Sinne Kuhns zu unterscheiden. Für transformatorische Bildungsprozesse, die demnach als revolutionäre Veränderungen des bislang etablierten Welt- und Selbstverhältnisses zu verstehen wären, würden dann dieselben eben herausgearbeiteten Merkmale gelten wie für wissenschaftliche Revolutionen. Transformatorische Bildungsprozesse beträfen dementsprechend nicht nur einzelne Aspekte oder Momente des Welt- und Selbstverhältnisses, sondern dessen gesamte Struktur und schlössen Veränderungen des referentiellen Bezugs eines Subjekts auf die Welt ebenso ein wie Veränderungen der Sprache, mittels derer dieses Subjekt auf die Welt und auf sich selbst Bezug nimmt. Überdies wäre dieser Parallele ein Hinweis auf die Zeitstruktur solcher Bildungsprozesse zu entnehmen, nämlich dass ›revolutionäre‹ Transformationen (wie oben beschrieben) nicht allmählich und schrittweise, sondern schlagartig erfolgen.

Was ist mit dieser Parallelisierung wissenschaftlicher Revolutionen und transformatorischer Bildungsprozesse gewonnen? Zunächst findet sich bei Kuhn eine Bestätigung dessen, was wir bereits von Popper (aber auch von den im zweiten Teil dieses Buches erörterten Konzeptionen Bucks und Waldenfels') kennen. Überträgt man Kuhns Beschreibung der Strukturmerkmale wissenschaftlicher Revolutionen auf transformatorische Bildungsprozesse, so bildet den Anlass solcher Transformationen auch dieser Konzeption zufolge die Erfahrung einer Krise: das Scheitern einer bisherigen Wahrnehmungs- und Denkweise. Was bei Popper als Falsifikation einer Hypothese oder Theorie bezeichnet wurde, erscheint bei Kuhn als »Entdeckungen [...], die mit den traditionellen Begriffen [einer Wissenschaft] nicht in Einklang gebracht werden können« (a. a. O., S. 7).[38]

Aber während Popper die Entstehung neuer Hypothesen im erkenntnistheoretisch irrelevanten Dunkel des »Entdeckungszusammenhangs« belässt, lassen sich bei Kuhn weiterführende Aussagen über einige Charakteristika dieses Entdeckungs- oder Entstehungsprozesses finden, nämlich Hinweise auf dessen ganzheitliche Struktur, die Plötzlichkeit des Veränderungsprozesses und dessen Zusammenhang mit der Sprache, genauer: mit deren referentiellem Bezug auf die Gegenstände und mit deren innerer metaphorischer Struktur, die für das Wissen und den referentiellen Bezug auf die Welt konstitutiv ist.

Eines bleibt dabei freilich unklar (und darin liegt die Begrenztheit von Kuhns Theorie im Blick auf eine Theorie transformatorischer Bildungsprozesse): nämlich wovon es abhängt, dass eine solche wissenschaftliche Revolution zustande kommt oder nicht. Kuhns Theorie beschreibt nur, *wie* solche Revolutionen sich vollziehen,

---

38 Ein für die wissenschaftstheoretische Diskussion bedeutsamer Unterschied zwischen Popper und Kuhn besteht allerdings darin, dass Poppers Modell zufolge wissenschaftlicher Fortschritt auf der empirischen Prüfung und Falsifikation vorhandener theoretischer Konzepte beruht, während die in Kuhns Darstellungen zentralen inkommensurablen Entdeckungen keineswegs auf diese Weise zustande gekommen sein müssen, sondern wie Poppers Entdeckungszusammenhang weitgehend kontingent zu sein scheinen. Für unseren Zusammenhang spielt dieser Unterschied freilich keine entscheidende Rolle.

wenn sie sich vollziehen, aber nicht, *warum* bzw. unter welchen Bedingungen sie im einen Fall zustande kommen, im andern aber nicht.

Deshalb soll nun eine dritte wissenschaftstheoretische Konzeption erörtert werden, die mehr Aufschluss über diese Frage nach den Bedingungen transformatorischer Bildungsprozesse verspricht.

9.3 Die Abduktion als Entdeckung neuer Regeln (Peirce)

Poppers Theorie beruht wie dargestellt auf der Unhaltbarkeit induktiver Schlüsse und lässt sich im Kern als Versuch einer streng deduktiven Beweisführung begreifen. Da eine Rückkehr zum induktiven Weg der Erkenntnisgewinnung aus logischen Gründen verbaut ist, könnte ein anderes wissenschaftstheoretisches Konzept Abhilfe schaffen, das über Induktion *und* Deduktion hinausweist, indem es eine dritte Form logischen Schließens einführt, nämlich die der *Abduktion*. Dieses Konzept wurde von dem amerikanischen Philosophen Charles Sanders Peirce entwickelt und spielt u. a. in der sozialwissenschaftlichen Debatte um die wissenschaftstheoretische Begründung qualitativer bzw. interpretativer Forschung eine prominente Rolle (vgl. zum Folgenden Reichertz 2003). Vertreter der qualitativen Sozialforschung begründen den wissenschaftstheoretischen Status ihrer Vorgehensweise nämlich häufig mit der These, ihre Erkenntnisse über soziale Wirklichkeit verdankten sich weder deduktiven noch induktiven Schlüssen, sondern der Abduktion als einem dritten (und eigentlich Neues entdeckenden) Weg der Erkenntnisgewinnung. Was ist nun unter Abduktion zu verstehen, wie unterscheidet sich dieser Weg der Erkenntnisgewinnung von anderen und was ist daraus möglicherweise an Einsichten über die Entstehung des Neuen in Bildungsprozessen zu gewinnen?

Den Ausgangspunkt von Peirce' Überlegungen zur Abduktion bildet die Auffassung der beiden klassischen Typen logischen Schließens, Deduktion und Induktion, als dreistelligen Operationen, bei denen jeweils von *zwei* bekannten Größen auf *eine* unbekannte dritte geschlossen wird (vgl. zum Folgenden Peirce 1976, S. 229 ff.). Dabei ergibt sich neben Deduktion und Induktion eine dritte Möglichkeit, die Peirce als »*hypothesis*« bezeichnet. Die drei beteiligten Größen sind demzufolge erstens eine Aussage über eine Allgemeinheit (*Regel*), zweitens eine Aussage über die Zugehörigkeit eines besonderen Falles zu dieser Allgemeinheit (*Fall*) sowie drittens eine Aussage über konkrete Eigenschaften dieses besonderen Falles (*Resultat*). Während die Deduktion der Schluss von Regel und Fall auf das Resultat und die Induktion der Schluss von Fall und Resultat auf die Regel seien, stelle die *hypothesis* den Schluss von Regel und Resultat auf den Fall dar. Peirce selbst verdeutlicht dies an einem Beispiel so (vgl. a. a. O., S. 232): Wenn die Regel lautet *Alle Bohnen aus diesem Sack sind weiß* und als Fall gilt *Diese Bohnen sind aus diesem Sack*, so kann daraus qua Deduktion das Resultat gefolgert werden *Diese Bohnen sind weiß*. Die

Induktion dagegen schließt aus dem Fall *Diese Bohnen sind aus diesem Sack* und dem Resultat *Diese Bohnen sind weiß* auf die Regel *Alle Bohnen aus diesem Sack sind weiß*. Als dritte Möglichkeit bleibt der Schluss von Regel (*Alle Bohnen aus diesem Sack sind weiß*) und Resultat (*Diese Bohnen sind weiß*) auf den Fall (*Diese Bohnen sind aus diesem Sack*).

Ähnlich wie die Induktion ist auch die *hypothesis* ein Erweiterungsschluss, der von den Eigenschaften einer Stichprobe auf die Gesamtheit schließt. Peirce veranschaulicht diese Schlussform – die wie die Induktion nicht zwingend, sondern nur mehr oder weniger wahrscheinlich sei – durch ein Erlebnis, das er selbst in der Türkei hatte. Dort sei er einem Mann auf einem Pferd begegnet, der von vier einen Baldachin tragenden Reitern umgeben war, woraus er geschlossen habe, dass es sich um den Gouverneur der Provinz handeln müsse (vgl. a.a.O., S. 233). Von einigen beobachteten Eigenschaften des Mannes (nämlich den Formen der ihm bezeugten Ehrerbietung) wird hier auf dessen Gouverneursstatus geschlossen, der sozusagen die Gesamtheit seiner Eigenschaften ausmacht.[39]

Weder beim induktiven noch beim hypothetischen Schluss handelt es sich jedoch um eine wirklich *neue* Erkenntnis. Denn wie die Induktion dehnt auch die *hypothesis* nur den Geltungsbereich des bereits vorhandenen Wissens aus: Während die Induktion das Wissen über eine begrenzte Stichprobe auf die Gesamtheit überträgt, ordnet die *hypothesis* einen bislang unbekannten Fall einer bereits bekannten Klasse zu. Die eigentliche Neuerung, die Peirce' Spätwerk von seinen frühen Arbeiten abhebt, besteht darin, dass Peirce nun eine neue Schlussform einführt, die er *Abduktion* nennt und für die er reklamiert, dass sie die einzige wirklich Neues entdeckende Schlussform sei (vgl. a.a.O., S. 400ff.). Dabei fällt der abduktive Schluss keineswegs mit dem zusammen, was Peirce zuvor *hypothesis* nannte. Denn im Unterschied zum hypothetischen Schluss ist bei der Abduktion die Regel gerade nicht bekannt. Als abduktiven Schluss bezeichnet Peirce vielmehr die Operation, die eine *neue* Regel für ein bislang unerklärbares Phänomen findet. Die Abduktion ist deshalb kein logischer Schluss von zwei bekannten auf eine unbekannte Größe, sondern eine Schlussform, bei der von einer bekannten auf zwei unbekannte Größen geschlossen wird, genauer: vom Resultat und einer nur *hypothetisch als geltend unterstellten* Regel auf den Fall. Dem Ergebnis abduktiver Schlüsse kommt dabei keine zwingende Gültigkeit, sondern nur der Status einer Hypothese zu. Die Gültigkeit einer Abduktion kann mithin ähnlich wie bei Popper erst durch die Überprüfung der so gewonnenen Hypothese bestätigt – oder widerlegt – werden.

Peirce' Konzept geht über Popper allerdings insofern hinaus, als es das betrifft, was bei Popper »Entdeckungszusammenhang« heißt, und erklären kann, was dort unthematisiert blieb, nämlich das Zustandekommen neuer Hypothesen. Fragt man nun nach möglichen Parallelen zwischen der Entstehung neuen Wissens im abduktiven Schlussfolgern und Bildungsprozessen im Sinne der Entstehung neuer Figuren des Welt- und Selbstverhältnisses, so wäre zunächst einmal festzuhalten, dass

---

39 Da es sich wie bei der Induktion um einen Erweiterungsschluss handelt, bei dem allerdings nicht die Merkmalshäufigkeit, sondern die Qualitäten der Stichprobe im Mittelpunkt stehen, bezeichnet Peirce diese Schlussform später als *qualitative Induktion* (vgl. Reichertz 2003, S. 23).

Peirce ähnlich wie Popper und Kuhn vom Scheitern einer bisher als gültig unterstellten Regel als Anlass oder Motiv für die Suche nach Neuem ausgeht. Movens von Bildungsprozessen wäre demnach die Krise, in die ein Mensch gerät, wenn er Erfahrungen macht, für deren Bewältigung seine bisherigen Orientierungen nicht ausreichen.

Interessant sind in diesem Zusammenhang die Aussagen, die sich bei Peirce über Verlaufsform und Bedingungen des Zustandekommens von abduktiven Schlüssen finden lassen. Peirce vergleicht die Abduktion mit dem Ereignis eines Blitzes: »The abductive suggestion comes to us like a flash«, und betont so deren Unvorhersehbarkeit und Plötzlichkeit (Peirce, zit. nach Reichertz 2003, S. 79; vgl. Peirce 1976, S. 404). Übertragen auf Bildungsprozesse hieße das, dass sich die Entstehung neuer Welt- und Selbstentwürfe weder vorhersagen noch pädagogisch planen oder steuern ließe. Allerdings legen die Ausführungen von Peirce mindestens nahe, dass es doch bestimmte Bedingungen gibt, die solche abduktiven ›Blitze‹ begünstigen. Wie Jo Reichertz unter Bezug auf verschiedene Passagen dargelegt hat, mit denen Peirce den Prozess abduktiven Schließens zu veranschaulichen sucht, sind es zwei zunächst einander zu widersprechen scheinende Bedingungen, die Abduktionen förderlich sind. Die eine dieser Bedingungen ist die Überraschung oder sogar existentielle Erschütterung durch ein unerwartetes Ereignis und die damit verbundene Verschärfung des Handlungsdrucks, während die andere Bedingung in der völligen Entlastung von jedem Handlungsdruck besteht, die sich Peirce zufolge in Situationen des »*musement*«, einer Art von Tagträumerei, einstellt (vgl. dazu Reichertz 2003, S. 82 ff.). Gemeinsam sind beiden Bedingungen Reichertz zufolge die »Ausschaltung des bewusst kontrollierenden und planenden Verstandes« (a. a. O., S. 88) sowie die habituelle Bereitschaft, eigene Überzeugungen in Frage zu stellen. Übertragen auf die Entstehung des Neuen in Bildungsprozessen betont das den weitgehend unbewussten Charakter und die Unverfügbarkeit solcher Prozesse, aber gibt zugleich einen Hinweis darauf, dass transformatorische Bildungsprozesse Spielräume für experimentierendes Handeln benötigen, die frei von rationaler Steuerung und externer Erfolgskontrolle sind.

Die Grenze von Peirce' Konzept besteht freilich zum einen darin, dass es nur einen ganz bestimmten Typus von Wissen betrifft, nämlich die Kenntnis von allgemeingültigen Regeln, und deshalb alle anderen Wissensformen ausblendet. Zum andern unterstreicht die Metapher des Blitzes zwar die bisherige Annahme, dass das Neue nicht einfach aus dem alten, bereits vorhandenen und verfügbaren Wissen abgeleitet werden kann; lässt aber die eigentliche Frage weiterhin offen, wie denn der Prozess der Entstehung neuer Hypothesen oder – bezogen auf Bildungsprozesse – neuer Figuren des Welt- und Selbstverhältnisses genauer zu denken ist. Denn obwohl das Neue nicht aus dem Alten deduziert werden kann, entsteht es doch andererseits auch nicht aus dem Nichts und müsste demzufolge in seiner Entstehung beschrieben und analysiert werden können. Sehen wir deshalb zu, welche anderen Konzepte der Entstehung des Neuen uns in dieser Situation weiterhelfen könnten.

10 Die Entstehung neuer Interaktionsstrukturen. Zu Ulrich Oevermanns sozialwissenschaftlicher Erklärung der Entstehung des Neuen

Eine Grenze von Peirce' Konzept besteht wie bereits erwähnt darin, dass es sich nur auf die Entstehung eines ganz bestimmten Typus von Wissen bezieht, der die Kenntnis allgemeingültiger Regeln betrifft, und so alle anderen Wissensformen ebenso ausblendet wie weitere im Alltag wirksame Handlungsorientierungen. Eine theoretische Konzeption, die hier weiterhelfen könnte, stellt Ulrich Oevermanns Aufsatz über *Genetischen Strukturalismus und das sozialwissenschaftliche Problem der Erklärung der Entstehung des Neuen* dar, weil er die Entstehung des Neuen in alltäglichen Prozessen sozialer Interaktion thematisiert und dabei zugleich Aussagen über die Verlaufsstruktur solcher Innovationen macht (vgl. Oevermann 1991). Wir verlassen damit das Feld der Wissenschaftstheorie und wenden uns einem soziologischen Theorieansatz zu, der unserer bildungstheoretischen Fragestellung insofern nähersteht, als er nicht nach der Entstehung neuen *Wissens* fragt, sondern ähnlich wie die Theorie transformatorischer Bildungsprozesse daran interessiert ist, innovative Momente in der Entwicklung individueller Denk- und Handlungsweisen zu beschreiben.

10.1 Oevermanns Ausgangsproblem: Die Erklärung des Neuen

Oevermanns Ausgangspunkt besteht in der Frage, wie in der gesellschaftlichen Wirklichkeit aus Altem Neues entsteht. Gegenüber den wissenschaftstheoretischen Überlegungen, von denen im letzten Kapitel die Rede war, handelt es sich damit um eine Ausweitung der Fragestellung, geht es doch nicht mehr nur um die Frage, wie neue wissenschaftliche Erkenntnisse hervorgebracht werden, sondern darum, wie überhaupt Neues zustande kommt, und d.h. hier vor allem: wie neue Strukturen menschlichen Denkens und Handelns entstehen.

Zugleich enthält Oevermanns Text eine Zuspitzung der Fragestellung, die darauf hinausläuft, das Problem in Form einer Paradoxie zu formulieren. Bereits im Titel seines Aufsatzes erhebt Oevermann den Anspruch, die Entstehung des Neuen zu *erklären*. Legt man diesem Anliegen das deduktiv-nomologische Modell wissenschaftlicher Erklärung zugrunde, bei dem ein Ereignis oder ein Sachverhalt dadurch erklärt wird, dass man es (bzw. ihn) auf ein allgemeingültiges Gesetz zurückführt, ist etwas wirklich Neues gar nicht denkbar. Denn dieses Neue soll ja durch die Erklärung auf etwas Altes, nämlich ein bereits bekanntes Gesetz zurückgeführt werden. Umgekehrt aber gilt: Wenn »Unwiederholbarkeit und Einzigartigkeit des wirklich Neuen« (Oevermann 1991, S. 268) im Mittelpunkt stehen sollen, ist eine Erklärung im Sinne der Herleitung aus Bekanntem unmöglich. Beides zugleich ist deshalb Oevermann zufolge nicht zu haben, »das Neue als Neues unreduziert, und d. h.: als Einzigartiges und Emergentes zu begreifen und dennoch als Ergebnis gesetzmäßiger Strukturtransformation erklären zu können« (a. a. O., S. 268f.). Die Paradoxie besteht also darin, dass *Emergenz*, verstanden als die Entstehung von etwas Neuem, das nicht aus dem bereits Bestehenden ableitbar ist, und *Erklärung* als Zurückführung auf Bekanntes sich wechselseitig ausschließen.

10.2 Der Strukturbegriff der Objektiven Hermeneutik

Die Lösung dieses Problems verspricht sich Oevermann vom Strukturbegriff seines theoretischen Ansatzes, der dem Anspruch nach genau dies leisten soll: nämlich die Entstehung des Neuen als emergenten Prozess und zugleich als gesetzmäßige Strukturtransformation zu begreifen. Oevermanns Ansatz firmiert unter dem Namen Objektive Hermeneutik, der oft nur als Bezeichnung einer Methode sozialwissenschaftlicher Forschung missverstanden wird, in Wirklichkeit aber den Anspruch erhebt, Theorie und Methode zugleich zu sein, d. h. eine Theorie der Strukturlogik sozialer Wirklichkeit *und* eine Methode zu deren Rekonstruktion (vgl. auch Oevermann 2002).

Ausgangspunkt für beides, Theorie wie Methode der Objektiven Hermeneutik, ist die Auffassung von der sequenziellen Logik sozialen Handelns und der damit verbundenen zeitlichen Verlaufsstruktur von Interaktionen. Diese Logik ist Oevermann zufolge dadurch gekennzeichnet, dass den Akteuren an jeder Stelle einer Interaktionsabfolge grundsätzlich mehrere Handlungsoptionen offenstehen, von denen aber jeweils nur *eine* Option tatsächlich realisiert werden kann. Jede Handlung bzw. jeder »Interakt« stellt deshalb eine Selektionsentscheidung, also eine Auswahl aus diesen Möglichkeiten dar (was nicht bedeutet, dass es sich dabei um eine bewusst oder gar rational getroffene Entscheidung handeln muss). Konkrete »Fälle« (also z. B. das Handeln bzw. die Äußerungen eines Subjekts oder die Interaktionen innerhalb einer sozialen Gruppe) lassen sich Oevermann zufolge als eine Abfolge solcher Selektionsentscheidungen begreifen, der jeweils eine bestimmte Logik oder Strukturgesetzlichkeit zugrunde liegt:

> »Die Kette solcher Selektionsknoten ergibt die konkrete Struktur des Gebildes, das als eine Lebenspraxis jeweils […] gehandelt hat und im untersuchten ›natürlichen Protokoll‹ gültig zum Ausdruck gekommen ist« (Oevermann 1991, S. 270).

Die Objektive Hermeneutik als sozialwissenschaftliche Forschungsmethode zielt nun darauf, diese Strukturgesetzlichkeit eines Falles, die Oevermann auch »Fallstruktur« nennt, zu rekonstruieren, indem sie solche »natürlichen Protokolle« von Interaktionen analysiert (also z. B. die verschriftlichte Fassung einer verbalen Interaktion, die auf Tonband aufgezeichnet wurde).

Im Blick auf die Rekonstruktion solcher Strukturlogiken unterscheidet Oevermann zwei Arten von Regeln. Die erste betrifft die

> »Menge aller Regeln, die bei Gegebenheit einer beliebigen Sequenzstelle, d. h. bei Gegebenheit einer bestimmten Äußerung oder Handlung determinieren, welche Handlungen oder Äußerungen regelgerecht angeschlossen werden können und welche regelgerecht vorausgehen konnten« (a. a. O., S. 271).

Bei dieser Art von Regeln handelt es sich mithin um allgemeine Regeln, die für alle denkbaren Fälle innerhalb einer bestimmten Gesellschaft, Kultur oder historischen Epoche gelten und deren Funktionsweise in etwa der einer Grammatik als eines Regelsystems für die Bildung sinnvoller Sätze entspricht (die ja ebenfalls darüber befindet, welche Wörter oder Wortfolgen an einer gegebenen Stelle eines Satzes vorkommen können). Entscheidend dabei ist jedoch, dass diese Regeln keine vollständige Determination des Handelns bewirken, sondern stets eine ganze Reihe regelkonformer Optionen eröffnen. Die zweite Art von Regeln betrifft nun gerade die Auswahl aus diesen Möglichkeiten und besteht

> »in den Determinanten der Selektionsentscheidung der jeweils handelnden Instanz, also der je konkreten Lebenspraxis. Deren Fallstrukturiertheit (Identität) bildet sich ab in der Charakteristik, mit der sie die nach Regeln eröffneten Optionen [...] selegiert« (a. a. O., S. 271).

Hier geht es also um die jeweils fallspezifische Regelhaftigkeit oder Gesetzmäßigkeit, mit der im konkreten Fall Selektionsentscheidungen getroffen werden, die von den allgemeingültigen Regeln offengelassen wurden.

Dieses Modell der sequenziellen Struktur menschlichen Handelns ist in unserem Zusammenhang insofern interessant, als es ein theoretisches Modell zur Beschreibung individueller Welt- und Selbstverhältnisse liefert. Bezeichnenderweise bezeichnet Oevermann selbst die zu rekonstruierende Fallstruktur an der zuletzt zitierten Stelle auch als »Identität«, womit freilich nicht nur die Identität von Personen, sondern auch die einer sozialen Gruppe bzw. eines Interaktionszusammenhangs gemeint sein kann. Insofern ist Oevermanns Konzeption durchaus anschlussfähig an die im ersten Teil des Buchs diskutierte Habitustheorie Bourdieus. Denn die je fallspezifische Regelhaftigkeit der Selektionsentscheidungen einer »Lebenspraxis« lässt sich – je nachdem, wie man diese »Lebenspraxis« jeweils näher bestimmt – ähnlich wie Bourdieus Habitus als Strukturgesetzlichkeit bzw. *modus operandi* der Handlungen und Äußerungen einer sozialen Gruppe, einer Klasse oder eines Individuums begreifen (zum Verhältnis von Bourdieus Habituskonzept und Oevermanns Strukturbegriff vgl. auch Liebau 1987).

Das Problem der Entstehung des Neuen spielt hier nun insofern hinein, als zu einer Fallstruktur für Oevermann immer auch deren Reproduktion gehört. Damit eine Fallstruktur wirklich Fall*struktur*, also Gesetzmäßigkeit dieses Falles ist, muss sie sich selbst reproduzieren, d. h. ihren Fortbestand sichern. Die Rekonstruktion der Fallstruktur schließt deshalb die Rekonstruktion dieses Reproduktionsvorgangs ein. Andererseits betont Oevermann (wie erwähnt), dass im Prinzip an jeder Stelle des sequentiellen Verlaufs auch andere Selektionsentscheidungen und mithin Transformationen der Fallstruktur möglich sind. Neues entsteht demzufolge also durch die Transformation der Regelhaftigkeit einer Fallstruktur. Das Neue ist, anders formuliert, die Wahl einer objektiven Möglichkeit, die im alten Zustand nicht realisiert wurde, nun aber – nach ihrer Realisierung – notwendigerweise eine Veränderung der Reproduktionsgesetzlichkeit, also die Herausbildung einer neuen Fallstruktur nach sich zieht.

10.3 Die Krise als Auslöser von Transformationsprozessen

Die entscheidende Frage lautet nun: Wie kommen solche Transformationen einer Fallstruktur zustande? Als Quelle der Transformation erscheint laut Oevermann die »Lebenspraxis«, die er unter Rekurs auf George H. Mead als widersprüchliche Einheit von »Entscheidungszwang« und »Begründungsverpflichtung« begreift (Oevermann 1991, S. 297). Der Entscheidungszwang besteht dabei darin, dass individuelle Subjekte wie auch kollektive Akteure innerhalb der sequenziellen Struktur von Interaktionen genötigt sind, sich wie beschrieben jeweils für eine der prinzipiell möglichen Handlungsoptionen zu entscheiden. Die Instanz, der diese Entscheidung zukommt, bezeichnet Oevermann unter Rückgriff auf Meads Konzeption zweier polarer Momente des Selbst als »I« (vgl. zum Folgenden auch Mead 1973). Den von Mead als »I« bezeichneten Pol des Selbst begreift Oevermann dabei als »Spontaneitätsinstanz« und »Quelle möglicher Emergenz«, die in zeitlicher Hinsicht »in eins fällt mit der Gegenwärtigkeit der sich vollziehenden Praxis« (Oevermann 1991, S. 298). Die andere Seite jener widersprüchlichen Einheit der »Lebenspraxis«, die Begründungsverpflichtung, besteht Oevermann zufolge darin, dass die konkreten Akteure aufgrund ihrer Verflechtung in soziale Interaktionszusammenhänge prinzipiell verpflichtet sind, ihre Entscheidungen in Übereinstimmung mit den jeweils geltenden allgemeinen Regeln begründen zu können. Diese Seite setzt Oevermann mit dem anderen Pol aus Meads Konzeption des Selbst gleich, dem »me«. Das »me« repräsentiert demnach die soziale Seite des Selbst, der die Verpflichtung entspricht, das eigene Handeln zu begründen und in der unter dem Gesichtspunkt der Zeit »die jeweils gegenwärtige Emergenz des ›I‹ zur erinnerten und rekonstruierten Gegenwart geworden« ist (ebd.).

An dieser Stelle zeichnet sich nun ab, wie Oevermann die eingangs dargestellte Paradoxie einer Erklärung des Neuen aufzulösen versucht: Das Neue ist für ihn *sowohl* emergent *als auch* determiniert. Emergent ist es, insofern es aus der bisher geltenden Fallstruktur nicht ableitbar ist und sich in der Gegenwart spontan sequenziell vollzieht (dem entspricht Meads Instanz des ›I‹). Determiniert ist es hingegen dadurch, dass es sich nur im Rahmen des objektiv Möglichen, d.h. der allgemeingültigen Regeln vollziehen kann, und dass es sich, um Bestand zu haben, veobjektivieren und in die Instanz des »me« integriert werden muss:

»Das ›me‹ als jeweils durch Rekonstruktion akkumulierte Bildungsgeschichte bedingt auch, ob eine faktisch vorliegende oder beginnende Emergenz von Neuem festgehalten wird oder nicht: diese Emergenz kann nämlich Mead zufolge auch verdrängt oder unterbrochen statt rekonstruiert werden. Aber nur durch Rekonstruktion ihrer Sinnstruktur und ihrer Motivierung wird sie dem ›me‹ einverleibt und dadurch in ein Determiniertes umgeformt« (a. a. O., S. 298 f.).

Diese Determination des Neuen durch seine Einverleibung ins ›me‹ (und die damit verbundene Unterordnung unter die allgemeinen Regeln der sozialen Gruppe, der das betreffende Individuum angehört) ist für Oevermann nun auch der Grund dafür, dass die Entstehung des Neuen prinzipiell nachträglich erklärt, d. h. anhand eines Textes (wie z. B. eines Interaktionsprotokolls), in dem sich die sequenzielle Verlaufsstruktur veobjektiviert hat, rekonstruiert und mithin auf eine Strukturgesetzlichkeit zurückgeführt werden kann. Sehen wir deshalb nun näher zu, wie Oevermann die Verlaufsstruktur der Entstehung des Neuen konzipiert.

Den Anlass für die Entstehung des Neuen bildet demnach die Konstellation, dass jene widersprüchliche Einheit von Entscheidungszwang und Begründungsverpflichtung in eine Krise gerät. Im Normalfall, so Oevermanns Argument, begründen Subjekte ihre Entscheidungen durch den Verweis auf Normen bzw. Routinen; problematisch werde dies freilich dann, wenn »angesichts neuartiger Bedingungen etablierte Entscheidungskriterien nicht mehr greifen, die Begründungsverpflichtung also [...] nicht mehr erledigt werden kann« (a. a. O., S. 297). Grundbedingung für die Entstehung des Neuen ist also auch für Oevermann die Erfahrung einer Krise, in der »etablierte Entscheidungskriterien nicht mehr greifen« (ebd.) und ein eingeschliffener, routine-ähnlicher Handlungskreis zerbrochen ist.

10.4 Krisenbewältigung und Transformation der Fallstruktur

Um zu erklären, wie es angesichts einer solchen Krise zur Entstehung neuer Handlungsweisen kommt, beschreibt Oevermann den Prozess der Krisenbewältigung durch das »I« als einen Transformationsvorgang mit zwei entscheidenden Teiloperationen und greift dabei auf eine wenig bekannte frühe Schrift Meads zurück.[40] Den ersten dieser Schritte bildet die Produktion »innerer Bilder«, die Oevermann als »keimhafte Prädikate einer transformierten Praxis« deutet (Oevermann 1991, S. 316), d. h. als eine Art intuitiven Vorgriff auf das, was zur Krisenbewältigung fehlt. Meads eher tastend eingeführten Begriff des »inneren Bildes« bringt Oevermann dabei in Zusammenhang mit der Traumtheorie Freuds (vgl. dazu Freud 1900/1972). Auch dort geht es ja um eine Art Krise, insofern der Traum Freud zufolge unerledigte Wünsche bearbeitet – genauer: Unerledigtes aus dem aktuellen

---

40 Meads Schrift trägt den Titel *The Definition of the Psychical* und stammt von 1903; vgl. Oevermann 1991, S. 308 und Anm. 15.

Leben des Träumers (die von Freud so genannten »Tagesreste«), das deshalb krisenhaft ist, weil es Beziehungen zu »unbewältigten Triebwünschen« aus der Vergangenheit aufweist (Oevermann 1991, S. 319). Und auch Freuds Traumtheorie zufolge erfolgt die Krisenbewältigung durch die Produktion von (Traum-)«Bildern«, in denen diese Wünsche als erfüllt dargestellt werden (freilich in entstellter, sozusagen verschlüsselter Form, um so die durch das Über-Ich ausgeübte Zensur zu überlisten).

Hier allerdings endet für Oevermann die Parallele zwischen Freud und Mead, da bei Freud die träumerische Wunscherfüllung im Schlaf stattfindet, während es Mead um Krisenbewältigung durch reale Handlungen geht. Der zweite Schritt des Transformationsgeschehens besteht für Oevermann deshalb in der Ausarbeitung oder Übersetzung (Oevermann spricht von »Rekonstruktion«) dieser »inneren Bilder« in realitätsgerechte Krisenlösungen. Diesem Geschehen versucht Oevermann durch den Vergleich mit künstlerischen Produktionsprozessen näher zu kommen, in denen auch »innere Bilder« ›rekonstruiert‹, d. h. in eine materiell-symbolische Ausdrucksform gebracht würden. Der Künstler erscheint so als »methodisch kontrollierter Träumer« (a.a.O., S. 318), dessen Tun zugleich Ähnlichkeiten mit dem kindlichen Handeln aufweise.

Die »strukturlogische Vergleichbarkeit von kindlichem, künstlerischem und träumerischem Handeln« (ebd.) führt Oevermann schließlich zu einer Hypothese über die Entstehung des Neuen, die auch für eine Theorie transformatorischer Bildungsprozesse von Interesse ist:

> »Wir können von daher also annehmen, daß die Krise als eine subjektiv unmittelbar erfahrene Konstellation zugleich auf ihrer Rückseite schon immer die ausdeutbaren Inhalte, gewissermaßen die konkreten Utopien der Zukunftserschließung bereithält, auf die im Gesichtskreis des gescheiterten Alten kein Licht fallen konnte. So gesehen wäre das Neue zugleich die Rekonstruktion des hinter dem gescheiterten Alten liegenden ganz Alten bzw. Vor-Vergangenen« (a.a.O., S. 319f.).

Das Neue als innovatives Moment des Handelns, das eine veränderte Fallstruktur oder – bildungstheoretisch gewendet – neue Figuren des Welt- und Selbstverhältnisses zur Folge hat, wäre demzufolge zwar nicht aus dem Alten (dem etablierten Welt- und Selbstverhältnis) abzuleiten und insofern tatsächlich emergent im Sinne Oevermanns. Doch zugleich wäre es in diesem Alten auf eine verborgene Weise enthalten als nicht verwirklichte Möglichkeit, als utopisches Potential oder, anders formuliert, als Wunsch oder Begehren, die aber unter den Bedingungen des Alten nicht realisiert werden konnten.

10.5 Zur Bedeutung von Oevermanns Konzeption für eine Theorie transformatorischer Bildungsprozesse

Oevermanns hier nur knapp und notwendigerweise verkürzend skizzierter Versuch einer sozialwissenschaftlichen Erklärung der Entstehung des Neuen stellt einen in mehrfacher Hinsicht interessanten Beitrag zu einer Theorie transformatorischer Bildungsprozesse dar. Mit seiner Konzeption der Fallstruktur als einer je fallspezifischen Regelhaftigkeit von Selektionsentscheidungen innerhalb der sequenziellen Logik sozialer Interaktionen liefert Oevermann erstens eine Möglichkeit zur begrifflichen Erfassung individueller Welt- und Selbstverhältnisse, die teils an die im ersten Teil dieses Buches erörterten Konzepte anschließt, teils aber auch darüber hinausweist. Interessant daran ist vor allem, dass diese Konzeption es erlaubt – und darin ist sie bei allen sonstigen Unterschieden dem Ansatz Judith Butlers vergleichbar –, sowohl die gesellschaftliche als auch die individuelle und psychische Dimension von Welt- und Selbstverhältnissen zu thematisieren. Die Berücksichtigung der gesellschaftlichen Bedingtheit individueller Welt- und Selbstentwürfe wird – ähnlich wie in Bourdieus Habituskonzept – durch Oevermanns Rekurs auf allgemeine, den Einzelfall übergreifende Regeln des Denkens und Handelns ermöglicht. Im Unterschied zu Bourdieu, der die Möglichkeit individueller Ausprägungen eines kollektiven Habitus zwar theoretisch zugesteht, ihnen aber keinen systematischen Stellenwert innerhalb seiner Theorie einräumt, eröffnet Oevermanns Frage nach der je fallspezifischen Strukturgesetzlichkeit einer konkreten »Lebenspraxis« jedoch auch eine systematische Perspektive zur Untersuchung individueller Welt- und Selbstverhältnisse, die überdies (wie der Verweis auf Freuds Traumtheorie zeigt) die Einbeziehung psychoanalytischer Konzepte erlaubt.

Oevermanns Konzeption bietet zweitens eine Beschreibung der Anlässe von Transformationsprozessen, die insofern über die im letzten Kapitel erörterten wissenschaftstheoretischen Ansätze hinausgeht, als sie nicht nur erkenntnis-, sondern handlungstheoretisch argumentiert und plausibel machen kann, warum bzw. inwiefern ein bisheriges Welt- und Selbstverhältnis – in Oevermanns Terminologie: eine etablierte Fallstruktur – in einer Krisensituation an seine Grenzen gelangt. Denn Oevermann zufolge geht es in solchen Krisen nicht nur um die Frage ›richtiger‹ Erkenntnis oder ›wahren‹ Wissens, sondern um praktische Handlungsprobleme und deren eigentümliche Zeit- und Entscheidungsstruktur (die sich von der wissenschaftlichen Agierens mehr als nur graduell unterscheidet). Oevermann arbeitet heraus, dass die jeweils handelnde Instanz (sei dies nun ein individueller oder ein kollektiver Akteur) unter Entscheidungs- und Zeitdruck steht, weil einerseits stets verschiedene Optionen des Handelns zur Verfügung stehen, aber andererseits nur eine davon realisiert werden kann – und weil zugleich eine dieser Optionen realisiert werden *muss*, da die Zeit nicht stillsteht und auch Abwarten oder Nicht-Handeln ein Handeln darstellt, das Folgen hat.

Drittens stellt Oevermanns Konzeption der Entstehung des Neuen eine Beschreibung der Verlaufsstruktur und (zumindest implizit) auch einiger Bedingungen von Transformationsprozessen bereit, die auch für transformatorische Bildungsprozesse von Belang ist. Oevermanns Konzeption lässt sich zunächst eine Darstellung der Verlaufsstruktur von Transformationsprozessen entnehmen, die drei Phasen umfasst, nämlich (1) die Erfahrung einer Krise, in der eine eingespielte Handlungsroutine in Frage gestellt wird, (2) die Produktion »innerer Bilder«, die das, was zur Bewältigung der Krise fehlt, in noch unartikulierter Form vorwegnehmen, und (3) die Ausarbeitung oder Übersetzung dieser Bilder in realitätstaugliche Mittel der Krisenbewältigung.

Darüber hinaus enthält Oevermanns Konzeption auch einige Überlegungen zur Frage nach der Geschwindigkeit bzw. nach dem Zeitbedarf solcher Transformationsprozesse. Entscheidend scheint zunächst, dass die erste der beiden von Oevermann unterschiedenen Phasen des eigentlichen Transformationsgeschehens, die Produktion »innerer Bilder«, sich gleichsam im Nu vollzieht, während die andere, die Übersetzung dieser Bilder in realitätsgerechte Handlungen, als ein länger andauernder »kontinuierliche[r] Prozess der Rekonstruktion« beschrieben wird (Oevermann 1991, S. 316). Insofern relativieren Oevermanns Überlegungen die im letzten Kapitel erwogene Übertragung von Kuhns These, wonach wissenschaftliche Revolutionen sich plötzlich vollziehen, auf individuelle Bildungsprozesse.

Im Verhältnis zu den Hinweisen auf die Zeitstruktur des Transformationsgeschehens, die sich Peirce' Ausführungen zur Abduktion entnehmen lassen, könnte man auf den ersten Blick meinen, die Zeitstruktur bei Oevermann sei sozusagen umgekehrt wie die des abduktiven Schließens bei Peirce: Während dort (zumindest in der ›*musement*‹-Variante; vgl. den Schluss von ▶ Kap. 9) eine Phase des Stillstands und der Entlastung von unmittelbarem Handlungsdruck dem blitzartig hereinbrechenden abduktiven Schluss vorausgeht, scheint hier auf das plötzliche und unwillkürliche Erscheinen eines inneren Bildes der langwierige Vorgang von dessen Übersetzung in realitätsgerechte Krisenlösungen zu folgen. Doch sieht man näher hin, ist auch bei Oevermann die Entstehung innerer Bilder an die Bedingung einer Art Stillstellung der Zeit gebunden. Wie vor allem der Vergleich mit dem Traum nahelegt, ist die Produktion dieser Bilder in gewisser Weise der Zeit entzogen (jedenfalls der Zeit des Wachens und des Bewusstseins) und gleicht so dem, was bei Peirce als »*musement*« beschrieben wird. Um innere Bilder entwickeln zu können, die als Keimzelle für die Entstehung neuer Figuren des Welt- und Selbstverhältnisses dienen können, braucht es offenbar Zeiträume, die dem Zeitdruck des Alltags entzogen sind und insofern als »Entschleunigungsoasen« verstanden werden können.[41] Insofern konvergiert die Theorie Oevermanns also mit den im zweiten Teil dieses Buchs beschriebenen phänomenologischen Ansätzen, die mit ihrer Betonung der intensiven Hinwendung zur ›Sache‹ im Prozess der Erfahrung implizit den Zeitbedarf transformatorischer Bildungsprozesse unterstreichen.

---

41 Vgl. zu diesem Begriff Rosa 2005, S. 143 und 227. Vor dem Hintergrund von Rosas eindrucksvoller Beschreibung der Beschleunigungstendenzen spätmoderner Gesellschaften gewinnen die Überlegungen zur Zeitstruktur transformatorischer Bildungsprozesse besonderes Gewicht: Bildung im hier entwickelten Sinn wird angesichts solcher Beschleunigung immer notwendiger und zugleich immer riskanter (vgl. Koller 2009).

Neu gegenüber den bisherigen Überlegungen ist die Oevermanns Konzeption der Entstehung des Neuen zu entnehmende Einsicht, dass das blitzartig in Erscheinung tretende Neue seinerseits eine Art Inkubationszeit benötigt, in der das zunächst nur keimhaft vorhandene Neue allmählich bzw. »spiralförmig«, wie es bei Oevermann heißt, in realitätsadäquate Handlungen übersetzt wird (ebd.). Dem Modell *langsam-blitzartig schnell* bei Peirce stünde so ein Modell *langsam-plötzlich-langsam* für die Zeitstruktur transformatorischer Bildungsprozesse gegenüber, in dem die plötzliche Entstehung des Neuen von zwei Phasen allmählicher Vorbereitung und zeitaufwändiger Ausarbeitung eingerahmt wird.[42]

Was die Frage nach den Bedingungen transformatorischer Bildungsprozesse betrifft, lässt sich Oevermanns Parallelisierung des Transformationsgeschehens mit dem Traum und mit künstlerischen Produktionsprozessen der Hinweis entnehmen, dass Bildungsprozesse nicht nur in zeitlicher, sondern auch in inhaltlicher Hinsicht Freiheitsspielräume brauchen, wie sie für Traum und Kunst kennzeichnend sind, d. h. die Ausschaltung der bewussten Kontrolle psychischer Tätigkeiten (wie im Traum) sowie die Ausschaltung der strengen Rationalitäts- und Effektivitätskriterien anderer professioneller und sonstiger Tätigkeitsfelder (wie in der Kunst). Möglicherweise kann die Berücksichtigung solcher Bedingungen etwas zur Erklärung beitragen, warum in manchen Fällen transformatorische Bildungsprozesse zustande kommen, in anderen Fällen dagegen nicht.

Im Vorgriff auf die Frage nach der empirischen Erforschung transformatorischer Bildungsprozesse schließlich, die in Kapitel 13 (▶ Kap. 13) ausführlicher erörtert werden soll, verweist die Verknüpfung von Theorie und Methode in Oevermanns Konzeption auch auf eine Möglichkeit der empirischen Untersuchung von Transformationsprozessen. Das hier nur angedeutete Programm solcher empirischen Analysen mit den Mitteln der Objektiven Hermeneutik bedarf zweifellos einer Konkretisierung, die an dieser Stelle allerdings nicht geleistet werden kann (zur Methodologie der Objektiven Hermeneutik vgl. Oevermann u. a. 1979 und Wernet 2009).

Auch Oevermanns Konzeption weist allerdings im Blick auf die Ausarbeitung einer Theorie transformatorischer Bildungsprozesse eine Reihe von Grenzen auf, die abschließend erwähnt werden sollen. So ist im Blick auf die gesellschaftliche Dimension von Welt- und Selbstverhältnissen und ihrer Transformation unklar, wie die konkreten gesellschaftlichen Bedingungen ermittelt werden sollen, die Oevermann zufolge den Hintergrund der je besonderen Fallstruktur bilden. Wie, so wäre

---

42 Ähnlich lassen sich auch die Ergebnisse von Arnd-Michael Nohls Studie über »biographische Wandlungsprozesse« interpretieren (vgl. Nohl 2006). Zwar hebt Nohl hervor, dass transformatorische Bildungsprozesse nicht durch Krisenerfahrungen ausgelöst werden müssen, sondern auch auf »spontanes Handeln« zurückgehen können, doch kommt er in seiner Analyse der Phasen spontaner Bildungsprozesse zu vergleichbaren Ergebnissen im Blick auf die Zeitstruktur. So kann das »spontane Handeln« als Initialvorgang Nohl zufolge zwar ähnlich plötzlichen Charakter haben wie Peirce' abduktive ›Blitze‹ oder das Auftreten »innerer Bilder« bei Oevermann. Bildung im Sinn der »Transformation von Lebensorientierungen« (a. a. O., S. 11) wird daraus aber in den von Nohl untersuchten Fällen erst dadurch, dass dem spontanen Handeln »Erfahrungen milieuspezifischer Desintegration« vorausgehen und weitere Phasen des »Erkundens und Lernens« sowie der »gesellschaftlichen Bewährung« folgen (a. a. O., S. 261 ff.).

zu fragen, können die allgemeinen Regeln bestimmt werden, die den Rahmen der je fallspezifischen Selektionsentscheidungen darstellen und darüber befinden, welche Optionen den Akteuren in einer gegebenen Situation offenstehen und welche nicht? In Oevermanns methodologischen Überlegungen zur Objektiven Hermeneutik wird vorausgesetzt, dass Forscherinnen und Forscher über die Kenntnis der allgemeinen, in ihrer Gesellschaft bzw. Kultur gültigen Regeln verfügen, um bestimmen zu können, welche Äußerungen bzw. Interakte an einer gegebenen Sequenzstelle grundsätzlich möglich sind und welche nicht. Was aber, wenn der zu untersuchende »Fall« einer anderen (Sub-)Kultur entstammt als der, der die Forscher angehören? In solchen Fällen (die ja nicht nur eintreten können, wenn es um die ethnographische Erforschung ›fremder‹ Kulturen geht, sondern auch schon dann, wenn eine soziale Gruppe bzw. Sinnwelt Gegenstand der Untersuchung ist, die sich von derjenigen der Forscher beträchtlich unterscheidet) läuft Oevermanns Ansatz Gefahr, eine unausgewiesene Normativität ins Spiel zu bringen, der nur schwer gegenzusteuern ist.

Eine zweite Grenze von Oevermanns Konzeption besteht schließlich darin, dass die darin enthaltenen Überlegungen zur Bedeutung unbewusster und künstlerisch-kreativer Prozesse für die Entstehung des Neuen nur angedeutet, aber nicht soweit ausgearbeitet sind, dass sie genauere Aussagen über den Verlauf und die Bedingungen der Entstehung neuer Figuren des Welt- und Selbstverhältnisses erlauben. Der von Oevermann gelegten Spur folgend wären hier weitere Studien zu psychoanalytischen oder kunsttheoretischen Konzepten kreativer Prozesse erforderlich, die allerdings den Rahmen dieses Bandes sprengen würden. Stattdessen sollen im nächsten Kapitel hermeneutische und dekonstruktive Ansätze zur Entstehung neuer Lesarten daraufhin geprüft werden, was sie zur Beantwortung der bei Oevermann offen gebliebenen Fragen beitragen können.

11 Die Entstehung neuer Lesarten. Hermeneutische und dekonstruktive Ansätze zur Entstehung des Neuen (Hans-Georg Gadamer, Jacques Derrida, Judith Butler)

Wenn wir uns nun der Frage zuwenden, was hermeneutische und dekonstruktive Ansätze zum Verständnis der Entstehung des Neuen in transformatorischen Bildungsprozessen beitragen können, könnte dies den Anschein haben, als kehrten wir von Oevermanns sozialwissenschaftlicher Perspektive auf die Entstehung neuer *Interaktions*formen zur Betrachtungsweise der Wissenschaftstheorie zurück, also zu der Frage, wie neues wissenschaftliches *Wissen* bzw. neue Erkenntnisse entstehen. Der Unterschied zu den in Kapitel 9 (▶ Kap. 9) erörterten Ansätzen würde dann vor allem darin bestehen, dass im Mittelpunkt der Betrachtung nun nicht wie bei Popper und Kuhn die Entstehung *naturwissenschaftlichen* Wissens stünde, sondern die Frage, wie im Bereich der *Geistes- oder Kulturwissenschaften* neue Erkenntnisse hervorgebracht werden. Dies wäre allerdings ein Missverständnis sowohl der Hermeneutik als auch der im Folgenden zu erörternden dekonstruktiven Ansätze. Denn bereits die Hermeneutik Gadamers geht über das Verständnis der Hermeneutik als einer bloßen Methodenlehre der Geisteswissenschaften entschieden hinaus und begreift diese als einen philosophischen Zugang zum gesamten In-der-Welt-Sein des Menschen. Derridas Programm (wenn man es denn so nennen kann) einer dekonstruktiven Lektüre beschränkt sich keineswegs auf das Tun von (Geistes-)Wissenschaftlern, sondern bezieht sich explizit auf jede Art von Äußerungen oder sogar die »Totalität der ›Erfahrung‹« (Derrida 1972/1988, S. 301). Und Butlers Konzept der Resignifizierung ist ausdrücklich im Kontext einer Theorie performativer Sprechakte angesiedelt, die sich vor allem auf die Frage nach den Möglichkeitsbedingungen politischen Handelns richtet. Insofern gilt die Frage nach der Entstehung des Neuen in diesem Kapitel also nicht (nur) der Entstehung neuer Lesarten alter Texte, sondern auch und vor allem der Entstehung neuer Arten und Weisen, sich zur Welt, zu anderen und zu sich selbst zu verhalten.

Den Ausgangspunkt des Kapitels bilden hermeneutische Ansätze, von denen im zweiten Teil dieses Buchs im Kontext von Bucks Konzept der negativen Erfahrung bereits die Rede war (▶ Kap. 6). Die Hermeneutik wurde dabei unter Bezug auf Dilthey als Lehre von der Auslegung fremder Lebensäußerungen vorgestellt, die das alltägliche Verstehen zu einer wissenschaftlichen, an Prinzipien bzw. Regeln orientierten Form des Verstehens erhebt und damit den Geisteswissenschaften ein eigenes methodisches Fundament zu verschaffen sucht. Die von Günter Buck aufgeworfene Frage, »inwiefern die Hermeneutik, d.h. die Theorie des kunstmäßig geübten Verstehens, als eine Theorie der Bildung gelten kann« (Buck 1981, S. 19), lässt sich in unserem Kontext nun als Frage danach begreifen, inwiefern die Prozesse geisteswissenschaftlicher Erkenntnisgewinnung, die von der Hermeneutik beschrieben werden, dieselbe Struktur aufweisen wie transformatorische Bildungsprozesse. Im Sinne der Frage nach der Entstehung des Neuen schließt das die Frage ein, was die hermeneutische Beschreibung von Verstehensprozessen, in denen ja *neue* (geistes-)wissenschaftliche Erkenntnisse hervorgebracht werden sollen, dazu beitragen kann, Verlauf und Bedingungen von Transformationen des Welt- und Selbstverhältnisses bzw. der Entstehung neuer Figuren dieses Verhältnisses theoretisch zu erfassen.

Diese Fragestellung, die hermeneutische Ansätze gleichsam als geisteswissenschaftliches Pendant zu den in Kapitel 9 (▶ Kap. 9) erörterten (und vor allem an den Naturwissenschaften orientierten) wissenschaftstheoretischen Konzepten Poppers, Kuhns und Peirce' begreift, könnte nun allerdings als Rückschritt gegenüber dem bereits erreichten Stand der Argumentation erscheinen. Denn am Ende jenes Kapitels war die Beschränkung auf das wissenschaftliche Wissen als eine Grenze dieser Konzeptionen im Blick auf ihre bildungstheoretische Relevanz herausgearbeitet und ihnen mit Oevermanns Theorie ein Ansatz gegenübergestellt worden, der die Frage nach der Entstehung des Neuen vom wissenschaftlichen Wissen auf alltägliche Interaktionen ausdehnt.

Die Ausweitung der hermeneutischen Fragestellung von einem bloßen Methodenproblem der Geisteswissenschaften auf den Modus des menschlichen In-der-Welt-Seins insgesamt, die für die philosophische Hermeneutik des 20. Jahrhunderts kennzeichnend ist, hat jedoch zur Konsequenz, dass die Bedeutung der Hermeneutik für die Bildungstheorie sich nicht darauf beschränkt, aus der Struktur wissenschaftlicher Erkenntnisvorgänge analogisierend auf die Struktur transformatorischer Bildungsprozesse zu schließen. Denn ihre Ausdehnung auf das menschliche In-der-Welt-Sein überhaupt bringt die Hermeneutik sozusagen in einen unmittelbaren Bezug zu Bildungsprozessen, insofern sie das Verstehen als wesentlichen Modus der Art und Weise bestimmt, in der Menschen sich zur Welt, zu andern und zu sich selbst verhalten. Die Fragestellung der folgenden Überlegungen lautet deshalb, was die Hermeneutik (und im weiteren Verlauf auch: was dekonstruktive Ansätze, die sich kritisch auf hermeneutische Positionen beziehen) dazu beitragen können, Bildungsprozesse im Sinne der Entstehung *neuer* Figuren des Welt- und Selbstverhältnisses theoretisch zu erfassen.

11.1 Die Entstehung neuer Sinnentwürfe im Prozess hermeneutischer Erfahrung (Gadamer)

Die vielleicht wichtigste Position der hermeneutischen Philosophie des 20. Jahrhunderts markiert Hans-Georg Gadamers Buch *Wahrheit und Methode*, auf das sich die folgenden Überlegungen konzentrieren (vgl. Gadamer 1960/1990). Den Ausgangspunkt Gadamers stellt Husserls Konzeption der Horizontstruktur menschlicher Erfahrung dar, die bereits oben im Zusammenhang mit Bucks Konzeption negativer Erfahrung dargestellt wurde und der zufolge Erfahrungen mit einem neuartigen Gegenstand immer nur innerhalb eines vorhandenen Horizontes möglich sind, d. h. indem wir bestimmte Erwartungen an jenen Gegenstand richten und ein bestimmtes Vorverständnis des Gegenstandes entwerfen (vgl. a. a. O., S. 307 ff. und ▶ Kap. 6). Bildung im Sinne Bucks war dabei als jener Prozess beschrieben worden, in dem es angesichts einer »negativen Erfahrung« zur Veränderung dieses Horizonts, einem *Horizontwandel* kommt, weil ein Vorverständnis oder eine bestimmte Erwartung enttäuscht bzw. negiert wird. Jener Horizontwandel zeichnete sich dabei dadurch aus, dass ›hinter‹ dem bisherigen, negierten Horizont ein neuer Horizont auftaucht, der einen angemesseneren Rahmen für das Verständnis des Gegenstandes bietet, wodurch die negative Erfahrung der Erwartungsenttäuschung in diesen neuen, weiteren Horizont integriert wird.

Die entscheidende Frage ist nun, was die Hermeneutik dazu beitragen kann, den Prozess eines solchen Horizontwandels und die damit verbundene Entstehung neuer Figuren des Welt- und Selbstverhältnisses genauer zu beschreiben. Ein zentrales Konzept innerhalb hermeneutischer Theorien stellt bekanntlich der Begriff des *hermeneutischen Zirkels* dar. Die dadurch bezeichnete Zirkelstruktur des Verstehens beruht darauf, dass Interpreten einerseits, wenn sie etwas (wie z. B. einen Text) verstehen, eine bestimmte Erwartung, ein Vorverständnis an diesen Gegenstand herantragen, dass aber andererseits dieses Vorverständnis am zu verstehenden Gegenstand einer permanenten Revision unterzogen werden soll, aus der ein neues, angemesseneres Verständnis dieses Gegenstandes hervorgeht. In den Worten Gadamers:

> »Wer einen Text verstehen will, vollzieht immer ein Entwerfen. Er wirft sich einen Sinn des Ganzen voraus, sobald sich ein erster Sinn im Text zeigt. Ein solcher zeigt sich wiederum nur, weil man den Text schon mit gewissen Erwartungen auf einen bestimmten Sinn hin liest. Im Ausarbeiten eines solchen Vorentwurfs, der freilich beständig von dem her revidiert wird, was sich bei weiterem Eindringen in den Sinn ergibt, besteht das Verstehen dessen, was dasteht« (Gadamer 1960/1990, S. 271).

Und weiter führt Gadamer aus,

> »[d]aß jede Revision des Vorentwurfs in der Möglichkeit steht, einen neuen Entwurf von Sinn vorauszuwerfen, daß sich rivalisierende Entwürfe zur Ausarbeitung nebeneinander herbringen können, bis sich die Einheit des Sinnes eindeutiger festlegt; daß die Auslegung mit Vorbegriffen einsetzt, die durch angemessenere Begriffe ersetzt werden […] [und dass] dieses ständige Neu-Entwerfen […] die Sinnbewegung des Verstehens und Auslegens ausmacht« (a. a. O., S. 271 f.).

Wie bei den in den letzten Kapiteln diskutierten Autoren, wo die Falsifikation einer Hypothese (Popper) bzw. Entdeckungen, die mit den traditionellen Begriffen einer Wissenschaft nicht in Einklang gebracht werden können (Kuhn), oder die Konfrontation mit einem »Fall«, der sich unter keine Regel subsumieren lässt (Peirce), den Ausgangspunkt des innovatorischen Geschehens bildeten, stellt auch hier ein Scheitern bzw. eine negative Erfahrung den Anlass für die Entstehung des Neuen dar. Im Unterschied zu den genannten Ansätzen wird die Entstehung des Neuen von Gadamer aber nicht in den Bereich des wissenschaftstheoretisch Irrelevanten (Poppers »Entdeckungszusammenhang«) bzw. des letztlich Unerklärlichen (Peirce' »*flash*«) verbannt, sondern als Prozess verstanden, der zwar prinzipiell unendlich ist, aber eine bestimmte Verlaufsform und genauer bestimmbare Bedingungen hat.

Die Verlaufsform der Hervorbringung neuer Lesarten bzw. eines neuen, besseren Verständnisses stellt die im Konzept des hermeneutischen Zirkels erfasste Zirkel- oder Spiralstruktur dar, die – wenn die Übertragung auf transformatorische Bildungsprozesse zulässig ist – auch für den Prozess der Entstehung neuer Figuren des Welt- und Selbstverhältnisses Gültigkeit besitzen könnte. Die Entstehung des Neuen in transformatorischen Bildungsprozessen wäre dann – anders als die oben referierten Überlegungen Kuhns und Peirce' es nahelegten – kein plötzlicher Vorgang, sondern eine allmähliche und prinzipiell unendliche Annäherung des Subjekts an die zu verstehenden Gegenstände bzw. an die Welt, die anderen und sich selbst.

Die Bedingungen dieses Vorgangs erläutert Gadamer am Beispiel der Ich-Du-Beziehung, die ihm als Modell der Beziehung zwischen Interpret und Text dient. Gadamer unterscheidet dabei drei Formen der Erfahrung des »Du«. Die erste dieser Formen ist die Subsumtion des Gegenübers unter einen bereits bekannten Typus, die er mit dem gleichsetzt, was man »Menschenkenntnis« nenne (a. a. O., S. 364). Bezogen auf die Hermeneutik entspreche dem der »naive Glaube an die Methode und die durch sie erreichbare Objektivität«, der den eigenen Standort unreflektiert lasse (ebd.). Die zweite Form sieht Gadamer in der Anerkennung des Du als Person (und nicht als bloßes Objekt des Wissens), aber verbunden mit dem autoritativ-fürsorglichen Anspruch, den anderen besser zu verstehen als er sich selbst, wodurch ebenfalls die Dialektik der Ich-Du-Beziehung verfehlt werde. Dem entspreche im hermeneutischen Verstehen das »historische Bewußtsein« (a. a. O., S. 366), das zwar um die Andersheit des Anderen weiß, aber beansprucht, sich über die eigene geschichtliche Bedingtheit ganz erheben zu können, selber ganz vorurteilslos zu sein und gleichsam von einer überhistorischen Warte aus zu urteilen. Die dritte Form der Erfahrung des Du schließlich bestehe darin, »das Du als Du wirklich zu erfahren«, »auf eine grundsätzliche Weise offen« zu sein und anzuerkennen, »daß ich in mir etwas gegen mich gelten lassen muß, auch wenn es keinen anderen gäbe, der es gegen mich geltend machte« (a. a. O., S. 367). Dem entspreche in der Hermeneutik das »wirkungsgeschichtliche Bewußtsein«, d. h. die Anerkennung nicht nur der Andersheit des Vergangenen, sondern auch des mit dieser Andersheit verbundenen Wahrheitsanspruchs, »daß sie [sc. die Vergangenheit] mir etwas zu sagen hat« (ebd.; Anm. HCK).

Zu diesen Bedingungen für die Gewinnung neuer Einsichten im Zuge eines hermeneutischen Verstehensprozesses gehört also erstens »die Anerkennung der wesenhaften Vorurteilshaftigkeit alles Verstehens« (a. a. O., S. 274), was die Forderung einschließt, »der eigenen Voreingenommenheit innezusein« und sich seine »Antizipationen« sowie die geschichtliche, gesellschaftliche und kulturelle Bedingtheit des eigenen Horizonts »bewußt zu machen« (ebd.). Eine zweite Bedingung besteht in der Anerkennung der Differenz zwischen dem eigenen Horizont und dem Horizont des Textes, wie sie von Gadamer insbesondere am Phänomen des »Zeitenabstands« erörtert wird, die aber auch auf andere Formen der Differenz (wie z. B. kulturelle oder soziale Unterschiede) übertragen werden kann. Und drittens hat die Gewinnung neuer, angemessener Sinnentwürfe zur Voraussetzung, »für die Andersheit des Textes […] empfänglich [zu] sein« (a. a. O., S. 273) und d. h. sich für negative Erfahrungen offen zu halten, die Gadamer zufolge immer auch die Erfahrung des Leidens und der eigenen Endlichkeit bzw. Unvollkommenheit einschließen.

Der Gewinn dieses Ansatzes für die Beschreibung der Entstehung von Neuem in Bildungsprozessen liegt zunächst darin, dass es dabei nicht nur um Regel- (bzw. Gesetzes-) Wissen geht, sondern um ein Wissen, das man vielleicht als Deutungswissen bezeichnen kann und dem in bildungstheoretischer Hinsicht mehr Relevanz zugeschrieben werden kann als jenem. Denn gerade vor dem Hintergrund der hermeneutischen These vom Verstehen als einer Form menschlichen Welt- und Selbstbezugs scheint es plausibel, dass diese Form des Wissens für das Alltagshandeln der Subjekte wichtiger ist als das von den wissenschaftstheoretischen Konzepten beschriebene Regel- oder Gesetzeswissen mit der dazugehörigen experimentellen Grundhaltung.

Zum zweiten macht die Hermeneutik die Entstehung von Neuem in zeitlicher Hinsicht als *Prozess* deutlich, der sich nicht mit einem Mal vollzieht wie Kuhns wissenschaftliche Revolutionen und Peirce' abduktiver Blitz, sondern Zeit und Muße braucht, weil er eine geduldige Auseinandersetzung mit dem Gegenstand zur Voraussetzung hat. Und drittens bezieht dieser Prozess Gadamer zufolge seine innovative oder transformatorische Kraft aus einer Hinwendung zur Sache. Neues Wissen, neue Einsichten, besseres Verstehen entspringen demnach also nicht aus dem Nichts (»Blitz«) bzw. dem eigenen Gehirn, sondern aus der Sache selbst. Bedingung dafür ist auf Seiten des Verstehenden eine möglichst weitgehende Offenheit für diese Sache, die nur durch die Bereitschaft zur Infragestellung des eigenen Vorverständnisses ermöglicht wird. Nicht der Wunsch nach Gewissheit des Wissens ist dem hermeneutischen Verständnis zufolge also das Movens von Bildungsprozessen, sondern gerade die radikale Infragestellung solcher Gewissheit im Sinne eines Respekts für die Andersheit dessen, was verstehend erfasst werden soll.

Eine Grenze dieses Ansatzes freilich ist darin zu sehen, dass in Gadamers Konzeption bei aller Betonung der Differenz zwischen Ich und Du bzw. zwischen Interpret und Text letztlich doch eine Tendenz zur Aufhebung oder Einebnung dieser Differenzen überwiegt. Das wird deutlich in Gadamers Vorstellungen von der »Einheit des Sinns« (a.a.O., S. 272), von der Kontinuität des Überlieferungsgeschehens und der Möglichkeit einer »Verschmelzung« unterschiedlicher Horizonte (a.a.O., S. 311). In diesen Formulierungen zeichnet sich ab, dass Gadamers Überlegungen zur Entstehung neuer Verstehensmöglichkeiten zwar von der Differenz zwischen Subjekt und Objekt des Verstehens ausgehen, aber – ähnlich wie die Überlegungen Bucks zur negativen Erfahrung (▶ Kap. 6) – am Ende doch auf die Herstellung oder Wiedergewinnung einer immer schon vorausgesetzten Einheit abzielen. Deshalb soll nun ein Konzept geprüft werden, das in kritischer Auseinandersetzung mit der Hermeneutik und in Abgrenzung von deren Einheits- und Kontinuitätsvorstellungen entstanden ist: die Differenzphilosophie Jacques Derridas und deren Konzept einer *dekonstruktiven* Lektüre.

11.2 Die Entstehung neuer Lesarten im Prozess dekonstruktiver Lektüre (Derrida)

Derridas Position zur Hermeneutik und zur Frage der Entstehung des Neuen erschließt sich besonders gut anhand seines Aufsatzes *Signatur Ereignis Kontext*, der 1972 erstmals veröffentlicht wurde (vgl. Derrida 1972/1988). Ausgangspunkt dieses Textes ist der geläufige Begriff von Kommunikation, der Kommunikation als »die Übermittlung eines *Sinns*« auffasst (a. a. O., S. 291; Hervorhebung im Original). Am Beispiel des Wortes »Kommunikation« selbst zeigt Derrida nun allerdings, dass die Mitteilbarkeit des Sinns eines Zeichens an die Bedingung geknüpft ist, dass der Kontext, in dem dieses Zeichen auftritt, begrenzt werden kann. So müssen, um die Eindeutigkeit des Sinns des Wortes »Kommunikation« zu sichern, bestimmte Kontexte wie etwa die Rede von den ›kommunizierenden Röhren‹ in der Physik ausgeschlossen werden. Derridas These ist nun jedoch, dass ein solcher Kontext prinzipiell nie völlig bestimmt und eingegrenzt werden kann. Um diese These zu entfalten, stellt er dem gängigen Verständnis von Kommunikation eine Auffassung gegenüber, die über den Gedanken der Übermittlung eines Sinns hinausgeht.

Zu diesem Zweck bezieht sich Derrida auf eine besondere Form der Kommunikation, nämlich die *Schrift*. Dem gängigen Begriff von Kommunikation entspricht demnach ein bestimmtes Verständnis von Schrift, demzufolge diese ein Kommunikations*mittel* darstellt, d. h. ein Mittel zur Übermittlung von Sinn, das sich gegenüber anderen Kommunikationsmitteln wie der gesprochenen Sprache u. a. dadurch auszeichnet, dass es nicht an die Anwesenheit der Kommunikationspartner (d. h. von Sender und Empfänger) gebunden ist und es deshalb erlaubt, das Feld der Kommunikation über die mit der Bedingung der Anwesenheit verbundenen räumlichen Grenzen hinaus auszudehnen. Weitere wesentliche Elemente dieses Schriftbegriffs sind Derrida zufolge die Auffassung der Schrift als *Repräsentation* des zu übermittelnden Inhalts, die diesen Inhalt selbst unverändert lasse, sowie ihre Konzeption als *Supplement*, d. h. als einer Operation, in der die Anwesenheit des Senders nicht einfach unterbrochen, sondern vielmehr wiederhergestellt *und* modifiziert wird (vgl. a. a. O., S. 296).

Dieser Begriff von Schrift, den Derrida anhand von Condillacs *Essai sur l'origine des connaissances humaines* rekonstruiert, erscheint ihm jedoch bei weitem nicht als radikal genug. Denn Derrida zufolge übersieht diese Auffassung Merkmale der Schrift, ohne die diese gar nicht als Kommunikationsmittel funktionieren könnte. Zu diesen Merkmalen gehören zunächst die Abwesenheit von Empfänger *und* Sender (die keinen bloßen Aufschub, sondern eine radikale Unterbrechung von deren Anwesenheit darstelle) sowie die Iterierbarkeit der Schriftzeichen (d. h. eine Wiederholbarkeit, die ein Anderswerden impliziert und auf der das Phänomen beruht, dass Schriftzeichen auch in Abwesenheit nicht nur des Senders, sondern auch des Empfängers lesbar sind). Weitere Kennzeichen der Schrift sind Derrida zufolge die Ablösung der Schrift von der Intention und vom Bewusstsein des Senders und damit von der Kontrolle durch ein Subjekt, ihre Ablösung vom »Horizont des Sinns« (a. a. O., S. 299) (d. h. der Vorstellung eines geschlossenen und eindeutig feststellbaren Sinns, der übermittelt werden könnte) und schließlich die Ablösung der Schrift vom (realen und/oder linguistischen) Kontext, der prinzipiell nicht begrenzbar sei, weil jedes Zeichen »die Kraft eines Bruches mit seinem Kontext« enthalte und sowohl aus seinem »realen« als auch seinem »semiotischen und internen« Kontext herausgelöst werden könne, z. B. indem man es als Zitat einem anderen Kontext »aufpfropft« (a. a. O., S. 300).

Was für die Schrift gilt, lässt sich Derrida zufolge nun allerdings auch auf jede andere Kommunikationsform wie die gesprochene Sprache und sogar auf die »Totalität der ›Erfahrung‹« übertragen (a. a. O., S. 301). Denn auch ein beliebiges Element der gesprochenen Sprache könne als solches nur funktionieren, wenn es iterierbar sei und d. h. in Abwesenheit seines Referenten sowie unabhängig von jeder Bedeutungs- oder Kommunikationsintention wiederholt werden könne. Die potentielle Ablösung jedes Zeichens vom Horizont des Sinns und von jedem gegebenen Kontext demonstriert Derrida unter Verweis auf Husserl an widersinnigen Äußerungen (wie z. B. »der Kreis ist viereckig«) und sinnlos-agrammatischen Sätzen (wie »das Grün ist oder«), die trotz ihres offenbaren Unsinns unter Bruch mit jedem gegebenen Kontext als Zitate verwendet werden können (a. a. O., S. 302 f.).

Dass diese Zitierbarkeit nicht nur eine Möglichkeit, sondern eine immanente Notwendigkeit jedes Zeichens darstellt, versucht Derrida nun am Beispiel der *performativen Sprechakte* zu veranschaulichen – also solcher Äußerungen, die nicht nur einen Sachverhalt konstatieren, sondern das, was sie bezeichnen, auch gleichzeitig bewirken (wie z. B. der Satz »Hiermit erkläre ich die Sitzung für eröffnet«). Für Austin, den Begründer der Sprechakttheorie, beruhe das Funktionieren solcher performativen Sprechakte auf der erschöpfenden Bestimmbarkeit des Kontextes und der »bewußte[n] Anwesenheit der Intention des sprechenden Subjekts« (a. a. O., S. 306), weshalb er das ›Misslingen‹ performativer Sprechakte (wie z. B. im Falle eines bloß zitathaften Gebrauchs auf der Bühne) als »anormal« bzw. »parasitär« ausschließe (a. a. O., S. 308). Dem hält Derrida entgegen, dass das Gelingen performativer Akte gerade an diese Ausnahme gebunden sei, sofern es die Konventionalität und d. h. die Zitathaftigkeit bzw. Wiederholbarkeit der entsprechenden Äußerungen zur Bedingung habe. Daraus folgt, dass die bewusste Intention als »bestimmender Mittelpunkt des Kontextes« (a. a. O., S. 311) und als zentrale Kategorie der Sprechakttheorie in Frage gestellt werden müsse, da Zitathaftigkeit und Wiederholbarkeit verhinderten, dass diese Intention sich selbst und anderen vollkommen gegenwärtig und transparent werden könne.

Aus diesen Überlegungen schließt Derrida nun, dass Kommunikation anders als in der eingangs zitierten gängigen Auffassung des Terminus nicht als Übermittlung von Sinn (d. h. einer Intention, eines Meinens oder eines Bewusstseins) zu begreifen sei und deshalb auch nicht Gegenstand eines hermeneutischen Verstehens sein könne, das auf die »Entzifferung eines Sinns oder einer Wahrheit« abzielt (a. a. O., S. 313). Die Alternative zu einem hermeneutischen Verstehen, das auf Eindeutigkeit, Beherrschbarkeit und Unterordnung des Sinns unter Konzepte wie Intention, Subjekt, Anwesenheit setzt, besteht für Derrida in einer Lektüre, die der »Dissemination«, d. h. der Zerstreuung und Vervielfältigung des Sinns folgt (a. a. O., S. 299) – und die er selbst in seinen Texten praktiziert, die immer auch in Lektüren anderer Texte bestehen.

Mit dem hermeneutischen Verstehen wäre im Anschluss an Derrida also auch ein Verständnis von Bildung problematisch geworden, das Bildungsprozesse in Analogie zum Prozess des hermeneutischen Verstehens bzw. der hermeneutischen Erfahrung zu fassen versucht. Demgegenüber könnte das in Derridas Aufsatz nur angedeutete Alternativkonzept einer dekonstruktiven ›Lektüre‹ möglicherweise Anhaltspunkte für ein Verständnis der Entstehung des Neuen in Bildungsprozessen liefern. Die Entstehung neuer Lesarten erfolgt im Prozess dekonstruktiver Lektüre nicht durch das immer tiefere »Eindringen in den Sinn« wie bei Gadamer, sondern durch den Nachvollzug der potentiellen und nie völlig beherrschbaren Vieldeutigkeit eines Textes bzw. – übertragen auf Bildungsprozesse – einer Erfahrung. Eine solche die Vieldeutigkeit respektierende Lektüre wäre dabei weniger als strikter Gegensatz zur Hermeneutik zu begreifen, sondern eher als eine Radikalisierung bestimmter Momente des hermeneutischen Verstehens.

Das Konzept einer dekonstruktiven Lektüre hält zunächst in Übereinstimmung mit hermeneutischen Ansätzen fest am Verständnis der Entstehung des Neuen als eines Prozesses unablässiger Auseinandersetzung mit dem Gegenstand, am Vorrang der ›Sache‹ innerhalb dieses Prozesses und an der Notwendigkeit einer Infragestellung der eigenen Position des Lesers oder der Leserin. Zugleich aber radikalisiert die dekonstruktive Lektüre die hermeneutische Konzeption, indem sie an die Stelle der Einheit des (zu erschließenden) Sinns die Vieldeutigkeit dieses Sinns und die Nichtbeherrschbarkeit des Kontexts sowie an Stelle der Kontinuität des »Überlieferungsgeschehens« bzw. der Kontinuität zwischen den Horizonten des Lesers und des Textes die Diskontinuität, den Bruch und die radikale Differenz setzt.

Fragt man nach der Bedeutung dieser Überlegungen für eine angemessene Beschreibung transformatorischer Bildungsprozesse, so wäre festzuhalten, dass die Entstehung des Neuen in solchen Bildungsprozessen zwar ein ebenso unvorhersehbares wie unbeherrschbares Geschehen darstellt, dass sein Zustandekommen aber über die im Zusammenhang des hermeneutischen Verstehens beschriebenen Bedingungen hinaus von der Offenheit für die potentielle Vieldeutigkeit möglicher Wissens- und Erfahrungsgegenstände und von der Anerkennung der Nichtbeherrschbarkeit ihrer Kontexte abhängig ist. Aus dieser Perspektive betrachtet nähme die Entstehung neuer Figuren des Welt- und Selbstverhältnisses ihren Ausgang im notwendigen Scheitern jedes Versuchs vereinheitlichender Welt- und Selbstdeutungen und bestünde darin, vielfältig differierende, einander ergänzende oder widersprechende Deutungen hervorzubringen.

Offen bleibt in dieser Konzeption allerdings weiterhin, wie jener Prozess der Hervorbringung oder Freisetzung von Lesarten, der dekonstruktive Lektüren ausmacht, konkret beschrieben werden kann. Einen Schritt weiter führt hier Judith Butlers an Derridas Begriff der Iteration anknüpfendes Konzept der *Resignifizierung*, das nun abschließend diskutiert werden soll.

11.3 Judith Butlers Konzept der Resignifizierung als Beschreibung des Transformationspotentials der Sprache

Bezugspunkt der folgenden Überlegungen ist Butlers Buch *Haß spricht*, das dem Phänomen *hate speech*, d. h. dem verletzenden Sprechen gewidmet ist, wie es etwa in rassistischen oder sexistischen Beschimpfungen zum Ausdruck kommt (vgl. Butler 1998). Den Rahmen, in dem Butler dieses Phänomen erörtert, bildet eine Theorie der Performativität bzw. des performativen Sprechens im Anschluss an Derridas Auseinandersetzung mit Austins Sprechakttheorie. Die leitende Fragestellung Butlers lautet dabei nicht nur, inwieweit verletzendes Sprechen als performativer Sprechakt verstanden werden kann, sondern auch welche Möglichkeiten der Gegenwehr gegen solches Sprechen es gibt: »Gibt es eine Möglichkeit, die durch dieses Sprechen hervorgerufenen Effekte zu stören oder zu unterlaufen?« (a. a. O., S. 34) In theoretischer Hinsicht geht es dabei über die politisch-strategische Frage nach den Möglichkeiten des Widerstands gegen *hate speech* hinaus um zwei grundsätzlichere Probleme, nämlich auf der einen Seite um eine – wie es bei Butler selbst heißt – »allgemeine Theorie der Performativität des politischen Diskurses« (a. a. O., S. 63), auf der anderen Seite um die Frage nach der »Handlungsmacht« des Subjekts, d. h. nach den Bedingungen der Möglichkeit dafür, dass Subjekte innerhalb einer gegebenen gesellschaftlichen und politischen Ordnung verändernd wirksam werden können. Es ist dieser letzte Punkt, der Butlers Ausführungen im Blick auf unser Thema als interessant erscheinen lässt, insofern dabei auch die Frage nach transformatorischen Potenzialen zur Debatte steht.

In der Einleitung ihres Buches rekonstruiert Butler zunächst das Konzept performativen Sprechens in Austins Sprechakttheorie, wie es bereits oben dargestellt wurde, sowie Derridas Kritik daran, die das Misslingen-Können performativer Sprechakte und den Bruch mit dem vorgegebenen Kontext zu deren notwendigen Bedingungen erklärt. Mit Austin hebt Butler zunächst hervor, dass performative Sprechakte auf *Konventionen* beruhen. Denn die Kraft, durch eine sprachliche Handlung das zu bewirken, wovon darin die Rede ist, setzt voraus, dass der Sprecher zu dieser Handlung in irgendeiner Weise legitimiert ist und sich auf eine entsprechende Konvention berufen kann. Das gilt auch für das verletzende Sprechen, auch wenn die Konventionen dabei nicht in derselben Weise formalisiert sind wie etwa bei einer Eheschließung oder anderen amtlichen Akten. Denn dass verletzendes Sprechen seine Wirkung entfalten kann, setzt ebenfalls entsprechende Konventionen voraus – z. B. muss eine Äußerung als Beschimpfung »institutionalisiert« und als solche kenntlich sein.

Als Bedingungen der Möglichkeit, solche Wirkungen zu unterlaufen, arbeitet Butler nun mit Derrida zwei Eigenschaften performativer Sprechakte heraus. Die eine besteht in der zeitlichen Struktur sprachlicher Handlungen. Sprechakte stellen keinen einmaligen Akt dar, sondern sind an Konventionen und damit an Wiederholbarkeit gebunden. Um als Konvention kenntlich zu sein, muss eine Formulierung zitiert, d. h. reproduziert und wiederholt werden können, und damit ist in diesen Sprechakt gewissermaßen eine Differenz ›eingebaut‹, die Veränderungen im Gebrauch dieser Formulierung prinzipiell möglich macht. Als zweite Voraussetzung einer Gegenwehr gegen verletzendes Sprechen deutet Butler die von Derrida konstatierte »Ablösung des Sprechakts vom souveränen Subjekt« (a.a.O., S. 29), die verhindert, dass eine Äußerung vollständig durch die Intention des Sprechers determiniert wird, und so die Möglichkeit eröffnet, dass performative Sprechakte auch misslingen können.

In Bezug auf verletzendes Sprechen bringt die Unausweichlichkeit der Wiederholung performativer Sprechakte Butler zufolge also nicht nur das Risiko mit sich, dass durch solche Wiederholungen die verletzende Wirkung bekräftigt wird (etwa wenn vor Gericht eine Beschimpfung zitiert und damit erneut vorgebracht werden muss, um den Sprecher juristisch zu belangen). Die Wiederholung bietet vielmehr auch die Chance einer Transformation. Denn sie erlaubt auch das, was Butler »Resignifizierung« oder ›Fehlaneignung‹ nennt (a.a.O., S. 64f.), d.h. eine Wiederholung, die das Wiederholte in einen anderen Kontext rückt und so in seiner Bedeutung verändert. Die Handlungsmacht eines Subjekts, das sich gegen verletzende Äußerungen zur Wehr setzen will, besteht für Butler deshalb in einer »Wiederholung der ursprünglichen Unterordnung zu andern Zwecken, deren Zukunft zum Teil offen ist« (a.a.O., S. 61).

Bereits hier zeichnet sich ab, dass Butler über Derridas Konzeption der Performativität insofern hinausgeht, als sie dessen zunächst ganz allgemeine zeichentheoretische Überlegungen in einen *gesellschaftlichen* Kontext stellt und für eine Konzeption widerständigen politischen Handelns zu nutzen versucht. Noch deutlicher wird dies im letzten Kapitel ihres Buchs, in dem Butler den Versuch unternimmt, Derridas Konzeption performativen Sprechens mit der soziologischen Position zu vermitteln, die Bourdieu in seiner kritischen Auseinandersetzung mit Performativitätstheorien vertritt (vgl. zum Folgenden Butler 1998, S. 200–230, die sich dabei auf Bourdieus Buch *Was heißt sprechen?* [1990] bezieht).

Ausgangspunkt dieser Gegenüberstellung (bzw. dieses Vermittlungsversuchs) ist die Frage, wie die »Kraft« performativer Äußerungen, dasjenige hervorzubringen, wovon darin ›nur‹ die Rede ist, erklärt werden kann. Während Derrida dieses Vermögen zeichentheoretisch auf die jederzeit bestehende, dem Sprechen selbst innewohnende Möglichkeit des Bruchs mit früheren, etablierten Kontexten zurückführe, suche Bourdieu nach einer gesellschaftstheoretischen Erklärung jenseits der Sprache und begreife die Kraft performativer Äußerungen als einen Effekt gesellschaftlicher Macht, da solche Sprechakte nur vollziehen könne, wer gesellschaftlich dazu autorisiert ist. Der Vorwurf, den Bourdieu an die Adresse Derridas richte (ohne sich explizit auf ihn zu beziehen), laute mithin, die zeichentheoretische Erklärung der Kraft performativer Äußerungen übersehe, »dass die Sprache ihre Autorität *von außen* bekommt« und diese Autorität nur *repräsentiere* (Bourdieu, zit. nach Butler 1998, S. 207; Hervorhebung HCK). Und Butler resümiert:

> »Bourdieus Erklärung performativer Sprechakte verortet das Subjekt der performativen Äußerung auf einer Karte der gesellschaftlichen Macht, die mehr als festgelegt ist, und die performative Äußerung funktioniert oder funktioniert nicht, je nachdem, ob das Subjekt, das die Äußerung ausführt, bereits durch seine gesellschaftliche Machtposition autorisiert ist, sie wirkungsvoll einzusetzen« (a.a.O., S. 221).

Bourdieus Kritik an Derrida gibt Butler also insoweit Recht, als sie zugesteht, dass das ›Funktionieren‹ performativer Äußerungen nicht nur von deren strukturellen Eigenschaften, sondern auch von gesellschaftlichen Machtverhältnissen abhängig ist (vgl. ebd.). Gleichzeitig verweist sie aber auch auf die Grenzen der Erklärungskraft von Bourdieus Position, die sie vor allem darin sieht, dass Bourdieu jene gesellschaftlichen Machtverhältnisse, durch die Subjekte zur Ausführung performativer Sprechakte autorisiert werden, als allzu statisch auffasse und deshalb weder die Möglichkeit gesellschaftlichen Wandels noch die eines subversiven politischen Handelns denken könne. Wenn die Autorität »von außen« kommt, so ließe sich Butlers Frage formulieren, woher kommt dann der Widerstand gegen diese Autorität, woher kommt das Potential zur Transformation gesellschaftlicher Machtverhältnisse und Ordnungen?

Zur Beantwortung dieser Frage sind Butler zufolge beide von ihr behandelten Theorien – Derridas Konzeption der Performativität in *Signatur Ereignis Kontext* und Bourdieus Kritik in *Was heißt sprechen?* – nur jeweils begrenzt in der Lage:

> »Bourdieu kann nicht berücksichtigen, wie eine performative Äußerung mit bestehenden Kontexten brechen und neue Kontexte anziehen kann und damit die Begriffe selbst der legitimen Äußerung neu setzt; Derrida scheint dagegen den Bruch als notwendiges Strukturmerkmal jeder Äußerung und jeder kodierbaren schriftlichen Markierung einzusetzen und lähmt damit eine gesellschaftliche Analyse der wirkungsvollen Äußerung« (a.a.O., S. 212f.).

Während Bourdieu durch seine Fokussierung auf bestehende Machtverhältnisse daran gehindert werde, die Möglichkeit einer Veränderung dieser Verhältnisse zu denken, krankt Derridas Konzeption Butler zufolge daran, dass er das Potential der Veränderung nur in der Struktur des sprachlichen Zeichens selbst, in seiner »Iterabilität« verorte, ohne gesellschaftliche Faktoren zu berücksichtigen.

Die Lösung dieses Problems sieht Butler nun (wie es bereits in einer Anmerkung zur Einleitung ihres Buchs heißt) im Versuch, »zwischen diesen beiden Positionen zu vermitteln« und »eine Darstellung der gesellschaftlichen Macht des Sprechakts vor(zu)schlagen, die seiner besonderen gesellschaftlichen Iterabilität und gesellschaftlichen Zeitlichkeit Rechnung trägt« (a.a.O., S. 231, Anm. 5). Diese Lösung läuft darauf hinaus, die von Derrida herausgearbeitete »Logik der Iterabilität« mit Bourdieu als »gesellschaftliche Logik« zu begreifen (insofern also selbst eine Art Resignifizierung zu betreiben) (a.a.O., S. 212) und aus beiden Auffassungen zusammen »eine Theorie der gesellschaftlichen Iterabilität des Sprechakts« zu entwickeln (a.a.O., S. 215).

Von Bourdieu übernimmt Butler über die Berücksichtigung der gesellschaftlichen Rahmenbedingungen hinaus dessen Betonung der *körperlichen* Dimension des Sprechens im Kontext seines Habitusbegriffs. Für Butler ist klar, dass die Kraft performativer Sprechakte eng mit dem Status von Sprechen als *körperlicher* Handlung zusammenhängt, und Bourdieus Habituskonzept vermag ihr zufolge zu beschreiben, wie sich gesellschaftliche Normen in den Körpern der Akteure niederschlagen, auch ohne dass dazu bewusste Absichten und vorsätzliche Handlungen nötig wären. Was aber Bourdieu nicht erklären könne, ist, »wie das, was an Sprache körperlich ist, eben den Normen, die es regulieren, widersteht und sie durcheinanderbringt« (a.a.O., S. 201). Den Grund für diese Begrenzung von Bourdieus

Theorie sieht Butler darin, dass dieser sein Habituskonzept nicht mit der Theorie der performativen Äußerung verbinde. Denn auch der Habitus funktioniere performativ, wenn auch deutlich weniger explizit und juridisch als in den gängigen Beispielen performativer Sprechakte, die meist Verfahren staatlicher Instanzen darstellen. Denn das Habituskonzept beschreibe jene alltäglichen Körperpraktiken, »mit denen eine gegebene Kultur den Glauben an ihre eigene ›Offensichtlichkeit‹ erzeugt und aufrechterhält« (a. a. O., S. 216), und insofern sei die Wirkungsweise des Habitus eine »stillschweigende und materiale Funktionsweise von Performativität« (a. a. O., S. 217).

Von Derrida übernimmt Butler dagegen dessen Beschreibung der Logik der Performativität, die auch der Performativität des Habitus zugrunde liege. Diese Logik ist die der »Iterabilität«, also einer Wiederholung, die mit der Möglichkeit der Bedeutungsverschiebung und damit einer Transformation einhergeht, weil das Wiederholte nicht an den Kontext gebunden ist, in dem es zuvor aufgetreten ist:

> »Paradoxerweise bietet Derridas Formulierung so die Möglichkeit, Performativität in Verbindung mit Transformation zu denken, mit dem Bruch mit früheren Kontexten, der Möglichkeit, Kontexte zu inaugurieren, die erst noch wirklich werden müssen« (a. a. O., S. 214 f.).

Auch der Performativität des Habitus wohnt Butler zufolge deshalb das Potential zur Veränderung oder zur Überschreitung inne, und damit die – von Bourdieu unbeabsichtigt verworfene – »Möglichkeit einer Handlungsmacht, die an den Rändern der Macht entsteht« (a. a. O., S. 220). Zur Illustration dieser Möglichkeit einer »subversiven Resignifikation« des herrschenden, autorisierten Diskurses verweist Butler darauf, dass dieser Diskurs »enteignet« werden könne, »wenn diejenigen, die nicht die gesellschaftliche Macht haben, ›Freiheit‹ oder ›demokratische Rechte‹ für sich in Anspruch zu nehmen, sich diese eifersüchtig gehüteten Begriffe aus dem herrschenden Diskurs aneignen, sie für eine neue politische Bewegung umarbeiten und resignifizieren« (a. a. O., S. 223), oder wenn sich umgekehrt Menschen diejenigen Begriffe aneignen, durch die sie verletzt wurden, ihnen ihre degradierende Bedeutung nehmen bzw. daraus eine Affirmation ihres politischen Kampfes ableiten (vgl. ebd.). Ein Beispiel für solche Resignifizierung ist die Verwendung vormaliger Schimpfwörter wie »Schwule« oder »Kanaken« durch die so Apostrophierten im Sinne einer nun ins Positive umgedeuteten Selbstbezeichnung.

An solchen Beispielen wird für Butler deutlich, dass Sprechen als potentieller »Akt des Widerstands« verstanden werden kann (a. a. O., S. 226). Bourdieus Verweis darauf, die Autorität eines Sprechakts komme von außen, erscheint ihr deshalb als problematisch:

> »Die Behauptung, daß ein Sprechakt insoweit Autorität hat, als er *bereits* autorisiert ist, legt nahe, daß die autorisierenden Kontexte für solche Handlungen schon bestehen und daß Sprechakte nicht so funktionieren, daß sie die Kontexte verändern, durch die sie autorisiert sind oder nicht autorisiert sind« (ebd.; Hervorhebung im Original).

Wenn aber ein performativer Sprechakt wie verletzendes Sprechen durch diejenigen, die dadurch verletzt werden, in der beschriebenen Weise resignifiziert, d. h. enteignet und umgedeutet werden kann, dann gilt:

»In der Politik kann Performativität gerade in dieser Form gegen Herrschaft arbeiten. Jenes Moment, in dem ein Sprechakt ohne vorgängige Autorisierung dennoch im Vorgang seiner Äußerung Autorität gewinnt, kann einen veränderten Kontext seiner zukünftigen Rezeption antizipieren und setzen« (ebd.).

In diesem Sinn benötigt ein Sprechakt, um verändernde Wirkung zu erzielen, also keine Autorisierung von außen, sondern greift auf nichts anderes zurück als auf das in der Struktur performativer Sprechakte angelegte Transformationspotential der Wiederholung. In der Möglichkeit, dass ein Sprechakt eine andere Bedeutung annehmen kann, als er zunächst hatte, und in einem anderen Kontext funktionieren kann, als dem, in dem er zunächst angesiedelt war, liegt für Butler »das politische Versprechen der performativen Äußerung« (a.a.O., S. 228) – und »die spezifische gesellschaftliche Bedeutung von Derridas Begriff der Iterierbarkeit« (a.a.O., S. 253, Anm. 47).

Für eine Theorie transformatorischer Bildungsprozesse erwächst daraus die Möglichkeit, das Transformationsgeschehen selber als *Resignifizierung* im beschriebenen Sinne zu begreifen. Die Entstehung neuer Figuren des Welt- und Selbstbezugs vollzöge sich demnach in sprachlichen (oder anderen zeichenförmigen) Praktiken, die bereits vorhandene Figuren wiederaufführen und dabei zugleich abwandeln. Das Neue wäre demzufolge also nicht das ›ganz andere‹, völlig Unbekannte, Noch-nie-Dagewesene, sondern vielmehr eine Wiederholung des schon Vorhandenen, die das Wiederholte in einen anderen Kontext versetzt und so in seiner Bedeutung verschiebt. Ähnlich wie Oevermanns Beschreibung emergenter Prozesse als ›Wahl‹ einer bereits vorhandenen, aber bisher nicht realisierten Möglichkeit entmystifiziert Butlers Konzept der Resignifizierung die Entstehung des Neuen, indem es dies nicht als radikalen Gegensatz zum Alten, bereits Vorhandenen begreift, sondern daraus durch eine unscheinbare Verschiebung hervorgehen lässt. Anders als Oevermanns Rede von »inneren Bildern« verlegt Butler jedoch die Quelle des Neuen nicht in die Innenwelt des Subjekts, sondern in die diskursive Außenwelt, die gleichsam die Stichworte liefert, die in den resignifizierenden Praktiken (fehl-)angeeignet werden können. Auf diese Weise eröffnet Butlers Konzept zugleich eine Möglichkeit, transformatorische Bildungsprozesse anhand solcher Materialien zu analysieren, in denen sprachliche Praktiken dokumentiert sind.[43] Davon soll im letzten Teil dieses Buches die Rede sein.

---

43 Vgl. dazu Koller & Kleiner 2013.

Teil IV Zur empirischen Erforschung transformatorischer Bildungsprozesse

12   Das Mögliche identifizieren?
Zum Verhältnis von Bildungstheorie und empirischer Bildungsforschung

Bildungstheorie und empirische Bildungsforschung sind lange Zeit weitgehend getrennte Wege gegangen, so dass Andreas von Prondczynsky die Tradition des Bildungsdenkens von Humboldt bis Adorno als »Bildungstheorie ohne Bildungsforschung« bezeichnet hat, der im Zuge der zunehmend empirischen Ausrichtung der Erziehungswissenschaft seit den 1960er Jahren eine »Bildungsforschung ohne Bildungstheorie« gegenüberstehe (Prondczynsky 2009, S. 20). Mit dem Ansatz einer bildungstheoretisch fundierten Biographieforschung liegt jedoch seit einiger Zeit eine Konzeption vor, die den Anspruch erhebt, die philosophische Reflexion über Bildung mit der qualitativ-empirischen Erforschung von Bildungsprozessen zu verknüpfen. Dieser Ansatz soll im nächsten Kapitel vorgestellt werden, da er eine Antwort auf die Frage verspricht, wie das, was in den bisherigen Kapiteln dieses Buches unter dem Begriff transformatorische Bildungsprozesse theoretisch entfaltet wurde, auch empirisch zugänglich gemacht und analysiert werden kann.

Zuvor ist allerdings die grundlegende Frage zu erörtern, ob bzw. inwiefern es überhaupt möglich und sinnvoll ist, das mit dem Begriff Bildung Bezeichnete zum Gegenstand empirischer Forschung zu machen. Anders formuliert lautet diese Frage: In welchem Verhältnis stehen eigentlich Bildungstheorie und empirische Bildungsforschung?

Die Schwierigkeiten bei der Beantwortung dieser Frage verbergen sich an einer eher unscheinbaren Stelle. Denn mit der Aufgabe, das Verhältnis von Bildungstheorie und empirischer Bildungsforschung zu erörtern, ist ja nicht nur die Aufforderung verbunden, zu klären, was unter Bildungstheorie und Bildungsforschung jeweils zu verstehen sei, sondern vielmehr auch darzulegen, was das Wörtchen *und* in der Fragestellung bedeuten soll. Meint dieses *und* einen Dualismus zweier unvereinbarer, »heteronomer« Thematisierungsformen, wie ihn Heinz-Elmar Tenorth in einem viel zitierten Aufsatz (vgl. Tenorth 1997) diagnostiziert hat (wobei freilich offenbleibt, ob sich diese Diagnose nur deskriptiv auf die bisherigen faktischen Verwendungsformen des Bildungsbegriffs bezieht oder ob damit eine epistemologische Notwendigkeit für alle Zukunft postuliert wird)? Oder steht das *und* für ein Kontinuum zwischen den beiden Extremen einer ›reinen‹ Bildungsphilosophie und einer ›reinen‹ Bildungsforschung, die als solche gar nicht existieren, sondern jeweils nur in unterschiedlichen Mischungsformen vorkommen (so Terhart 2006)? Verweist das *und* (wie Tippelt 2006 nahelegt) auf ein instrumentelles Verhältnis, in dem der Bildungstheorie die Rolle einer Art ›Hilfswissenschaft‹ zum Zwecke der Begriffsklärung und der wissenschaftstheoretischen Grundlegung der Bildungsforschung zukäme (wobei freilich zu fragen wäre, ob nicht umgekehrt auch die Bildungsforschung als ein Hilfsmittel auf dem Wege zu einer systematischen Bildungstheorie verstanden werden könnte)? Oder bezeichnet das *und* eine Relation der Komplementarität bzw. der wechselseitigen Ergänzung zwischen Bildungsphilosophie und Bildungsforschung (vgl. Marotzki 2006), so dass beide Teildisziplinen zwar deutlich voneinander verschieden, aber doch aufeinander angewiesen wären?

Die zuletzt genannte These einer fruchtbaren Verknüpfung zwischen philosophisch orientierter Bildungstheorie und (qualitativ-)empirischer Bildungsforschung habe ich selbst in verschiedenen Arbeiten sowohl programmatisch vertreten als auch forschungspraktisch zu realisieren versucht (vgl. Koller 1999, 2002a, 2003a, 2005a und c). Im Folgenden soll diese Position aber zunächst einmal ebenso wie die anderen skizzierten Auffassungen des *und* vor dem Hintergrund von Lyotards Konzeption des Widerstreits einer (selbst-)kritischen Prüfung unterzogen werden. Diese Prüfung ist nicht zuletzt durch die kritischen Überlegungen Alfred Schäfers zum Verhältnis von Bildungstheorie und Bildungsforschung motiviert (vgl. z. B. Schäfer 2006, 2007 und 2009).

Da die Frage nach dem *und* im Rahmen dieses Kapitels nicht umfassend zu behandeln ist, werden sich die folgenden Überlegungen auf die Frage nach dem Verhältnis zwischen Bildungstheorie und *qualitativer* Bildungsforschung beschränken, oder genauer: auf die Frage nach dem Verhältnis zwischen *Bildungstheorie* und *der erziehungswissenschaftlichen Biographieforschung* als einer mittlerweile etablierten Form empirischer Bildungsforschung. Zwar spielen in der gegenwärtigen bildungs- und wissenschaftspolitischen Debatte andere Arten von Bildungsforschung eine weitaus prominentere Rolle (es genügt hier das Stichwort PISA zu nennen und auf die problematische Tendenz zu verweisen, dass mit dem Stichwort »Empirische Bildungsforschung« zumeist ausschließlich quantitativ ausgerichtete Untersuchungen wie die so genannten *large scale assessment*-Studien PISA, IGLU oder TIMMS verbunden werden). Gleichwohl stellt die Verbindung von philosophisch orientierter Bildungstheorie und qualitativer Bildungsforschung mittlerweile eine anerkannte Form erziehungswissenschaftlicher Theoriebildung dar (vgl. z. B. Wigger 2004), so dass es gerechtfertigt erscheinen mag, die Erörterung des Verhältnisses von Bildungstheorie und Bildungsforschung auf dieses Beispiel zu beschränken.

Den Ausgangspunkt der folgenden Überlegungen bildet der Versuch, Bildungstheorie und Bildungsforschung im Anschluss an Peter Vogel (1997) als je unterschiedliche Formen pädagogischen Wissens zu beschreiben und diese Unterscheidung mit Hilfe von Lyotards Konzept differenter Diskursarten zu reformulieren. Daran anschließend wird das Verhältnis von Bildungstheorie und qualitativer Bildungsforschung in einem zweiten Schritt als Widerstreit im Sinne Lyotards interpretiert, um im dritten und letzten Schritt die Frage zu erörtern, in welcher Weise dieser Widerstreit konkret zum Ausdruck kommt und welche Konsequenzen daraus zu ziehen wären.

12.1 Bildungsphilosophie und Bildungsforschung als unterschiedliche Formen pädagogischen Wissens

Einen ersten Zugang zum Verhältnis von Bildungstheorie und Bildungsforschung kann die Unterscheidung verschiedener Formen des pädagogischen Wissens eröffnen, wie Peter Vogel sie im Kontext der Debatte um die Allgemeine Pädagogik vorgeschlagen hat (vgl. Vogel 1997 und 1998). Im Anschluss daran lassen sich die folgenden drei Wissensformen unterscheiden:

- Die Wissensform der *Empirischen Erziehungswissenschaft* charakterisiert Vogel als positives, empirisch fundiertes Wissen über pädagogisch relevante Sachverhalte in der sozialen Wirklichkeit, das als Grundlage für pädagogisch-praktische und bildungspolitische Entscheidungen dienen kann.
- Eine zweite Form pädagogischen Wissens, das *normative oder handlungsleitende Wissen*, lässt sich demgegenüber beschreiben als die Formulierung präskriptiver Aussagen über Ziele pädagogischen Handelns bzw. – in einer abgeschwächten Form – als die Angabe regulativer Prinzipien, die den pädagogisch Handelnden bei der Entscheidung für oder gegen bestimmte Maßnahmen Orientierung bieten sollen. Vogel nennt diese Wissensform »Allgemeine Pädagogik«, was allerdings insofern verwirrend ist, als alle drei zu unterscheidenden Wissensformen jeweils als *pädagogisches* Wissen qualifiziert werden und die Allgemeine Pädagogik deshalb paradoxerweise als eine *besondere* Wissensform der Pädagogik insgesamt firmiert. Da außerdem nicht einzusehen ist, was gerade das normativ-handlungsleitende Wissen zu einem allgemeinen Wissen machen sollte, scheint es angemessener, diese Wissensform als *handlungsorientierendes Wissen* zu bezeichnen.
- Die dritte von Vogel unterschiedene Form pädagogischen Wissens schließlich zielt auf die kritische Analyse und Reflexion der beiden anderen Wissensformen, d. h. des empirischen und des normativ-handlungsleitenden Wissens, und mithin auf die Prüfung der Geltungsansprüche dieser Wissensformen sowie auf die Bestimmung ihres Verhältnisses zueinander. Bei Vogel heißt diese Wissensform *Theoretische Erziehungswissenschaft*. Auch diese Bezeichnung scheint wenig glücklich, da ja auch die beiden anderen Wissensformen beanspruchen, theorieförmiges Wissen hervorzubringen. Ich möchte demgegenüber vorschlagen, diese Wissensform *Reflexives Wissen* zu nennen, da es sich reflexiv auf andere Wissensformen und Wissensbestände bezieht.

Geht man von Vogels Unterscheidung aus, so stellen sich im Blick auf unser Thema zwei Fragen, nämlich zum einen, welchen dieser Wissensformen Bildungstheorie und Bildungsforschung jeweils zuzurechnen wären, und zum andern, wie das Verhältnis der verschiedenen Wissensformen zueinander genauer bestimmt werden kann. Eine aussichtsreiche Perspektive, diese Fragen zu erörtern, stellt die in diesem Buch bereits vorgestellte Konzeption widerstreitender Diskursarten von Jean-François Lyotard dar (▶ Kap. 8). Denn diese Konzeption erlaubt sowohl eine genauere diskursanalytische Beschreibung der verschiedenen pädagogischen Wissensformen als auch eine Bestimmung ihres Verhältnisses zueinander.

Die Frage, welcher der drei genannten Wissensformen die *Bildungstheorie* bzw. die *qualitative Bildungsforschung* zuzurechnen sind, kann mit Lyotard nun so reformuliert werden, dass es dabei darum geht, zu bestimmen, welcher Diskursart, d.h. welchen je spezifischen Verkettungsregeln die beiden genannten Teildisziplinen folgen. Zum besseren Verständnis sei kurz daran erinnert, was unter »Diskursarten« im Sinne Lyotards zu verstehen ist. Eine Diskursart ist Lyotard zufolge ein je spezifisches Set von Regeln zur Verkettung ungleichartiger Sätze unter Maßgabe eines bestimmten Zwecks. Auf diese Weise bietet eine Diskursart Regeln dafür, wie ein gegebener Satz weiter zu verketten ist. Da diskursartübergreifend aber nur feststeht, *dass* jeder Satz weiterverkettet werden muss, nicht aber, *wie* dies zu geschehen hat, befinden sich die verschiedenen Diskursarten für Lyotard beständig im Widerstreit um die ›triftige‹ Weiterverkettung eines Satzes.

Wie nun lassen sich die Diskursarten bestimmen, denen Bildungstheorie und qualitative Bildungsforschung folgen? Beginnen wir mit der Bildungstheorie, so spricht einiges dafür, sie im Sinne von Vogels Unterscheidung der *reflexiven* Wissensform zuzurechnen, da bildungsphilosophische Arbeiten sich oftmals konkreter Handlungsanweisungen bewusst enthalten und stattdessen die kritische Prüfung der Geltungsansprüche pädagogischer Aussagen zu ihrem Anliegen machen. Diese Vorgehensweise ließe sich im Anschluss an Lyotards Konzept der Diskursarten so kennzeichnen, dass es sich dabei um eine Verkettung deskriptiver, definitorischer und evaluativer Sätze handelt, die das Ziel verfolgt, den Geltungsanspruch vorliegender pädagogischer Aussagen zu prüfen. Schematisch vereinfacht beginnt ein solcher reflexiver Diskurs mit *deskriptiven* Sätzen, die das aus anderen pädagogischen Diskursen stammende Wissen referieren oder zitieren. In einem zweiten Schritt werden diese Sätze mit *definitorischen* Sätzen verkettet, die Kriterien benennen, anhand derer das fragliche Wissen geprüft werden soll. Und drittens folgen darauf dann *evaluative* Sätze, die die betreffende Prüfung oder Bewertung schließlich vollziehen. Diese schematische Vereinfachung wird selbstverständlich der Komplexität bildungstheoretischer Reflexionen nicht gerecht, erlaubt aber immerhin, ein zentrales Problem dieser Wissensform herauszuarbeiten, das in der Frage besteht, ob die Regeln, die der kritischen Prüfung von Aussagen aus anderen Wissensformen zugrunde liegen, als bekannt und gültig vorausgesetzt werden können oder ob man eher davon ausgehen muss, dass die reflexive Wissensform stets auf der *Suche* nach ihren eigenen Regeln ist.[44]

Unabhängig von der Antwort auf diese Frage lässt sich im Blick auf unser Thema festhalten, dass von *Bildung* in dieser Diskursart notwendigerweise in einem *hypothetischen* Modus die Rede ist. Die Aussagen anderer Wissensformen über Bildung oder Bildungsprozesse werden von der Diskursart reflexiven Wissens ja nicht einfach übernommen, sondern vielmehr nur referiert, also gleichsam in Anführungszeichen gesetzt, um dann auf ihren Geltungsanspruch hin geprüft zu werden. Gleichviel welcher Wissensform die zitierten bzw. referierten Sätze über Bildung zuzurechnen

---

44 Vgl. dazu Lyotard 1989, S. 13, wo der Einsatz des philosophischen Diskurses als die Entdeckung seiner eigenen Regeln beschrieben wird.

sind, stellt Bildung für die Diskursart des reflexiven Wissens deshalb stets einen gleichsam hypothetischen Gegenstand dar.

Man könnte die Bildungsphilosophie jedoch auch – und zwar insbesondere dann, wenn es sich dabei um bildungstheoretische Arbeiten im engeren Sinne handelt – dem *handlungsorientierenden* Wissen zurechnen, da Bildungstheorien zwar nicht konkrete Anweisungen für das pädagogische Handeln formulieren, aber, wie es etwa in Dietrich Benners *Allgemeiner Pädagogik* heißt, »die Aufgaben und die Zweckbestimmung der pädagogischen Praxis« zum Thema haben (Benner 2015, S. 155). Diese Wissensform lässt sich mit Lyotard als eine Diskursart beschreiben, bei der definitorische Sätze so mit normativen bzw. präskriptiven Sätzen verbunden werden, dass daraus Orientierungen für pädagogisches Handeln zu gewinnen sind. Wiederum schematisch vereinfacht markiert den Ausgangspunkt der so verstandenen *handlungsorientierenden* Diskursart eine Reihe definitorischer Sätze, die formulieren, was unter Bildung zu verstehen sei. In einem zweiten Schritt wird diese Definition mit dem Satz *Bildung soll sein* verknüpft, aus dem sich die normative Dimension bildungstheoretischer Aussagen ergibt. Und schließlich folgt darauf eine Reihe von präskriptiven Sätzen, die Konsequenzen für das pädagogische Handeln formulieren – wie z. B. *Handle pädagogisch stets so, dass durch dein Handeln Bildung im zuvor formulierten Sinne unterstützt und gefördert wird.*

Auch in diesem Fall soll nun keineswegs behauptet werden, mit dieser formalen Charakterisierung seien philosophisch orientierte Bildungstheorien angemessen oder gar vollständig zu erfassen. Aber immerhin lassen sich auf dieser Basis einige ihrer wesentlichen Probleme näher kennzeichnen. So ist z. B. innerhalb der bildungstheoretischen Diskussion umstritten, welcher Status den oben so genannten präskriptiven Sätzen zukommt bzw. ob *präskriptiv* überhaupt die richtige Bezeichnung dafür darstellt. Die handlungsorientierende Funktion des bildungstheoretischen Wissens wird nämlich in vielen Fällen nicht im Sinne direkter Handlungsanweisungen konzipiert, sondern vielmehr als Formulierung regulativer Prinzipien oder Gesichtspunkte, die von pädagogisch Handelnden bei ihren selbständig zu treffenden Entscheidungen zu berücksichtigen seien. Die Eigenständigkeit der Entscheidungen pädagogisch Handelnder (die der handlungsorientierenden Funktion der bildungstheoretischen Diskursart enge Grenzen setzt) ergibt sich dabei erstens aus der Besonderheit und Unvorhersehbarkeit historisch veränderlicher pädagogischer Handlungssituationen und zweitens aus der Einzigartigkeit und Unverfügbarkeit der Adressaten pädagogischen Tuns, d. h. der sich bildenden Subjekte. Trotz aller Unterschiede im jeweiligen Verständnis von Bildung herrscht deshalb unter Bildungstheoretikern relative Einigkeit darüber, dass Bildung etwas ist, was man gerade *nicht* planmäßig herstellen oder bewirken, sondern allenfalls befördern oder ermöglichen kann. Bildungstheoretisches Denken ist daher, um es mit Alfred Schäfer (2009, S. 187) zu formulieren, »Möglichkeitsdenken«, und in diesem Sinne gehört zur theoretischen Rede von Bildung in der handlungsorientierenden Diskursart der Modus des *Potentialis*.

Während es also im Blick auf die Bildungstheorie zwei Optionen der Zuordnung zu einer Wissensform bzw. einer Diskursart gibt, dürfte für die *qualitative Bildungsforschung* Einigkeit darüber bestehen, dass sie der *empirischen Wissensform* zuzurechnen ist, da es darin um eine im weitesten Sinne empirisch verfahrende Untersuchung von Bildungsprozessen sowie ihrer sozioökonomischen und kulturellen Bedingungen geht. Mit Lyotard lässt sich diese Wissensform als kognitive oder wissenschaftliche Diskursart beschreiben, deren Regelsystem in der Verkettung denotativer, deskriptiver und ostensiver Sätze besteht, und zwar unter Maßgabe des Zweckes, die Wirklichkeit eines bestimmten Referenten zu ermitteln (vgl. Lyotard 1989, S. 10). Am Beispiel des Programms einer bildungstheoretisch orientierten Biographieforschung, das im nächsten Kapitel vorgestellt werden soll, lässt sich dies folgendermaßen verdeutlichen (vgl. z. B. Marotzki 1995).

Die Diskursart einer bildungstheoretisch orientierten Biographieforschung geht aus von der Formulierung und Explikation eines bestimmten Bildungsbegriffs, z. B. eines Begriffs transformatorischer Bildungsprozesse (und weist insoweit Überschneidungen mit der Diskursart der Bildungstheorie auf). So kann man Bildungsprozesse etwa, wie es in diesem Buch vorgeschlagen wird, als Transformationen jener grundlegenden Figuren begreifen, kraft derer Menschen sich zur Welt und zu sich selbst verhalten, und davon ausgehen, dass solche Bildungsprozesse immer dann notwendig werden, wenn Menschen mit Problemen konfrontiert werden, für deren Bewältigung die bisherigen Figuren ihres Welt- und Selbstverhältnisses nicht mehr ausreichen. Solche definitorischen Sätze werden in der Diskursart erziehungswissenschaftlicher Biographieforschung nun (und hier beginnt die entscheidende Differenz zu den Diskursarten der Bildungstheorie) verknüpft mit *ostensiven* Sätzen, die versuchen, solchermaßen gefasste Bildungsprozesse mit Hilfe bestimmter Dokumente wie z. B. biographischer Interviews empirisch zu identifizieren und genauer zu analysieren. Das Ziel oder der Zweck dieser Diskursart besteht typischerweise darin, festzustellen, ob bzw. inwiefern es sich in einer gegebenen empirischen Situation um einen Fall von Bildung im zuvor definierten Sinn handelt, welche Verlaufsformen für solche Bildungsprozesse kennzeichnend sind und durch welche Bedingungen diese Prozesse gefördert oder behindert werden.

Auch hier gilt, dass mit dieser Beschreibung die Diskursart der erziehungswissenschaftlichen Biographieforschung selbstverständlich noch lange nicht hinreichend erfasst ist. Eine genauere Analyse müsste z. B. darauf eingehen, dass diese Art von Bildungsforschung bei dem Versuch, theoretisch bestimmte Sachverhalte empirisch zu identifizieren, auf *interpretative* Sätze angewiesen ist, die die ›empirischen‹ Sätze (wie z. B. bestimmte Aussagen aus einem biographischen Interview) im Lichte des zuvor explizierten theoretischen Vorverständnisses deuten und zugleich darauf abzielen, dieses Vorverständnis in Auseinandersetzung mit dem empirischen Datenmaterial zu erweitern, zu modifizieren oder zu revidieren.

12.2 Das Verhältnis von Bildungstheorie und qualitativer Bildungsforschung als Widerstreit im Sinne Lyotards

Entscheidend für unseren Zusammenhang ist nun aber die Frage, in welchem Verhältnis die eben beschriebenen Diskursarten der Bildungstheorie und der qualitativen Bildungsforschung zueinanderstehen. Indirekt ist damit im Übrigen auch das vieldiskutierte Problem der Bestimmung des *Allgemeinen* der Allgemeinen Pädagogik angesprochen, sofern es naheliegt, die Frage nach dem Verhältnis der verschiedenen pädagogischen Wissensformen zueinander als Frage nach der Gemeinsamkeit bzw. nach dem Verbindenden der drei Wissensformen zu thematisieren. Lyotards zentrale These in Bezug auf das Verhältnis differenter Sprachspiele zueinander besteht nun (wie in ▶ Kap. 8 erläutert) in der Behauptung vom *Widerstreit* der Diskursarten. Zwischen verschiedenen Diskursarten kann es demzufolge stets zum Widerstreit kommen, und d. h. zu einem Typus von Konflikten, für den es mangels übergreifender Prinzipien keine ›gerechte‹ Lösung geben kann. Dies gilt nicht nur für das Verhältnis der Wissenschaft zu anderen, etwa alltagsweltlichen Sprachspielen, sondern ebenso für die unterschiedlichen Formen der Gewinnung und Begründung *wissenschaftlichen* Wissens. Aufgrund der zunehmenden Pluralisierung wissenschaftlicher Sprachspiele ist es Lyotard zufolge im Laufe des 20. Jahrhunderts zu einem Glaubwürdigkeitsverlust der »großen Erzählungen« zur Legitimation des Wissens gekommen, so dass heute nicht mehr von einem einheitlichen gemeinsamen Wissensbestand auszugehen sei, zu dem das wissenschaftliche Wissen in seinen verschiedenen Formen beitragen würde. Die Postmoderne ist für Lyotard vielmehr von einer Vielfalt *unterschiedlicher* Wissensformen oder Diskursarten gekennzeichnet, die nebeneinander existieren, ohne dass eine Meta-Diskursart vorhanden wäre, die es erlauben würde, sie zu vereinheitlichen bzw. mögliche Konflikte zwischen ihnen zu schlichten.

Diese Diagnose kann nun auch auf die zuvor beschriebenen pädagogischen Wissensformen bzw. Diskursarten bezogen werden. Denn diese sind radikal verschieden in dem Sinne, dass sie unterschiedlichen Verkettungsregeln folgen und dass keine übergreifende Instanz existiert, die in der Lage wäre, Streitigkeiten zwischen ihnen beizulegen. Aus dieser Diagnose folgt, dass permanent mit der Möglichkeit eines Widerstreits zwischen den unterschiedlichen pädagogischen Wissensformen zu rechnen ist. Ein angemessener Umgang mit dieser Situation bestünde im Sinne Lyotards darin, den Widerstreit als solchen anzuerkennen und ihn offen zu halten bzw. seine Verwandlung in einen *Rechtsstreit* (der nach Maßgabe übergreifender Regeln entschieden werden könnte) zu verhindern.

Bezogen auf das Verhältnis von Bildungsphilosophie und qualitativer Bildungsforschung zeigt sich dieser Widerstreit etwa im unvermeidlichen Anspruch der qualitativen Bildungsforschung (den sie im Übrigen mit den Ansätzen quantitativer Bildungsforschung gemeinsam hat), Bildung oder Bildungsprozesse *empirisch* zu erfassen. Ob diese empirische Erfassung nun auf dem Wege der quantifizierenden Messung oder der interpretativen Erschließung erfolgt, ist unter diesem Gesichtspunkt zunächst zweitrangig. Worauf es ankommt, ist der Akt der Identifizierung als solcher: Etwas, d. h. ein wahrnehmbarer Sachverhalt in der Wirklichkeit wie z. B. die narrative Darstellung einer bestimmten Erfahrung in einem biographischen Interview, wird *als etwas* identifiziert, nämlich hier als ein Fall von Bildung (bzw. als Darstellung eines Bildungsprozesses). Im jeweiligen Forschungskontext mag dies auf sehr unterschiedliche und komplexe Weise geschehen; aber der Kern, um den es zunächst geht, ist dieser Akt, *etwas als etwas zu identifizieren*.

Der entscheidende Unterschied zu den beiden zuvor erörterten Versionen der Bildungstheorie, also zur reflexiven und zur handlungsorientierenden Diskursart, besteht dabei darin, dass in der empirischen Bildungsforschung Bildung nicht mehr als hypothetischer Gegenstand bzw. als Möglichkeitskategorie behandelt wird, sondern vielmehr als empirisch identifizierbarer und d. h. prinzipiell in der Wirklichkeit auffindbarer Sachverhalt.

In einer anderen philosophischen Begrifflichkeit, nämlich der von Adornos *Negativer Dialektik*, kann man diesen Gegensatz zwischen Bildungstheorie und qualitativer Bildungsforschung auch als ein Problem des identifizierenden Denkens charakterisieren (vgl. Adorno 1984, S. 17 ff.). Das identifizierende Denken ist Adorno zufolge nicht nur für die empirischen Wissenschaften, sondern für das begriffliche Denken überhaupt kennzeichnend. Der eben beschriebene Akt, etwas als etwas zu identifizieren, gilt Adorno dabei als unabdingbar, um sich überhaupt denkend auf Wirklichkeit beziehen zu können. Auf der anderen Seite aber läuft das identifizierende Denken ihm zufolge Gefahr, seinem Gegenstand Gewalt anzutun, sofern nämlich stets damit zu rechnen sei, dass etwas an diesem Gegenstand dem erkennenden Zugriff entgeht, dass also bestimmte Aspekte des Gegenstandes in seiner Identifizierung *als X* nicht aufgehen. Deshalb bedarf das identifizierende Denken im Sinne von Adornos negativer Dialektik einer Korrektur, die darauf abzielt, das Nichtidentische des Gegenstandes, also das, was sich dem identifizierenden Zugriff entzieht, zur Geltung zu bringen.

Im Sinne Lyotards wäre dieses Geltend-Machen des Nichtidentischen als Bezeugen des Widerstreits zu verstehen, nämlich als Aufgabe, den Widerstreit *als Widerstreit* anzuerkennen, ihn offen zu halten und gegebenenfalls Idiome zu finden für das, was in der jeweils vorherrschenden Diskursart nicht gesagt werden kann (vgl. Lyotard 1989, S. 12 und 32). In unserem Kontext könnte das bedeuten, Idiome zu finden für das, was sich dem jeweiligen Erkenntnismodus einer pädagogischen Wissensform entzieht, also z. B. für diejenigen Momente oder Aspekte von Bildungsprozessen, die sich der empirischen Identifizierung widersetzen und in ihrer interpretativen Erschließung mit Hilfe narrativer Interviews oder anderer Dokumente *nicht* aufgehen.

Vor diesem Hintergrund könnten Vertreter qualitativer Bildungsforschung nun allerdings einwenden, dass doch der methodologische Ansatz interpretativer oder rekonstruktiver Sozialforschung selbst schon einen Versuch darstelle, dem beschriebenen Widerstreit gerecht zu werden und das zur Geltung zu bringen, was dem identifizierenden empirischen Zugriff auf die soziale Wirklichkeit entgeht.

In der Tat ist die interpretative Sozialforschung historisch mit dem Anspruch angetreten, solche Aspekte oder Momente der sozialen Wirklichkeit zu erfassen, die sich dem quantitativ ausgerichteten, am positivistischen Wissenschaftsmodell orientierten Blick entziehen (vgl. zum Folgenden z. B. Hoffmann-Riem 1994). Dieser Anspruch ist darin begründet, dass interpretative Sozialforschung die soziale Wirklichkeit nicht als objektive *Gegebenheit* versteht, die empirisch nur noch gemessen, d. h. quantifizierend erfasst und identifiziert zu werden bräuchte. Soziale Wirklichkeit stellt für die interpretative Forschung vielmehr ein gesellschaftliches und diskursives *Konstrukt* dar, das in Prozessen symbolischer Interaktion und diskursiver Sinnzuschreibung mit Bedeutung versehen und dabei zugleich überhaupt erst als Wirklichkeit hervorgebracht wird (vgl. z. B. Berger & Luckmann 1980). Phänomene der sozialen Wirklichkeit – und d. h. in unserem Beispiel etwa Bildungsprozesse – können dieser Auffassung zufolge deshalb nicht objektivierend erfasst bzw. quantitativ gemessen werden, sondern sind nur *interpretativ* zu erschließen, indem man diejenigen Konstruktionsprozesse *re*konstruiert, in denen Phänomene der sozialen Wirklichkeit (also z. B. Bildungsprozesse) interaktiv oder diskursiv hervorgebracht worden sind (vgl. z. B. Bohnsack 2021, S. 17–34). Versucht man demgegenüber, Bildungsprozesse oder ihre Resultate objektivierend zu erfassen, wie es im Rahmen der quantitativ-empirischen Bildungsforschung geschieht, so läuft man diesen Überlegungen zufolge Gefahr, diejenigen Aspekte des Bildungsgeschehens zu verfehlen, die sich aufgrund ihres sinnhaft-interaktiven Charakters solchen Messverfahren und deren Erfassungskategorien entziehen.

Qualitative Bildungsforschung kann so als Versuch verstanden werden, das Nichtidentische (im Sinne Adornos), also das Nichtidentifizierbare und Nichtmessbare von Bildungsprozessen zur Geltung zu bringen. Zu diesem Zweck bemüht sich qualitative Bildungsforschung, die interaktiven Prozesse und diskursiven Vorgänge zu rekonstruieren, d. h. interpretativ zu erschließen, in denen bzw. als die Bildung sich vollzieht. So versucht etwa die bildungstheoretisch orientierte Biographieforschung (wie im nächsten Kapitel erläutert wird), die allmähliche biographische Aufschichtung von Erfahrungen (sowie die in bestimmte Diskurse eingebettete Deutung solcher Erfahrungen) zu rekonstruieren, die Menschen im Rahmen bestimmter lebensgeschichtlicher Konstellationen machen. Auf diese Weise soll herausgefunden werden, ob und unter welchen Bedingungen es dabei zu Bildungsprozessen im Sinne der Transformation von Grundfiguren bisheriger Welt- und Selbstverhältnisse kommt. In diesem Sinne wäre die erziehungswissenschaftliche Biographieforschung als Versuch aufzufassen, das unvermeidliche identifizierende Denken, durch das sich quantitativ-empirische Forschung auszeichnet, zu korrigieren, und den sinnhaften und interaktiv-diskursiven Charakter von Bildungsprozessen zur Geltung zu bringen.

Qualitative Bildungsforschung gerät dabei freilich selbst in die Gefahr, nun ihrerseits so zu tun, als könne sie ihren Gegenstand, die soziale Wirklichkeit von Bildung, im Gegensatz zu quantitativ orientierten Vorgehensweisen *angemessen* oder gar *vollständig* und ohne Rest erfassen. Denn wenn die vorangegangenen Überlegungen richtig sind, so steht auch die qualitative Bildungsforschung aufgrund ihrer Zugehörigkeit zur Diskursart empirischer Wissensformen zumindest potentiell im Widerstreit zu den bildungstheoretischen Diskursarten des handlungsorientierenden und des reflexiven Wissens. Forschungspraktisch folgt daraus, dass auch die qualitative Bildungsforschung damit rechnen muss, dass es Aspekte ihres Gegenstandes gibt, also Momente von Bildung oder von Bildungsprozessen, die sich ihrem

Zugriff notwendigerweise entziehen und deshalb auch mit den Mitteln qualitativer Forschung nicht zu erfassen sind.

12.3 Konkretisierungen und Konsequenzen

Mit diesem Verweis auf die Grenzen qualitativer Bildungsforschung sind weniger diejenigen Fragen gemeint, für die qualitative Forschung angesichts ihrer Beschränkung auf eine kleine Zahl von Einzelfällen keine Antwort zu geben vermag (wie z. B. die Frage nach der *Häufigkeit* bestimmter Phänomene, die allein mit Hilfe *quantitativer* Methoden beantwortet werden könnte). Wichtiger im Kontext der Frage nach dem Verhältnis von Bildungstheorie und Bildungsforschung sind vielmehr solche Aspekte des Bildungsgeschehens, die sich empirischer Identifizierung möglicherweise völlig entziehen, die aber für das pädagogische Handeln dennoch bedeutsam sein könnten.

In diesem Zusammenhang könnten Überlegungen Judith Butlers interessant sein, die sich in ihrem Buch *Kritik der ethischen Gewalt* finden (vgl. Butler 2003 und ▶ Kap. 5). In Auseinandersetzung mit Adorno und Foucault geht es Butler darin um die Frage, wie diejenige Form der Gewalt zu vermeiden ist, die sie ethische Gewalt nennt und die darin besteht, moralische Forderungen zu erheben, ohne die Voraussetzungen und Bedingungen zu berücksichtigen, unter denen solche Forderungen realisiert oder verfehlt werden. Zu diesen Voraussetzungen gehören für Butler nicht nur (mit Adorno) die gesellschaftlichen Bedingungen, unter denen moralische Normen angeeignet werden müssen, sondern auch (mit Foucault) die Regeln, die darüber entscheiden, wie ein Ich sich als (moralisches) Subjekt konstituiert und wer überhaupt als Subjekt Anerkennung findet bzw. wer nicht. Aus diesem Grund besteht ethische Gewalt für Butler nicht nur in der Indifferenz gegenüber den gesellschaftlichen Bedingungen moralischer Praxis, sondern auch in der Ignoranz gegenüber den diesen Bedingungen noch vorausgehenden Grundvoraussetzungen der Subjektkonstitution selber.

Insofern als moralische Verantwortlichkeit spätestens seit Nietzsche mit der Fähigkeit und Bereitschaft verknüpft worden ist, vom eigenen Handeln in narrativer Form Rechenschaft abzulegen, wird für Butler in diesem Zusammenhang die Frage relevant, inwieweit es möglich ist, über das eigene Leben bzw. Handeln erzählend Rechenschaft zu geben. Genau dieser Punkt nun macht Butlers Überlegungen zur ethischen Gewalt in unserem Kontext interessant. Denn die empirische Identifizierung von Bildungsprozessen in der erziehungswissenschaftlichen Biographieforschung setzt ja voraus, dass Bildungsprozesse in narrativen Interviews erzählerisch artikuliert werden können. Doch wenn Butler Recht hat, sind durch die Bedingungen der Subjektkonstitution nicht nur der moralischen Rechenschaftsablegung, sondern auch der narrativen Vergegenwärtigung von Bildungsprozessen bestimmte Grenzen gesteckt.

Diese Grenzen bestehen für Butler vor allem im Umstand, dass das Ich, um überhaupt als moralisches Subjekt anerkannt werden zu können, sich einem Anderen aussetzen muss, über den oder das es nicht souverän verfügen kann und der oder das ihm nicht völlig transparent ist. Dieses Ausgesetztsein hat dabei Butler zufolge mindestens zwei Seiten (vgl. a. a. O., S. 48 ff.): Zum einen muss das Ich sich dabei einer sozialen Normativität unterwerfen, die festlegt, was überhaupt eine anerkennungsfähige Rechenschaft von sich selber ist. Im Blick auf das Erzählen der eigenen Lebensgeschichte unterliegt das erzählende Ich z. B. diskursiven Regeln der autobiographischen Narration, die es nicht selber gemacht hat und die es auch nicht narrativ einholen kann. Zum andern ist Butler zufolge jede Rechenschaft bzw. jede Erzählung an ein Gegenüber adressiert und deshalb in gewisser Weise von diesem Gegenüber kontaminiert, dessen Einfluss auf die Erzählung vom Ich weder kontrolliert noch dargestellt werden kann. Diese Konstellation wird noch komplizierter, wenn man wie Butler die Adressierungsstruktur narrativer Rede im Lichte des psychoanalytischen Konzepts der Übertragung reformuliert (vgl. a. a. O., S. 63 ff.). Im Kontext unseres Themas mag es jedoch genügen, festzuhalten, dass aufgrund der sozialen Normativität und der Adressierungsstruktur jeder Narration lebensgeschichtlichen Erzählungen notwendigerweise entscheidende Momente oder Aspekte ihres Referenten entgehen.

Für Butlers Argumentation entscheidend ist nun, dass sie aus dieser Unterbrechung narrativer Kohärenz keineswegs die Schlussfolgerung ableitet, dass Subjekte für ihr Tun nicht moralisch verantwortlich wären. Butler versucht vielmehr umgekehrt zu zeigen, dass das notwendige Scheitern narrativer Rechenschaftsablegung gerade als *Voraussetzung* einer bestimmten »ethischen Disposition« gedacht werden kann, die sich allerdings vom Konzept umfassender Rechenschaft abhebt (a. a. O., S. 53). An diesen Gedanken möchte ich nun im Zusammenhang mit der Frage der empirischen Identifizierbarkeit von Bildungsprozessen anknüpfen. Auch wenn Bildung nicht mit moralischer Verantwortlichkeit und autobiographische Erzählungen nicht mit der Rechenschaftslegung moralischer Subjekte gleichzusetzen sind, hat Butlers Auffassung, wonach bestimmte Momente der Konstituierung von Subjektivität notwendigerweise der erzählerischen Selbstpräsentation eines Subjekts entgehen, auch Folgen für die Erforschung von solchen Prozessen der Konstitution und Transformation von Subjekten, die als Bildung bezeichnet werden können. Denn aus dem Verweis auf die Grenzen der Erzählbarkeit des eigenen Lebens folgt, dass jeder empirischen Erfassung von Bildungsprozessen mit Hilfe autobiographischer Erzählungen, wie sie in der erziehungswissenschaftlichen Biographieforschung angestrebt wird, durch die soziale Normiertheit und die Adressierungsstruktur des Erzählens unüberwindliche Grenzen gesteckt sind.

Ein Beispiel für das hier Gemeinte findet sich etwa zu Beginn von Rainer Maria Rilkes 1910 erschienenen *Aufzeichnungen des Malte Laurids Brigge*, in denen autobiographische Skizzen des fiktiven Ich-Erzählers eine wichtige Rolle spielen. In einer Passage über dessen Erlebnisse in Paris heißt es dort:

> »Ich will auch keinen Brief mehr schreiben. Wozu soll ich jemandem sagen, daß ich mich verändere? Wenn ich mich verändere, bleibe ich ja doch nicht der, der ich war, und bin ich etwas anderes als bisher, so ist klar, daß ich keine Bekannten habe. Und an fremde Leute, an Leute, die mich nicht kennen, kann ich unmöglich schreiben« (Rilke 1910/2000, S. 10 f.).

Insofern Bildung etwas mit den Veränderungen eines Ichs zu tun hat, wie sie sich z. B. bei der Konfrontation mit einer völlig fremden Umgebung vollziehen, werfen diese Sätze, in denen von der Unmöglichkeit die Rede ist, solche Veränderungen in Briefen zu beschreiben, auch ein Schlaglicht auf das Problem, Bildungsprozesse zu erzählen bzw. empirisch zu identifizieren. Dass Rilkes Text die Schwierigkeit, solche Veränderungen zu beschreiben, am Beispiel der Textsorte *Brief* thematisiert, stellt dabei keine wesentliche Einschränkung dar. Denn was für den Brief gilt – nämlich dass er stets an einen Adressaten gerichtet ist und eine Differenz in Raum und Zeit überwinden muss – gilt bei näherem Betrachten für jede Art von Texten und mithin auch für biographische Interviews, wie sie in der erziehungswissenschaftlichen Biographieforschung verwendet werden. Folgt man dieser Überlegung, so steht jeder Versuch, Bildungsprozesse zu beschreiben, vor der Schwierigkeit, solche Beschreibungen an ein Gegenüber adressieren zu müssen, das zwei einander widersprüchliche Eigenschaften besitzt: Dieses Gegenüber muss einerseits das erzählende Ich ›kennen‹ bzw. zu dessen ›Bekannten‹ gehören, um ihm überhaupt das Vertrauen einzuflößen, von sich selbst zu berichten. Anderseits aber bezieht sich dieses ›Kennen‹ auf ein Ich, das zum Zeitpunkt der Erzählung gar nicht mehr existiert, sofern es im Zuge seines Bildungsprozesses ein *anderes* geworden ist. In dieser Hinsicht wird das Gegenüber gerade durch seine ›Bekanntschaft‹ mit dem Erzähler daran gehindert, Adressat der Darstellung eines Veränderungsprozesses werden zu können, weil eine solche Veränderung jede Bekanntschaft zunichtemacht. Da aber eine Erzählung ohne Adressierung unmöglich ist, können Bildungsprozesse, folgt man Rilkes Überlegungen, eigentlich gar nicht erzählt und deshalb auch nicht empirisch identifiziert werden.

Vergleichbare Indizien für die Schwierigkeiten einer empirischen Identifizierung von Bildungsprozessen finden sich auch in Arbeiten aus der erziehungswissenschaftlichen Biographieforschung selbst. So berichtet z. B. die US-amerikanische Erziehungswissenschaftlerin Colleen Larson in einem Aufsatz mit dem Titel *Representing the subject* (vgl. Larson 1997) über ein narratives Interview, das sie selbst im Rahmen eines Forschungsprojekts einer Kollegin gegeben hat, und analysiert dabei die methodischen Schritte qualitativer Forschung einmal (wie es dort heißt) »von der anderen Seite des Mikrophons« aus – also aus der Perspektive der Befragten. Dabei stellt sie nicht nur einige Annahmen und Regeln narrativ-biographischer Forschung in Frage (wie z. B. die Forderung nach weitgehender Zurückhaltung des Interviewers, die sie als Befragte plötzlich sehr irritiert habe), sondern beschreibt auch ihre Eindrücke beim Lesen der Transkription des Interviews, die sie – wie dies im Rahmen qualitativer Forschung üblich ist – für die weitere Auswertung freigeben sollte. Besonders irritierend für sie sei dabei ihr Gefühl gewesen, das Gesagte sei keinesfalls schon ihre ganze Geschichte und müsse unbedingt noch weiter ausgeführt werden, bevor es analysiert und interpretiert werden könne.

Man könnte diese Eindrücke auf die besondere Sensibilität einer Wissenschaftlerin zurückführen, die plötzlich selbst zum Gegenstand wissenschaftlicher Forschung wird. Oder man könnte sogar das fiktive Ideal einer vollständigen authentischen Selbstdarstellung kritisieren, das in diesen Überlegungen implizit enthalten ist. Wichtiger scheint mir an dieser Stelle aber der Hinweis darauf, dass auch qualitative Forschung, die mit dem Anspruch auftritt, gegenstands- oder alltagsnäher zu sein und die Befragten in ihrer Subjektivität stärker ernst zu nehmen als quantitativ orientierte Vorgehensweisen, auf Grenzen stößt. Sie muss nämlich die Subjekte, mit denen sie zu tun hat, schon aus forschungspraktischen Gründen dazu zwingen, die Geschichten, die sie erzählen, irgendwann einmal zu beenden und damit die unendliche Offenheit des gelebten Lebens in eine endliche, abschließbare Geschichte zu verwandeln. Das bedeutet aber, dass auch qualitative Bildungsforschung dazu tendieren muss, die implizite *Möglichkeit* von Bildung auf die *Wirklichkeit* eines stattgefundenen (oder nicht stattgefundenen) Bildungsprozesses zu reduzieren.

Als Schlussfolgerung aus diesen Überlegungen bietet sich nun nicht nur die Konsequenz an, die Colleen Larson in ihrem Artikel daraus ableitet, nämlich die Forderung nach der Weiterentwicklung und Verbesserung qualitativer Methoden, z. B. im Blick auf die stärkere Einbeziehung der Informantinnen in die Auswertung qualitativer Materialien (so berechtigt diese Forderung auch sein mag). Wichtiger im Kontext unseres Themas ist vielmehr eine andere Konsequenz, nämlich die Aufgabe, das Bewusstsein für die unvermeidlichen Grenzen auch der qualitativen Bildungsforschung und für den daraus resultierenden Widerstreit zwischen Bildungstheorie und Bildungsforschung wach zu halten.

Im Blick auf die Frage nach dem Verhältnis von Bildungstheorie und Bildungsforschung wäre nun freilich auch in umgekehrter Richtung zu untersuchen, worin das Nicht-Artikulierbare der bildungstheoretischen Diskursart(en) besteht. Da eine entsprechend ausführliche Analyse dieser Frage hier nicht möglich ist, beschränke ich mich auf den Hinweis, dass die Rede vom bildungstheoretischen Denken als Möglichkeitsdenken oder ganz allgemein philosophische Fassungen des Bildungsbegriffs *nicht* geeignet sind, die *Wirklichkeit* von Bildungsprozessen zu erfassen bzw. die Frage zu beantworten, ob und inwiefern sich Bildung in dem von ihnen beschriebenen Sinn in der Wirklichkeit vorfinden lässt (wie immer man dabei den Begriff »Wirklichkeit« fassen mag). Aus diesem Befund folgt für das Verhältnis von Bildungstheorie und Bildungsforschung, dass jede der Teildisziplinen oder Wissensformen den zwischen ihnen herrschenden Widerstreit anerkennen sollte. Anerkennung des Widerstreits würde zum einen bedeuten, die prinzipielle Existenzberechtigung der jeweils anderen Diskursarten zu respektieren und darauf zu verzichten, den Widerstreit in einen Rechtsstreit zu verwandeln, der nach einer gemeinsamen Urteilsregel beigelegt werden könnte. Anerkennung des Widerstreits impliziert aber auch, die jeweilige eigene Begrenztheit anzuerkennen und auf jede Art von Alleinvertretungsanspruch zu verzichten, und dennoch nach Artikulationsmöglichkeiten für das zu suchen, was in der jeweils herrschenden Diskursart nicht gesagt werden kann. Anerkennung des Widerstreits meint also nicht, dass die widerstreitenden Diskursarten hermetisch voneinander abgeschottet werden sollten, sondern impliziert die Aufforderung, von anderen Diskursarten zu lernen, gegebenenfalls die Diskursart zu wechseln oder nach neuen Diskursarten zu suchen, die es erlauben, das bisher nicht Artikulierbare zur Sprache zu bringen.

Forschungspraktisch folgt daraus im Blick auf unsere Frage nach der empirischen Erforschung transformatorischer Bildungsprozesse, dass eine empirische Bildungsforschung, die ihrem Gegenstand Bildung gerecht werden will, selbst *als transformatorischer Bildungsprozess* angelegt sein – und d. h. in der Auseinandersetzung mit ihrem Gegenstand offen bleiben sollte für Irritationen und Fremdheitserfahrungen, die zur Transformation des eigenen Welt- und Selbstverhältnisses bzw. zur Reformulierung der eigenen Kategorien und Vorannahmen theoretischer, methodischer oder sonstiger Art herausfordern.

Das *und* zwischen »Bildungstheorie« und »empirischer Bildungsforschung« erweist sich damit als doppelsinnig: es meint sowohl die Erinnerung an die Unterschiede, die Grenzen und Gegensätze zwischen Bildungstheorie und Bildungsforschung als auch die Aufforderung zur Auseinandersetzung, zum wechselseitigen Lernen voneinander sowie zur Offenheit für neue Diskursarten und Wissensformen. Ein so verstandenes *und* wäre zugleich der angemessene Platz einer Allgemeinen Erziehungswissenschaft, die sich nicht mehr als übergreifendes Dach, sondern vielmehr als Ort der Austragung von Konflikten zwischen den verschiedenen pädagogischen Wissensformen verstünde. Das *Allgemeine* der Allgemeinen Erziehungswissenschaft bestünde dann paradoxerweise darin, ein Bewusstsein für die Grenzen ihrer unterschiedlichen Wissensformen und Diskursarten zu schaffen, um so den Widerstreit zwischen ihnen offen zu halten oder – wo es erforderlich ist – überhaupt erst zur Geltung zu bringen.

13 Die sprachliche Artikulation von Veränderungen. Zur empirischen Erforschung transformatorischer Bildungsprozesse

Wenn man sich nach dem im letzten Kapitel Gesagten daran macht zu klären, auf welche Weise transformatorische Bildungsprozesse empirisch untersucht werden können, so ist zunächst einmal festzuhalten, dass es dabei darauf ankommt, sowohl die Möglichkeiten als auch die Grenzen dieses Vorhabens im Auge zu behalten. Denn einerseits kann die empirische Erforschung von Bildungsprozessen als notwendige Ergänzung oder Erweiterung der philosophisch ausgerichteten Bildungstheorie angesehen werden, insofern bildungstheoretische Überlegungen – insbesondere sofern es sich dabei um Aussagen der im letzten Kapitel beschriebenen normativen bzw. handlungsorientierenden Diskursart handelt – stets Gefahr laufen, auf der Ebene von Postulaten zu verbleiben und die Bedingungen und Verlaufsformen tatsächlicher Bildungsprozesse gar nicht erst in den Blick zu bekommen (vgl. dazu schon Gruschka 1992). Andererseits haben sowohl der Verweis auf den Möglichkeitsstatus des Bildungsbegriffs als auch die Auseinandersetzung mit Adornos Kritik identifizierenden Denkens gezeigt, dass auch qualitative Bildungsforschung vor dem Problem steht, etwas empirisch identifizieren zu wollen, was sich einem solchen Zugriff zumindest partiell entzieht.

Es fragt sich nun, wie angesichts dieser Überlegungen ein Versuch, transformatorische Bildungsprozesse empirisch zugänglich zu machen, über die bereits angedeuteten forschungspraktischen Konsequenzen hinaus konkret aussehen könnte. Wie bereits mehrfach erwähnt stellt das Programm einer bildungstheoretisch fundierten Biographieforschung einen mittlerweile etablierten Versuch dar, die philosophisch orientierte Bildungstheorie mit der empirischen Erforschung tatsächlicher Bildungsprozesse zu verknüpfen. Dieses Programm soll deshalb nun vorgestellt und auf seine Möglichkeiten und Grenzen im Blick auf die Untersuchung transformatorischer Bildungsprozesse hin befragt werden.

13.1 Methodologische Prämissen: Das Programm einer bildungstheoretisch fundierten Biographieforschung

Das Programm einer bildungstheoretisch fundierten Biographieforschung geht ebenso wie das Konzept transformatorischer Bildungsprozesse auf Arbeiten Rainer

Kokemohrs und Winfried Marotzkis zurück, die seit Ende der 1980er Jahre versucht haben, die methodologischen Überlegungen der vor allem von Fritz Schütze begründeten sozialwissenschaftlichen Biographieforschung für die empirische Untersuchung biographischer Bildungsprozesse fruchtbar zu machen (vgl. Kokemohr 1989, Kokemohr & Marotzki 1989 sowie Marotzki 1990, 1991, 1995 und 2006). Dieser Ansatz wurde mittlerweile von vielen anderen Erziehungswissenschaftlerinnen und Erziehungswissenschaftlern aufgegriffen und zur Untersuchung von Bildungsprozessen in verschiedenen Kontexten eingesetzt.[45]

Als grundlegend für das Programm einer bildungstheoretisch fundierten Biographieforschung und die damit verbundene empirische Untersuchung von Bildungsprozessen können zunächst einmal vor allem zwei allgemeine Prämissen gelten. Zum einen gehen die Vertreter dieses Ansatzes davon aus, dass Bildungsprozesse – unabhängig davon, wie man sie im Einzelnen bestimmen mag – keine objektiven Gegebenheiten sind, die sich unabhängig von den Bedeutungszuschreibungen der Beteiligten vollziehen und deshalb mit objektivierenden Verfahren gemessen werden könnten. Bildungsprozesse lassen sich vielmehr im Sinne des interpretativen Paradigmas (vgl. Hoffmann-Riem 1994) als gesellschaftlich konstruierte, sinnhafte Phänomene begreifen, die nur angemessen zu erfassen sind, wenn man die interaktiven bzw. diskursiven Bedeutungszuschreibungen rekonstruiert, die ihnen zugrunde liegen. Daraus folgt, dass Bildungsprozesse in erster Linie mit den Mitteln *qualitativer* (oder rekonstruktiver) Forschung untersucht werden können (vgl. Bohnsack 2021, S. 17–34). Zum andern ist anzunehmen, dass Bildungsprozesse – von seltenen Ausnahmen abgesehen – keine einmaligen, instantanen Vorgänge darstellen, sondern als langfristiges Geschehen aufzufassen sind, das sich im Kontext lebensgeschichtlicher Entwicklungen vollzieht. Deshalb können im Rahmen der Methodologie qualitativer Forschung *biographische* Verfahren (vgl. z.B. Krüger & Marotzki 2006) als besonders geeignet angesehen werden, um Bildungsprozesse empirisch zu erfassen. Für transformatorische Bildungsprozesse in dem hier vorgestellten Sinn gilt dies in besonderer Weise, da deren empirische Erforschung es notwendig macht, die biographischen Bedingungen und den zeitlichen Verlauf zu rekonstruieren, die für die Infragestellung und Umgestaltung eines eingespielten Welt- und Selbstverhältnisses charakteristisch sind.

Als Verfahren der Datengewinnung für die empirische Erforschung von Bildungsprozessen und ihrer biographischen Kontexte bietet sich vor allem das so genannte *narrative* bzw. *narrativ-biographische* Interview an (vgl. Hermanns 1983; Küsters 2009). Diese von Fritz Schütze entwickelte Interviewform sieht vor, einen Gesprächspartner durch geeignete Impulse zum spontanen Erzählen seiner Lebensgeschichte zu veranlassen, wobei je nach Fragestellung der Untersuchung die gesamte Biographie des Befragten oder nur bestimmte thematisch relevante Ausschnitte daraus im Zentrum stehen können. Entscheidend dabei ist, dass über allgemeine Vorgaben hinaus dem Erzähler bzw. der Erzählerin selbst überlassen bleibt,

---

45 Vgl. dazu Koller 1994b, 1999, 2002a, 2003a und 2005c sowie von Felden 2003 und Nohl 2006; Überblicksdarstellungen finden sich bei von Rosenberg 2011, S. 17–56 und Fuchs 2011, S. 85–188, eine kritische Würdigung bei Wigger 2004. Neuere Beiträge enthält Koller & Wulftange 2014.

wie und was er oder sie aus ihrem Leben berichten möchte. Der Vorteil einer solchen Vorgehensweise für die Erforschung von Bildungsprozessen ist darin zu sehen, dass dabei nicht bereits im Vorwege entschieden werden muss, welche Aspekte oder Lebensbereiche im Blick auf Welt- und Selbstverhältnisse und deren Transformation als relevant gelten sollen, sondern dass die Relevanzsetzungen durch die Akteure selbst vorgenommen werden können.

Als methodische Leitlinie bei der *Auswertung* solcher Interviews dient in der bildungstheoretisch fundierten Biographieforschung vor allem das ebenfalls von Fritz Schütze konzipierte narrationsanalytische Auswertungsverfahren. Dieses Verfahren zielt auf die materialnahe und fallspezifische Rekonstruktion biographisch bedeutsamer Prozessstrukturen sowie auf deren behutsame Generalisierung mit Hilfe von Fallvergleichen nach dem Prinzip des minimalen und des maximalen Kontrasts (vgl. Schütze 1983; Küsters 2009). Die Besonderheit dieses Vorgehens gegenüber anderen, eher inhaltsanalytisch orientierten Auswertungsmethoden wie z.B. der qualitativen Inhaltsanalyse (vgl. Mayring 2015) oder dem Kodierverfahren der *Grounded Theory* (vgl. Strauss & Corbin 1996) besteht zum einen darin, dass bei der Narrationsanalyse das erhobene Material (d.h. in der Regel transkribierte Interviews) in seiner tatsächlichen sequenziellen Struktur ausgewertet wird. Das bedeutet, dass die Äußerungen des Interviewten in derselben Reihenfolge analysiert und interpretiert werden, in der sie im Zuge des Interviews entstanden sind, weil die Sequenzialität des Materials als bedeutsam im Blick auf die Verlaufsstruktur der untersuchten Prozesse angesehen wird. Zum andern wird im narrationsanalytischen Verfahren nicht nur der Inhaltsseite des erhobenen Materials Aufmerksamkeit geschenkt (also dem, *was* erzählt wurde), sondern ebenso sehr auch den formalen Besonderheiten der Erzählung (d.h. der Frage, *wie* die Geschichte präsentiert wird). Berücksichtigung finden also nicht nur die erzählten Ereignisse und Erfahrungen, sondern auch sprachliche Phänomene wie z.B. Wortwahl, rhetorische Figuren, syntaktische Besonderheiten, Satzabbrüche, Pausen usw., soweit sie im Blick auf die Fragestellung als relevant erscheinen. Insofern beide genannten Aspekte, die Berücksichtigung der Sequenzialität und der formalen Besonderheiten des empirischen Materials, auch für andere Auswertungsverfahren wie die Objektive Hermeneutik (vgl. z.B. Oevermann u.a. 1979; Wernet 2009) oder die Dokumentarische Methode (vgl. Bohnsack 2021; Nohl 2017a) kennzeichnend sind, ist neben dem narrationsanalytischen Verfahren Schützes im Rahmen der bildungstheoretisch fundierten Biographieforschung auch deren Einsatz möglich und sinnvoll.

In methodologischer Perspektive sind im Blick auf die empirische Erforschung von Bildungsprozessen allerdings auch Grenzen biographischer Forschungsmethoden zu bedenken. Zwei Begrenzungen biographischer Forschung erscheinen dabei als besonders wichtig: die Beschränkung der Biographieforschung auf die *retrospektive* Darstellung vergangener Erfahrungen und die Fokussierung auf die *individuelle* Perspektive der Befragten. Die Verwendung autobiographischer Erzählungen, in denen im Nachhinein über lebensgeschichtliche Ereignisse und Erfahrungen berichtet wird, hat zwar den Vorteil, dass so längerfristige Prozesse untersucht werden können, die einer unmittelbaren Beobachtung gar nicht zugänglich sind. Dieser Zugang ist aber zugleich mit der Einschränkung verbunden, dass das eigentliche Bildungsgeschehen selber dabei nicht direkt in den Blick gerät. Bildungsprozesse können daher mit den Mitteln biographischer Forschung nicht *in actu* nachvollzogen, sondern immer nur rückblickend rekonstruiert werden. Dies wirft u.a. die Frage auf, welche Bedeutung die jeweils aktuelle Perspektive des Erzählers für das Zustandekommen seiner Erzählung besitzt – bzw. anders formuliert, wie zuverlässig von einer Erzählung aus der Jetztperspektive auf vergangene Ereignisse oder Erfahrungen geschlossen werden kann. Die damit verknüpfte Debatte innerhalb der Biographieforschung, in deren Zentrum Schützes so genannte »Homologiethese« steht (die von einer Strukturhomologie zwischen Erzählung und vergangenen Erfahrungen ausgeht) kann hier nicht nachgezeichnet werden (vgl. dazu Koller 1993 und Küsters 2009, S. 32 ff.). *Eine* Möglichkeit, auf die damit verbundenen Probleme zu reagieren, besteht in der Erweiterung der Untersuchungsperspektive von den Bildungsprozessen, die sich in der erzählten Vergangenheit abgespielt haben, auf jene Transformationen des Welt- und Selbstverhältnisses, die sich potentiell in der Erzähl*gegenwart*, also während des biographischen Interviews selber vollziehen (vgl. dazu weiter unten und Koller 1999, S. 182–186).

Eine weitere Grenze biographischer Forschung besteht in deren sich aus der Interviewform ergebenden Konzentration auf die *individuelle* Perspektive der Erzählerin bzw. des Erzählers und in der damit verbundenen Gefahr der Ausblendung überindividueller gesellschaftlicher und sprachlich-diskursiver Bedingungen. Biographien werden von den Vertretern sozialwissenschaftlicher Biographieforschung zwar zu Recht als Schnittpunkte individueller und gesellschaftlicher Perspektiven angesehen (vgl. z.B. Marotzki 1991), und selbstverständlich enthalten lebensgeschichtliche Erzählungen Einzelner stets auch Informationen über soziale, ökonomische und kulturelle Hintergründe des erzählten Lebensgeschehens, die es im Zuge gesellschaftstheoretisch informierter Auswertungsverfahren herauszuarbeiten gilt. Doch lässt sich nicht völlig von der Hand weisen, dass manche bisherigen Arbeiten der bildungstheoretisch fundierten Biographieforschung solche gesellschaftlichen Bedingungen von Bildungsprozessen zu wenig Aufmerksamkeit geschenkt haben (vgl. dazu Wigger 2004).[46] Um diesem Manko abzuhelfen, sind zwei Strategien denkbar, die sich keineswegs ausschließen, sondern einander ergänzen. Zum einen könnte die Einbeziehung gesellschaftstheoretischer Ansätze wie der Habitustheorie Bourdieus, aber auch des Subjektivationskonzepts Judith Butlers in die Auswertung biographischer Interviews der Gefahr einer Vernachlässigung von Welt- und Gesellschaftsbezügen entgegenwirken. Zum zweiten könnte die empirische Basis der bildungstheoretisch fundierten Biographieforschung um weitere Datensorten erweitert werden. Denn um Aussagen über die historisch veränderlichen gesellschaftlichen Rahmenbedingungen individueller Lebensverläufe bzw. über die diskursiven Ordnungen biographischen Erzählens machen zu können, bedarf es über Interviews mit Einzelpersonen hinaus weiterer Quellen. Deshalb

---

46 In den einschlägigen Arbeiten von Marotzki (1990) und mir (Koller 1999) sieht Wigger (2004) ein Übergewicht auf seiten der Analyse von Selbstverhältnissen, während Weltverhältnisse und die Frage nach gesellschaftlichen Bedingungen von Bildungsprozessen zu kurz kämen. Dagegen empfiehlt er die stärkere Einbeziehung von Bourdieus Gesellschaftstheorie und eine habitustheoretische (Re-)Interpretation von biographischen Interviews (vgl. Wigger 2006 und 2007).

sollten biographische Forschungsmethoden im Interesse der Berücksichtigung überindividueller Hintergründe von Bildungsprozessen um solche Zugänge erweitert werden, die jene gesellschaftlichen und diskursiven Rahmenbedingungen stärker in den Blick nehmen. Dazu zählen einerseits soziologische Ansätze wie etwa die Analyse sozialer Felder im Sinne Bourdieus (vgl. Bourdieu 1985), andererseits diskursanalytische Verfahren, mit denen das jeweilige historische »Apriori« individuellen Sprechens über bestimmte Gegenstände (wie z. B. des Erzählens der eigenen Lebensgeschichte) ermittelt werden kann (vgl. Foucault 1981 und Keller u. a. 2011).

Entsprechende Untersuchungen, die biographische Zugänge mit einer Feldanalyse im Anschluss an Bourdieu oder mit einer von Foucault inspirierten Diskursanalyse verbinden, haben etwa Florian von Rosenberg (2011) und Sabine Reh (2003) vorgelegt. Von Rosenberg, der bei seiner Untersuchung biographischer Bildungsprozesse das Ziel verfolgt, objektive gesellschaftliche Strukturen in ihrer Eigenlogik und nicht nur in ihrer je subjektiven Aneignung durch die Akteure zu rekonstruieren, ergänzt deshalb seine Analyse und Interpretation biographischer Interviews mit Hilfe der dokumentarischen Methode um eine Rekonstruktion der sozialen Felder im Sinne Bourdieus, in welche die biographischen Prozesse der Befragten eingebettet sind, und greift dabei auf sozialwissenschaftliche Arbeiten anderer Autoren zurück, die entsprechende Untersuchungen vorgelegt haben – wie z. B. Andreas Reckwitz' Buch über den Wandel von »Subjektkulturen« (vgl. von Rosenberg 2011). Und Sabine Reh stellt die Untersuchung berufsbiographischer Erzählungen ostdeutscher Lehrerinnen und Lehrer in den Kontext einer diskursanalytischen Rekonstruktion des Regelsystems, das darüber befindet, wer wann, wo und wie welche Aussagen über den Gegenstand ›ostdeutsche Lehrer nach der Wende‹ machen kann, und stützt sich dabei vor allem auf Artikel und Leserbriefe einer weit verbreiteten Lehrerzeitschrift (vgl. Reh 2003). Auf diese Weise wird die Begrenzung vieler biographieanalytischer Arbeiten auf die individuelle Perspektive der Befragten in sinnvoller Weise um die Rekonstruktion überindividueller Bedingungsrahmen ergänzt.

13.2 Probleme und Perspektiven der empirischen Erforschung transformatorischer Bildungsprozesse

Damit sind wir bei den spezifischeren methodischen Fragen, die sich ausgehend vom skizzierten methodologischen Ansatz in Bezug auf die Erforschung transformatorischer Bildungsprozesse stellen. Grundsätzlich ist davon auszugehen, dass das Programm einer bildungstheoretisch fundierten Biographieforschung auch geeignet ist, die empirische Untersuchung transformatorischer Bildungsprozesse im hier vorgestellten Sinn anzuleiten. Allerdings machen die Besonderheiten des in den bisherigen Kapiteln dargelegten bildungstheoretischen Konzepts Ergänzungen bzw.

Spezifizierungen in methodischer Hinsicht erforderlich, die im Folgenden erörtert werden sollen.

Den Ausgangspunkt dieser methodologischen Überlegungen stellen jene Fragen dar, die bereits in der Einleitung dieses Buchs als Fragen an eine Theorie transformatorischer Bildungsprozesse aufgeführt wurden und nun gewissermaßen empirisch gewendet als Fragen an die empirische Erforschung solcher Bildungsprozesse reformuliert werden können. Es geht im Folgenden also *erstens* darum zu klären, wie Welt- und Selbstverhältnisse als Gegenstand bzw. Bezugspunkt transformatorischer Bildungsprozesse empirisch erfasst und beschrieben werden können. Eine *zweite* Frage zielt darauf, wie die Problemlagen, die zur Infragestellung eingespielter Welt- und Selbstbezüge führen und deshalb als Anlässe oder Herausforderungen transformatorischer Bildungsprozesse zu verstehen sind, einer empirischen Untersuchung zugänglich gemacht werden können. Und *drittens* ist zu erörtern, wie man in empirischer Perspektive die Verlaufsformen und Bedingungen jener Prozesse analysieren kann, in denen Welt- und Selbstverhältnisse transformiert werden bzw. neue Figuren solcher Verhältnisse entstehen.

13.2.1 Zur empirischen Erfassung von Welt- und Selbstverhältnissen

In Kapitel 2 (▶ Kap. 2) war in theoretischer Perspektive vorgeschlagen worden, das Verhältnis eines Subjekts zur Welt, zu anderen und zu sich selber im Anschluss an die Gesellschaftstheorie Bourdieus als *Habitus* zu bestimmen. In methodischer Hinsicht stellt sich deshalb die Frage, wie sich Habitusformen im Sinne Bourdieus empirisch ermitteln und analysieren lassen. Da es bereits eine ganze Reihe empirischer Studien gibt, die an Bourdieus Habituskonzept anknüpfen, kann auf die methodologischen Überlegungen dieser Studien zurückgegriffen werden. Zu nennen sind dabei die von Helmut Bremer im Rahmen eines Hannoveraner Arbeitszusammenhangs entwickelten Ansätze einer »Habitushermeneutik«, die sich durch eine Erweiterung der Erhebungsverfahren um Gruppenverfahren und Collagen mit dem Ziel einer stärkeren Einbeziehung der vorreflexiven und körperlichen Dimensionen des Habitus auszeichnen (vgl. Bremer 2004).[47] Ungeklärt scheint mir dabei allerdings die Frage, wie im Zuge der Datenauswertung ein subsumtionslogisches Vorgehen vermieden werden kann, wenn die herangezogenen »heuristischen Elementarkategorien« bereits vor der Auswertung ebenso feststehen wie die Milieuzugehörigkeit der InformantInnen, die gerade aufgrund ihrer Herkunft zu bestimmten Milieus ausgewählt werden sollen (vgl. a.a.O., S. 80 und S. 56ff.).[48]

---

47 Ein ähnliches Ziel verfolgen Anna Brake und Peter Büchner mit dem Einsatz von (durch die InformantInnen selbst hergestellten) Fotografien als Datenquelle, von dem sich die Forscher über die Nachzeichnung der expliziten Intentionen der Produzenten hinaus die Rekonstruktion der einer sozialen Gruppe gemeinsamen »Schemata des Denkens, der Wahrnehmung und der Vorlieben« erhoffen (Brake & Büchner 2006, S. 72).

48 Einen anderen Auswertungsansatz stellt die dokumentarische Methode im Anschluss an Ralf Bohnsack dar, die von Florian von Rosenberg als Verfahren zur Rekonstruktion von

13 Die sprachliche Artikulation von Veränderungen

Die kritische Auseinandersetzung mit dem Habituskonzept in Kapitel 2 (▶ Kap. 2) hat allerdings ergeben, dass die sprachliche bzw. symbolisch-diskursive Dimension von Welt- und Selbstverhältnissen und das darin enthaltene Transformationspotential bei Bourdieu zu wenig berücksichtigt wird. Im Sinne der dort angemahnten sprach- und diskurstheoretischen Erweiterung von Bourdieus Konzeption wäre deshalb zu fragen, wie der Versuch einer empirischen Rekonstruktion von Habitusformen mit solchen Ansätzen verbunden werden kann, die der diskursiven Vermitteltheit von Welt- und Selbstbezügen mehr Aufmerksamkeit schenken, als dies bei Bourdieu der Fall ist, und die zugleich an die in den Kapiteln 3 bis 5 (▶ Kap. 3, ▶ Kap. 4, ▶ Kap. 5) vorgestellten theoretischen Konzepte Ricœurs, Lacans und Butlers anschlussfähig sind. Von besonderem Interesse sind dabei solche methodischen Ansätze, die sich bei der Analyse der im Rahmen empirischer Studien erhobenen Materialien (wie z. B. autobiographischer Erzählungen) nicht nur auf die inhaltliche Seite konzentrieren, sondern auch deren sprachliche Form in die Betrachtung einbeziehen.

Als aussichtsreicher Ansatz kann in diesem Kontext die *rhetorische Textanalyse* gelten, die von Rainer Kokemohr und mir bereits vor längerer Zeit als Zugang zur Untersuchung autobiographischer Erzählungen im Rahmen der erziehungswissenschaftlichen Biographieforschung vorgeschlagen und in verschiedenen Zusammenhängen erprobt wurde (vgl. Kokemohr & Koller 1996 sowie Koller 1994a, b, c und 1999). Der Ansatz der rhetorischen Textanalyse kann als Versuch verstanden werden, das hochentwickelte Instrumentarium der Rhetorik zur Beschreibung mündlicher und schriftlicher Rede (vgl. Lausberg 1990 und Ueding & Steinbrink 2005), das traditioneller Weise als Anleitung zur Text*produktion* verstanden wurde, auch zum Zwecke der *Analyse* von Texten zu nutzen. Das Anwendungsgebiet dieses Ansatzes reicht von literarischen Werken über Alltagstexte bis zu nichtsprachlichen Zeugnissen aus Malerei und Musik (vgl. z. B. Kopperschmidt 1991). In unserem Zusammenhang ist dieses Analyseverfahren vor allem für die Untersuchung mündlicher Erzählungen interessant, wie sie in narrativ-biographischen Interviews erhoben werden.

Die Chancen der rhetorischen Textanalyse liegen dabei neben der Nutzung eines hoch entwickelten Instrumentariums zur Beschreibung mündlicher oder schriftlicher Rede vor allem in der besonderen Aufmerksamkeit für die *Rhetorizität* oder Figuralität sprachlicher Äußerungen, die keine Besonderheit literarischer Texte darstellt, sondern auch für alltägliche Rede charakteristisch ist. Der Begriff der Rhetorizität kann dabei im Anschluss an neuere Rhetorik-Konzepte als Sammelbezeichnung für all jene Verfahrensweisen gelten, durch die ein Text angesichts fehlender absoluter Gewissheit Zustimmung zu erlangen sucht. Nachdem in Deutschland die antike Rhetorik lange Zeit als eine Art Überredungstechnik verschmäht wurde, hat in der neueren sprachphilosophischen Diskussion die (auf Nietzsche zurückgehende) Auffassung Einfluss gewonnen, wonach Rhetorizität

---

Habitusformen und deren Transformationen eingesetzt und an biographischen Interviews erprobt wird (vgl. von Rosenberg 2011, S. 94 ff.).

keine Eigentümlichkeit persuasiver Rede, sondern vielmehr eine unhintergehbare Eigenschaft jeder mündlichen oder schriftlichen Äußerung darstellt (vgl. ebd.).

Besondere Bedeutung kommt dabei den rhetorischen Figuren (wie z.B. der Metapher) zu, die als konstitutives Moment jedes Sprechens aufgefasst werden können. Unter ›Figur‹ lässt sich dabei mit Gérard Genette der grundlegende Abstand verstehen, der sich in jedem Text zwischen einer Äußerung und ihrem Sinn auftut (vgl. Genette 1966). Dabei wird dieser Sinn durch eine mögliche andere Äußerung markiert, die an die Stelle des tatsächlich Gesagten treten könnte (wie z.B. in einem poetischen Text die rhetorische Bezeichnung »Segel« durch das Wort »Schiff« ersetzt werden kann). Rhetorische Textanalyse hat in diesem Kontext u.a. zum Ziel, den dabei entstehenden Überschuss an Sinn freizulegen, der über die denotative Bedeutung der jeweiligen Äußerung hinausgeht.

Im Sinne neuerer Arbeiten zur Geschichtsschreibung (White 1991) bzw. zur Erzähltheorie (Ricœur 1991) kommt rhetorischen Figuren darüber hinaus eine wichtige Funktion bei der narrativen Vergegenwärtigung vergangenen Geschehens zu. Diese Funktion übersteigt die Rolle des schmückenden Beiwerks, die den Figuren in Darstellungen der antiken Rhetorik oft zugeschrieben wurde. Wie Ricœur unter Bezug auf den amerikanischen Historiker Hayden White herausgearbeitet hat, lassen sich rhetorische Figuren nicht nur als so genannte Wortfiguren verstehen, die ein anderes einzelnes Wort vertreten (wie im obigen Beispiel »Segel« durch »Schiff« ersetzt wird oder umgekehrt), sondern auch als eine spezifische Art und Weise, das in einer historischen (oder autobiographischen) Erzählung darzustellende Geschehen zu »präfigurieren« und damit in gewisser Weise überhaupt erst erzählbar zu machen.

Diese Präfiguration wird Ricœur bzw. White zufolge vor allem durch die vier Haupttropen der klassischen Rhetorik geleistet: Metapher, Metonymie, Synekdoche und Ironie (vgl. dazu Ricœur 1991, S. 222–252 und Koller 1999, S. 177 ff.). Dabei gilt die Metapher als diejenige Figur, die eine sachlich begründete Ähnlichkeit zwischen Zeichen und Bezeichnetem bzw. zwischen historischer Erzählung und dem vergangenen Geschehen behauptet. Demgegenüber dient die Metonymie Ricœur zufolge der Reduktion (d.h. der Zurückführung eines historischen Faktums auf ein anderes, mit dem es im Verhältnis räumlicher oder zeitlicher Nähe steht) und die Synekdoche der Integration (d.h. dem Schluss vom Teil aufs Ganze). Der Ironie schließlich schreibt Ricœur die Funktion zu, historische Erzählungen einer Art Selbstkritik zu unterziehen, indem ihre Eigenschaft, das Gegenteil des Gesagten zu verstehen zu geben, der durch die Metapher unterstellten Ähnlichkeitsbeziehung entgegenwirke und die potentielle Vieldeutigkeit aller sprachlichen Äußerungen präsent halte.

Vor diesem Hintergrund lässt sich die rhetorische Textanalyse für die empirisch fundierte Beschreibung von Welt- und Selbstverhältnissen fruchtbar machen, indem man bei der Analyse und Interpretation biographischer Interviews nach den rhetorischen Figuren und den damit verbundenen Erzählmodi fragt, mittels derer eine Erzählerin oder ein Erzähler die eigene Lebensgeschichte entwirft. So hat etwa Sabine Reh in der oben bereits erwähnten Studie zu berufsbiographischen Erzählungen ostdeutscher Lehrerinnen und Lehrer im Anschluss an White verschiedene erzählerische Muster wie Tragödie, Komödie, Romanze und Satire herausgearbeitet, die die autobiographischen Darstellungen strukturieren und Entsprechungen zu den vier genannten rhetorischen Figuren aufweisen (vgl. Reh 2003, S. 71–74 und 86–90).[49]

Dabei erschöpft sich das analytische Potential der rhetorischen Textanalyse nicht in der Beschreibung von Welt- und Selbstverhältnissen im Sinn der Ermittlung eines mehr oder weniger stabilen Zustands, sondern erstreckt sich auch auf das Potential, das verschiedenen rhetorischen Figuren und Erzählmodi im Blick auf mögliche Veränderungen von Welt- und Selbstbezügen zukommt. So lassen sich rhetorische Figuren nicht nur als präfigurierend für die jeweiligen narrativen Entwürfe der Welt und des eigenen Selbst begreifen, sondern auch daraufhin befragen, ob und inwiefern sie geeignet sind, etablierte Welt- und Selbstverhältnisse gleichsam zu verflüssigen und deren Veränderung in Gang zu bringen (vgl. dazu für die Ironie Koller 2011).

Der methodische Ansatz der rhetorischen Textanalyse lässt sich allerdings nicht nur mit der Erzähltheorie Ricœurs (und dessen Konzept narrativer Identität) verknüpfen, sondern auch mit der psychoanalytischen Konzeption Jacques Lacans, die in Kapitel 4 (▶ Kap. 4) vorgestellt worden war. Wie dort erläutert, spielen in Lacans Theorie zwei rhetorische Figuren eine zentrale Rolle, nämlich Metapher und Metonymie.[50] Die Metapher wird dort als jene sprachliche Operation aufgefasst, die auf dem Wege der Ersetzung eines Signifikanten durch einen anderen überhaupt erst Bedeutung hervorbringt und tendenziell festschreibt, während die Metonymie als Operation der Verkettung von Signifikanten gilt, die das sprachliche Geschehen in Fluss hält und so Bedeutungsverschiebungen ermöglicht. Gemäß der lacanschen These, wonach das Unbewusste strukturiert sei wie eine Sprache, haben die beiden rhetorischen Figuren strukturelle Entsprechungen im Unbewussten. So weisen die narzisstische Identifikation mit dem eigenen Spiegelbild oder die unbewusste Symptombildung dieselbe Struktur auf wie die Metapher, während die Bewegung des Begehrens strukturell der Metonymie entspricht.

Im Blick auf die Erfassung der Struktur von Welt- und Selbstverhältnissen im Rahmen der empirischen Erforschung transformatorischer Bildungsprozesse kann deshalb die Untersuchung metaphorischer und metonymischer Tendenzen auto-

---

49 Einen anderen Vorschlag, Welt- und Selbstverhältnisse empirisch zu analysieren, hat Rainer Kokemohr (2007) unterbreitet, dessen Ausgangspunkt ebenfalls die Erzähltheorie Ricœurs bildet. Kokemohr versteht Welt- und Selbstentwürfe mit Ricœur als Resultat der spezifisch sprachlichen Aktivität des Erzählens und fragt »sowohl nach sprachlich-figurativen Prozessen, in denen neue Weltentwürfe aufscheinen, als auch nach Prozessen, in denen gegebene Weltentwürfe stabilisiert werden« (a.a.O., S. 36f.). Im Zentrum seiner Analyse eines empirischen Dokuments (des Transkripts einer Diskussion über Rassismus) stehen allerdings nicht rhetorische Figuren, sondern der Gebrauch von Personalpronomina wie *ich*, *du* oder *er*, die er als eine Art sprachlicher »Keimzellen« des Welt- und Selbstverhältnisses begreift (a.a.O., S. 40). Vgl. dazu auch Koller 2007.

50 Dass Lacans sprachtheoretische Überlegungen sich auf diese beiden Figuren konzentrieren, während Ricœur und White außerdem noch Synekdoche und Ironie thematisieren, liegt an unterschiedlichen rhetorischen bzw. linguistischen Traditionen, an die diese Autoren jeweils anknüpfen: Während Lacan sich vor allem auf Roman Jakobson bezieht, der nur Metapher und Metonymie als Haupttropen ansieht (vgl. Jakobson 1974), geht Whites bzw. Ricœurs Vierergruppe auf ältere Klassifizierungen von Ramus und Vico zurück (vgl. White 1991, S. 50ff. und 573ff.).

biographischer Erzählungen wichtige Hinweise auf die unbewusste Struktur von Welt- und Selbstbezügen geben. Auch wenn mit Lacan davon auszugehen ist, dass Metapher und Metonymie nicht isoliert voneinander auftreten, sondern nur im Zusammenspiel ihre Wirkung entfalten, kann es doch aufschlussreich sein, danach zu fragen, welche der beiden rhetorischen Figuren in einem Text (oder einer bestimmten Textpassage) jeweils vorherrscht und was dies im Blick auf das darin artikulierte Verhältnis zur Welt und zu sich selber bedeutet. Dabei spricht ein Übergewicht metaphorischer Figuren eher für eine Tendenz zur Festschreibung oder Stabilisierung von Welt- und Selbstbezügen, während eine Dominanz der Metonymie eher die Verschiebung von Bedeutungen und damit eine Verflüssigung von Welt- und Selbstverhältnissen erkennen lässt.[51]

13.2.2 Zur empirischen Erfassung der Anlässe für transformatorische Bildungsprozesse

Als Anlässe für transformatorische Bildungsprozesse waren in den theoretischen Überlegungen im zweiten Teil dieses Buches zunächst Krisenerfahrungen bestimmt worden, die sich im Anschluss an den Erfahrungsbegriff Husserls entweder als »negative« Erfahrungen (Buck) oder als Erfahrungen des Fremden (Waldenfels) verstehen ließen (▶ Kap. 6, ▶ Kap. 7). Die empirische Erforschung von Bildungsprozessen steht deshalb vor der Frage, wie Krisenerfahrungen in diesem Sinne als Infragestellungen etablierter Welt- und Selbstverhältnisse und damit als Anlässe für deren Transformationen empirisch erfasst werden können. Eine nahe liegende Antwort besteht in der These, dass Krisenerfahrungen im Sinne von Buck und Waldenfels in autobiographischen Erzählungen auf der semantisch-inhaltlichen und/oder auf der sprachlich-formalen Ebene insofern zum Vorschein kommen müssten, als sich dort jeweils etwas darin zeigt, dass es einen bestehenden Erwartungshorizont negiert (Buck) oder sich einer jeweils herrschenden Ordnung entzieht (Waldenfels).

Einen forschungspraktischen Versuch, Fremdheitserfahrungen im Sinne von Waldenfels empirisch als Herausforderungen für transformatorische Bildungsprozesse zu untersuchen, hat Rainer Kokemohr in seinen bereits mehrfach erwähnten *Annäherungen an eine Bildungsprozesstheorie* unternommen (Kokemohr 2007, vgl. auch Koller 2007). Dieser Versuch ist geeignet, sowohl Chancen als auch Schwierigkeiten einer empirischen Erfassung von Fremdheitserfahrungen deutlich zu machen. Als Beispiel dient Kokemohr nicht – wie es im Rahmen der bildungstheoretisch fundierten *Biographie*forschung zu erwarten wäre – eine autobiographische Erzählung, sondern das Transkript einer Diskussion auf einer wissenschaftlichen Tagung, in der es zwischen deutschen und afrikanischen Teilnehmern zu einem Streit über den Begriff des Rassismus kam. Die Wahl dieses Beispiels inter-

---

51 Für die Analyse konkreter Beispiele vgl. Koller 1999, S. 230 ff. und 263 ff. Die rhetorische Textanalyse ließe sich im Übrigen auch mit Butlers Konzept der Resignifizierung sinnvoll verknüpfen. So wäre z. B. zu untersuchen, auf welche rhetorischen Figuren resignifizierende Praktiken zurückgreifen (können) und welches innovative, bedeutungsverschiebende Potential solchen Figuren zukommt.

oder besser transkultureller Kommunikation ist dabei durch die Annahme motiviert, dass sich gerade »im Lichte der Möglichkeiten und [...] Schwierigkeiten transkultureller Bezugnahme zeigen« könne, »was ein Bildungsprozess empirisch ist« (a. a. O., S. 23).

Das Beispiel einer transkulturellen Kommunikation zwischen europäischen und afrikanischen Wissenschaftlern legt es nun nahe, Fremdheitserfahrungen in der wechselseitigen Bezugnahme von ›Angehörigen‹ oder ›Vertretern‹ verschiedener Kulturen zu suchen. Und tatsächlich läuft Kokemohrs Analyse auf die These hinaus, dass die beiden konkurrierenden Auffassungen von Rassismus, die in jener Diskussion vertreten werden, einander wechselseitig in dem Sinne fremd seien, dass sie sich im Beitrag des jeweiligen Gegenübers nur insofern zeigen, als sie sich dessen Zugriff entziehen. Diese Lesart, der in Bezug auf das empirische Beispiel hohe Plausibilität zukommt, birgt dennoch zwei in methodischer Hinsicht relevante Probleme, die aus der Gleichsetzung des Fremden mit dem Anderen (im Sinne einer anderen Person) resultieren. Zum einen legt der Kontext der Transkulturalität eine kulturalisierende Reduktion der Interaktionspartner auf ihre jeweilige Herkunftskultur nahe.[52] Zum andern beschränkt dieses Vorgehen die Suche nach Fremdheitserfahrungen von vorneherein auf die wechselseitige Bezugnahme der Subjekte aufeinander und schließt so die Möglichkeit *intra*kultureller bzw. *intra*subjektiver Fremdheit aus. Dabei betont Waldenfels durchaus die Möglichkeit, dass auch ein Subjekt *sich selber* fremd werden kann (vgl. Waldenfels 1997, 27 ff.).

An dieser Stelle wird erkennbar, welchen Gewinn auch in methodischer Hinsicht die Ergänzung der Perspektive von Waldenfels' Erfahrungsbegriff durch Lyotards sprachphilosophische Konzeption mit sich bringen kann. Denn unter Bezug auf Lyotard wären als Bezugspunkte wechselseitiger Fremdheit nicht die beteiligten Subjekte, sondern die jeweils vorherrschenden Diskursarten zu bestimmen. In einer Analyse des von Kokemohr verwendeten empirischen Dokuments lässt sich so zeigen, dass es sich bei diesem Disput über Rassismus um einen Fall von Widerstreit im Sinne Lyotards handelt, bei dem in der gemeinsamen, von beiden Kontrahenten gesprochenen Diskursart, nämlich der Diskursart wissenschaftlicher Rede, ›etwas‹ nicht artikuliert werden kann, was aber dennoch danach drängt, gesagt zu werden und deshalb nur indirekt (etwa in Intonation und Sprechgeschwindigkeit) zum Ausdruck kommt (vgl. dazu ausführlich Koller 2005a). In der Perspektive von Waldenfels' Konzeption des Fremden ließe sich ein solcher Widerstreit als Fremdheitserfahrung begreifen, bei dem jenes ›Etwas‹ sich zeigt, indem es sich den Regeln der vorherrschenden Diskursart entzieht. Die Suche nach Fremdheitserfahrungen in einem empirischen Dokument hätte diesen Überlegungen zufolge nicht von personalen Instanzen, sondern von Diskursen auszugehen und danach zu fragen, wo und wie sich in einer Diskursart Fremdes zeigt, indem es sich den Regeln dieser Diskursart entzieht. Auf diese Weise entkäme man der problematischen Tendenz, das Eigene und das Fremde mit personalen Instanzen gleichzusetzen, und wäre in

---

52 Das klingt bei Kokemohr in den Benennungen der Kontrahenten an, die im Falle des deutschen Tagungsteilnehmers als »D« und der beiden afrikanischen Wissenschaftler als »C_1« bzw. »C_2« bezeichnet werden, als ob sie in erster Linie Repräsentanten einer D- bzw. C-Kultur wären (vgl. Kokemohr 2007, S. 38 ff.).

der Lage, auch intrasubjektive bzw. intrakulturelle Fremdheitserfahrungen analysieren zu können.

13.2.3 Zur empirischen Erfassung der Verlaufsformen und Bedingungen transformatorischer Bildungsprozesse

Unter den in Teil III erörterten theoretischen Konzeptionen zur Beschreibung von Transformationsprozessen stellt Oevermanns Versuch einer sozialwissenschaftlichen Erklärung der Entstehung des Neuen in methodischer Hinsicht zweifellos den am weitesten entwickelten Ansatz zur empirischen Erforschung des Verlaufs und der Bedingungen transformatorischer Bildungsprozesse dar. Denn mit der Objektiven Hermeneutik hat Oevermann neben seinen theoretischen Überlegungen zur Entstehung des Neuen auch ein methodologisches Programm zur empirischen Rekonstruktion solcher innovativen Vorgänge erarbeitet. Die Herausbildung neuer Interaktionsstrukturen kann demnach vor allem durch die sequenzanalytische Interpretation von Interaktionsprotokollen rekonstruiert werden, indem man die Fallstruktur nachzeichnet, durch die sich ein konkretes Interaktionsgeschehen jeweils auszeichnet. Als Fallstruktur wird dabei die für den jeweiligen Fall als typisch erscheinende Logik verstanden, die den Selektionsentscheidungen zugrunde liegt, wie sie von den Akteuren einer gegebenen Interaktionssituation bei der Auswahl zwischen verschiedenen zur Verfügung stehenden Handlungsoptionen getroffen wurden. Neues entsteht dabei Oevermann zufolge dann, wenn eine eingespielte, routineähnliche Handlungsweise in eine Krise gerät, und es deshalb zunächst zu einem Bruch in der Reproduktion dieser Fallstruktur und dann zur Wahl einer neuen, zwar auch bisher schon vorhandenen, aber nicht genutzten Handlungsoption kommt, durch die sich die bisherige Fallstruktur grundlegend verändert. Methodisch folgt daraus, dass die Aufmerksamkeit bei der sequenziellen Analyse von Interaktionsprotokollen sich auf solche Brüche und auf die Wahl neuer, bisher nicht realisierter Handlungsmöglichkeiten richtet (zum methodischen Vorgehen der Objektiven Hermeneutik im Einzelnen vgl. Oevermann u. a. 1979 und Wernet 2009).

Eine wichtige Erweiterung der Perspektive auf die Wahl neuer Handlungsoptionen bzw. auf die Entstehung neuer Figuren des Welt- und Selbstverhältnisses stellt auch in methodischer Hinsicht der in Kapitel 11 (▶ Kap. 11) erwähnte Ansatz Judith Butlers dar, der in der Iterabilität sprachlicher Äußerungen ein Potential für Transformationen durch Resignifizierung bzw. Bedeutungsverschiebung sieht. Denn Butlers auf Derrida zurückgehender Begriff der Iterativität kann als geeignet gelten, den Blick auf die Entstehung von Neuem auch in solchen sprachlichen Äußerungen zu schärfen, die auf den ersten Blick nicht als innovativ erscheinen mögen, weil sie nichts anders tun als eine kulturell bereitliegende Redeweise zu wiederholen. Butler zufolge enthält eine solche Wiederholung aber das Potenzial zur Veränderung, indem dabei die Bedeutung der jeweiligen sprachlichen Äußerung verschoben oder – wie es bei Butler heißt – *resignifiziert* wird (etwa indem diese Äußerung in einen anderen Kontext gestellt wird). Methodisch folgt daraus, dass es darauf ankommt, zu untersuchen, inwiefern Sprecherinnen oder Sprecher in einem jeweils bestimmten Kontext (wie z. B. einem biographischen Interview) kulturell bereitliegende Muster aufgreifen, aber durch die Art und Weise der Kontextualisierung in ihrer Bedeutung verändern und so neue Bedeutungen hervorbringen.[53]

Bei solchen Versuchen einer empirischen Rekonstruktion von Transformationsprozessen stellt sich allerdings erneut ein Problem, das bereits im Kontext des Programms der bildungstheoretisch fundierten Biographieforschung erwähnt worden war: die Frage nämlich, wie aufgrund einer *aktuellen* sprachlichen Äußerung die Struktur von Transformationsprozessen untersucht werden kann, von denen in dieser Äußerung die Rede ist, die sich aber in einer mehr oder weniger lang zurückliegenden *Vergangenheit* abgespielt haben. Das sequenzielle Geschehen, das methodisch z. B. mit Hilfe der Objektiven Hermeneutik Oevermanns untersucht werden soll, ist ja zunächst nur das Interaktionsgeschehen, wie es in dem jeweiligen Dokument oder »Protokoll« erfasst wurde – also z. B. das Interaktionsgeschehen innerhalb eines narrativ-biographischen Interviews. Die Strukturgesetzlichkeit, die dort ermittelt werden kann, ist demnach nichts anderes als die Logik, die der Abfolge der im Interview geäußerten Sätze zugrunde liegt – und nicht die Logik der lebensgeschichtlichen Handlungen oder Verhaltensweisen, von denen in diesem Interview berichtet wird. Und die einzigen Transformationen, über die man auf dieser empirischen Basis etwas sagen kann, sind die Transformationen dieser Logik, die sich im Laufe des dokumentierten bzw. protokollierten Sprechens vollziehen.

Daraus erwächst für die empirische Erforschung transformatorischer Bildungsprozesse allerdings ein ernsthaftes methodologisches Problem. Denn wenn man in dieser Situation nicht auf die in vielerlei Hinsicht problematische Homologiethese Schützes zurückgreifen will (die eine strukturelle Gleichartigkeit zwischen einer Stegreiferzählung und dem darin dargestellten Erfahrungsablauf behauptet; vgl. Schütze 1984), bleibt im Blick auf das Ziel einer Rekonstruktion von Transformationen des Welt- und Selbstverhältnisses nur die Möglichkeit, Bildungsprozesse auf der Ebene der protokollierten Interaktionen selbst zu analysieren. Vor diesem Hintergrund stellt sich im Blick auf die Datenerhebung die Frage, welche Art von Daten geeignet sein könnte, um Aufschluss über den Verlauf und die Bedingungen solcher Bildungsprozesse zu gewinnen. Soweit ich sehe, gibt es drei mögliche Antworten auf diese Frage.

Eine erste Möglichkeit besteht darin, wie in der Biographieforschung üblich narrative Interviews als Datenquelle zu benutzen, aber die Gesprächspartner nicht nur einmalig, sondern in größeren zeitlichen Abständen mehrfach um eine Erzählung ihrer Lebensgeschichte zu bitten.[54] Jedes dieser Interviews könnte dann zu-

---

53 Vgl. dazu Rose 2012, die Butlers Konzept für die Analyse biographischer Interviews nutzt und untersucht, inwiefern die Erzähler (in diesem Fall junge Männer mit Migrationshintergrund) darin gesellschaftlich vorherrschende Sprechweisen aufgreifen, diese dabei aber in ihrer Bedeutung verschieben und so neue Figuren des Welt- und Selbstverhältnisses erzeugen.

54 Eine solche qualitative Längsschnittuntersuchung wird in einem Forschungsprojekt unter der Leitung von Jochen Kade und Christiane Hof erprobt. In diesem Projekt werden Teilnehmerinnen und Teilnehmer von Erwachsenenbildungsveranstaltungen, mit denen vor längerer Zeit biographische Interviews durchgeführt worden waren, erneut befragt, um beide Erzählungen dann vergleichend zu analysieren. Vgl. dazu Kade/Hof 2008.

nächst für sich auf das darin artikulierte Welt- und Selbstverhältnis der Erzähler hin untersucht werden, um aus dem Vergleich der Ergebnisse auf in der Zwischenzeit erfolgte Transformationen zu schließen. Bei einer entsprechend großen Differenz der dabei ermittelten Welt- und Selbstbezüge könnten auf diese Weise transformatorische Bildungsprozesse rekonstruiert werden. Allerdings weist ein solches Vorgehen – abgesehen von den damit verbundenen forschungspraktischen Schwierigkeiten – den Nachteil auf, dass dabei Transformationsprozesse nur indirekt (nämlich über ihre Resultate) erschlossen, nicht aber in ihrem konkreten Verlauf untersucht werden können.[55]

Eine zweite Möglichkeit ergibt sich, wenn man sich im Blick auf die Datengewinnung nicht auf Interviews beschränkt, sondern solche Daten einbezieht, die nicht eigens zu Forschungszwecken produziert, sondern durch die Protokollierung ›natürlicher‹ Interaktionen gewonnen werden. Dabei kommt es darauf an, solche Interaktionen bzw. Situationen auszuwählen, in denen die Wahrscheinlichkeit besteht, dass es zu transformatorischen Bildungsprozessen im hier dargestellten Sinn kommt. Auf diese Weise verfährt z. B. Rainer Kokemohr in dem erwähnten Aufsatz, der, wie oben berichtet, als empirisches Beispiel seines Versuchs der Rekonstruktion eines Bildungsprozesses das Transkript einer Diskussion verwendet, die auf einer wissenschaftlichen Tagung mit deutschen und afrikanischen Teilnehmern geführt wurde (vgl. Kokemohr 2007; ähnlich auch schon Koller 2005a und Kokemohr & Koller 1996b). Die Konstellation, in der Menschen verschiedener Herkunftskulturen aufeinandertreffen, stellt eine potenzielle Gelegenheit für Fremdheitserfahrungen im Sinne von Waldenfels und damit für Bildungsprozesse im hier verhandelten Verständnis dar. Insofern handelt es sich bei dieser Vorgehensweise um eine plausible Alternative zur Verwendung retrospektiver autobiographischer Narrationen, da auf diese Weise Bildungsprozesse gewissermaßen *in actu* rekonstruiert und auf ihre Verlaufsformen und Bedingungen hin untersucht werden können. Allerdings ist auch diese Vorgehensweise mit nicht unerheblichen Schwierigkeiten verbunden. Denn zum einen bleibt die auf diese Weise erfasste Zeitspanne im Vergleich zu den Zeiträumen, die über lebensgeschichtliche Erzählungen (wenn auch nur indirekt) erschlossen werden können, sehr kurz. Deshalb ist die Wahrscheinlichkeit eher gering, dass sich gerade in dieser relativ kurzen Zeit ein Bildungsprozess ereignen sollte. Zum andern stellt sich die Frage, welche Situationen konkret für die Datengewinnung ausgewählt werden sollen (d. h. z. B. für Audio- oder Videoaufzeichnungen) und wie dabei mit dem Beobachterparadox umzugehen ist, das darin besteht, dass die Anwesenheit eines Beobachters das zu beobachtende Geschehen nicht unberührt lässt.

Eine dritte Möglichkeit stellt deshalb die Verwendung narrativer Interviews dar, wie sie auch bisher in der bildungstheoretisch fundierten Biographieforschung eingesetzt wurden. Das Neue gegenüber den meisten der bisherigen empirischen Untersuchungen dieser Art bestünde darin, nicht (oder zumindest nicht nur) nach Bildungsprozessen in der erzählten Vergangenheit zu suchen, sondern auch die

---

55 Eine Möglichkeit, den zu untersuchenden Zeitraum auszudehnen, stellt die Analyse von Tagebuchaufzeichnungen oder ähnlichen Dokumenten (wie z. B. Weblogs) dar; vgl. dazu Lüders 2007.

Möglichkeit in Betracht zu ziehen, dass sich eine Transformation des Welt- und Selbstverhältnisses im Zuge des autobiographischen Erzählens, also während des Interviews selber vollzieht und deshalb nicht nur retrospektiv erschlossen, sondern *in actu* nachvollzogen werden kann.

Auf den ersten Blick können hier zwar dieselben Schwierigkeiten geltend gemacht werden wie bei der zuletzt erörterten Verwendung von Protokollen ›natürlicher‹ Interaktionen – nämlich dass der untersuchte Zeitraum sehr kurz und deshalb die Wahrscheinlichkeit eher gering ist, dass es darin zu einem Bildungsprozess kommt. Warum, so könnte man einwenden, sollte gerade in dieser Situation ein Bildungsprozess stattfinden? Warum sollten die mit einem narrativen Interview verbundenen Herausforderungen so groß sein, dass sie die etablierten Welt- und Selbstbezüge des Erzählers in Frage stellen? Bei näherem Hinsehen macht sich jedoch ein Vorzug autobiographischer Narrationen bemerkbar, der darin liegt, dass das Erzählen der eigenen Lebensgeschichte zwei Zeitebenen miteinander verknüpft und so Prozesse anzustoßen vermag, die tatsächlich zu Transformationen des Welt- und Selbstverhältnisses führen können.

Eine Herausforderung des autobiographischen Erzählens besteht darin, das eigene Leben mit seinen vielfältigen Ereignissen und Erfahrungen in eine narrative Form zu bringen – und d. h. nicht nur in eine zeitliche Abfolge, sondern auch in einen irgendwie stimmigen Zusammenhang, z. B. kausaler oder teleologischer Art, ihm also irgendeine Art Sinn zu verleihen. Und damit kann durchaus eine Art »negativer« bzw. Fremdheitserfahrung verbunden sein, nämlich die, dass bestimmte Momente des eigenen Lebens (bestimmte Ereignisse, Erfahrungen oder Konstellationen) sich der auf diese Weise vorausgesetzten oder angestrebten Ordnung entziehen. Diese Ordnung lässt sich als doppelte verstehen: einerseits als Ordnung des Erzählens, d. h. der Präsentation in zeitlicher Reihenfolge und mit einem Ende oder Abschluss, zu dem das Ganze gebracht werden muss, und andererseits als Sinn-Ordnung, d. h. als Präsentation, die bestimmten intellektuellen oder moralischen Ansprüchen genügen muss – etwa dem Ziel zu verstehen, wie oder warum ›alles so gekommen ist‹, oder dem Wunsch, das eigene Leben im Nachhinein moralisch verantworten zu können usw. Das Erzählen der Lebensgeschichte wäre so zwar sicher nicht die einzige, aber doch eine potenzielle Gelegenheit für Fremdheitserfahrungen oder Irritationen, die zum Anlass für Bildungsprozesse werden können, indem sie das erzählende Ich dazu bringen, die Art und Weise, wie es bisher sein Leben betrachtet hat, in Frage zu stellen und neu zu bestimmen.

Von Schützes Homologiethese unterscheiden sich diese Überlegungen dadurch, dass sie keineswegs davon ausgehen, dass ein Bildungsprozess, der sich in der Vergangenheit vollzogen hat, in seiner narrativen Darstellung im Interview gleichsam verdoppelt bzw. abgebildet würde. Die hier vorgestellte Konzeption setzt vielmehr nur darauf, dass das Erzählen der eigenen Lebensgeschichte eine geeignete Form darstellt, Bildungsprozesse anzustoßen, die sich während des Erzählens selber vollziehen, indem Vergangenes und Gegenwärtiges in Beziehung gesetzt werden (vgl. dazu auch das Konzept des »reflektierenden Lernens« bei Schulze 1993, S. 216 ff.).

Abschließend soll eine besondere Schwierigkeit der bislang unternommenen Versuche der empirischen Erforschung transformatorischer Bildungsprozesse erörtert werden, die darin besteht, dass es bisher eher selten gelungen ist, erfolgreich vollzogene Transformationen des Welt- und Selbstverhältnisses zu rekonstruieren.[56] Im Mittelpunkt der bisherigen empirischen Studien zu Bildungsprozessen standen vielmehr eher Phänomene, die als Bildungsprobleme oder Bildungspotentiale gefasst werden können. Mit *Bildungsproblemen* sind solche Situationen gemeint, in denen etablierte Welt- und Selbstverhältnisse in Frage gestellt werden, während der Begriff *Bildungspotentiale* Ressourcen bezeichnet, auf die in Transformationsprozessen zurückgegriffen werden kann.[57] Und selbst dort, wo es möglich war, grundlegende Veränderungen von Welt- und Selbstverhältnissen empirisch aufzuzeigen, beschränkte sich der Nachweis auf den Vergleich einer bestimmten Konfiguration des Welt- und Selbstverhältnisses *vor* und *nach* der Transformation, während das Transformationsgeschehen selbst (also die Frage, *wie* sich die Veränderung vollzog) im Dunkeln blieb.

Fragt man nach den Ursachen für diesen Befund, so bieten sich verschiedene mögliche Erklärungen an. Zum einen wäre zu erwägen, ob in dem hier vorgestellten Konzept möglicherweise so hohe theoretische Ansprüche an Bildungsprozesse formuliert wurden, dass sie nur in Ausnahmefällen erfüllt werden können. Sollte dies zutreffen, müsste man über eine Modifikation des Konzepts nachdenken, die Bildung nicht länger als einen eher unwahrscheinlichen Vorgang erscheinen ließe. Auf der anderen Seite wäre denkbar, dass es transformatorische Bildungsprozesse durchaus gibt, dass sie aber mit den bisherigen Mitteln qualitativer biographischer Forschung nicht oder nur schwer empirisch zu erfassen sind. In diesem Fall wäre nach anderen, besser geeigneten methodischen Verfahren zu suchen, die es erlauben, Bildungsprozesse im hier skizzierten Sinne zu erschließen. Vielleicht trifft aber auch eine dritte Erklärung zu, die nach den Ursachen für die Schwierigkeiten einer empirischen Identifizierung transformatorischer Bildungsprozesse in der Sache selber sucht. Vielleicht, so lautet diese Erklärung, besteht Bildung ja weniger in dem abgeschlossenen Vorgang der Ersetzung eines *etablierten* durch ein *neues* Welt- und Selbstverhältnis als vielmehr in einem unabschließbaren Prozess der Infragestellung oder Verflüssigung bestehender Ordnungen und eines Anders*werdens* mit offenem Ausgang.‹

---

[56] In meinen eigenen qualitativ-empirischen Arbeiten zu transformatorischen Bildungsprozessen (Koller 1999, 2002a, 2003a, 2005a) konnte nur in seltenen Fällen der Vollzug eines Bildungsprozesses rekonstruiert werden. Wesentlich häufiger war der Fall, dass im empirischen Material zwar ein Bildungs*problem* im Sinne eines Anlasses bzw. einer Chance für einen Bildungsprozess zu finden war (z.B. ein Widerstreit im Sinne Lyotards wie das Streitgespräch in Koller 2005a), aber kein erfolgreich vollzogener Transformationsprozess (für den z.B. das Auftauchen einer neuen Diskursart kennzeichnend wäre). Stattdessen zeigte sich in vielen Fällen eher ein Bezeugen des Widerstreits im Sinne der skeptischen Dimension eines Bildungsprozesses (vgl. Koller 1999, S. 267 ff.) oder eine Art unabgeschlossener Suchbewegung nach neuen Figuren des Welt- und Selbstbezugs (vgl. z.B. Koller 2002a). Dieser Befund gilt übrigens auch für die Analyse und Interpretation *literarischer* Texte (wie Franz Kafkas *Brief an den Vater* in Koller 2005b oder Imre Kertész' *Roman eines Schicksallosen* in Koller 2005d). Rekonstruktionen ›gelungener‹ Bildungsprozesse finden sich dagegen bei Marotzki 1990 und Nohl 2006.
[57] Zum Gedanken der Bildungspotentiale vgl. auch das Konzept des »Bildungsvorhalts« in Kokemohr 2007, S. 19 ff.

14 Ausblick: Transformatorische Bildungsprozesse in Jeffrey Eugenides' Roman *Die Selbstmord-Schwestern*

Die theoretischen und methodologischen Überlegungen sollen nun im Sinne eines Ausblicks mit einem Beispiel konfrontiert werden, um so deutlich zu machen, dass (und wie) diese Überlegungen prinzipiell an empirische Fragestellungen anschlussfähig sind. Als Beispiel habe ich allerdings kein empirisches Dokument ausgewählt, sondern einen literarischen Text, nämlich Jeffrey Eugenides' 1993 erstmals erschienenen Roman *Die Selbstmord-Schwestern* (Eugenides 2004).

14.1 Literarische Texte als Gegenstand erziehungswissenschaftlicher Reflexionen

Die Lektüre literarischer Texte mit dem Ziel erziehungswissenschaftlicher Erkenntnisgewinnung mag auf den ersten Blick weniger naheliegend erscheinen als die Analyse und Interpretation empirischer Dokumente wie der im letzten Kapitel beschriebenen narrativ-biographischen Interviews. Wie ein Blick in die Geschichte der erziehungswissenschaftlichen Biographieforschung in Deutschland zeigt, hat sie aber eine mindestens ebenso lange Tradition. So kann als wichtige Keimzelle der sich erst um 1990 allmählich etablierenden Forschungsrichtung der erziehungswissenschaftlichen Biographieforschung eine Arbeitsgruppe gelten, die 1978 auf der Jahrestagung der Deutschen Gesellschaft für Erziehungswissenschaft (DGfE) in Tübingen unter dem Titel »Wissenschaftliche Erschließung autobiographischer und literarischer Quellen für pädagogische Erkenntnis« den Versuch unternahm, der Pädagogik durch die Auseinandersetzung mit Erzähltexten unterschiedlicher Herkunft »neue methodische Zugänge zu eröffnen und neues Terrain zu erobern« (Baacke & Schulze 1979, S. 7). Während die Biographieforschung im Zuge ihrer Etablierung als Forschungsrichtung auf die zunächst noch programmatisch geforderte Einbeziehung »*literarischer* Quellen« weitgehend verzichtete, blieb die Auseinandersetzung mit der Frage, welche Erkenntnismöglichkeiten die ›schöne‹ Literatur der Erziehungswissenschaft bieten kann, dennoch weiter virulent. So haben etwa Klaus Mollenhauer und Jürgen Oelkers seit den 1980er Jahren in unterschiedlicher Weise versucht, literarische Texte zum Gegenstand erziehungswissenschaftlicher Reflexionen zu machen und dabei auch und gerade deren ästhetische Dimensionen in den Blick zu nehmen (vgl. Mollenhauer 2000, 2008; Oelkers 1985,

1991). An diese Versuche knüpft eine Reihe von Tagungen und Publikationen an, die Markus Rieger-Ladich und ich unter dem Titel *Pädagogische Lektüren zeitgenössischer Romane* veranstaltet haben (vgl. Koller & Rieger-Ladich 2005, 2009 und 2013).

Als Begründung für die Beschäftigung mit literarischen Texten aus erziehungswissenschaftlicher Perspektive lassen sich dabei vor allem zwei Argumente anführen (ausführlicher Koller 2014 und Rieger-Ladich 2014). Zum einen ist darauf zu verweisen, dass viele literarische Werke ähnliche Themen behandeln wie erziehungswissenschaftliche Theorien, sich aber von diesen durch die größere Anschaulichkeit, Konkretheit und Differenziertheit unterscheiden, mit der darin pädagogisch relevante Situationen und individuelle Erfahrungen beschrieben werden. Der anschaulich-detaillierten Schilderung solcher Situationen und Erfahrungen kann dabei die Fähigkeit zugeschrieben werden, der Erziehungswissenschaft über die bloße Illustration vorliegender pädagogischer Einsichten oder abstrakter Theorien hinaus neue Erkenntnisse zu erschließen, indem darin Aspekte und Dimensionen der Erziehungswirklichkeit erhellt werden, die anders nicht oder nur schwer zugänglich sind. So vermutet z. B. Mollenhauer,

> »dass die erzählende Literatur, in herausgehobenen und bemerkenswerten Fällen, nicht nur illustriert, was ohnehin bekannt ist, nicht nur narrativ ausbreitet, was man im szientistischen Wissensstand in kürzeren Formulierungen zur Hand hat, sondern darüber hinausgehende oder intern subtiler differenzierende Vorkommnisse fingiert, in denen gleichsam heuristische Hypothesen eingehüllt sind« (Mollenhauer 2000, S. 50).

Das zweite Argument, das zur Begründung einer erziehungswissenschaftlichen Auseinandersetzung mit literarischen Texten ins Feld geführt wird, zielt weniger auf thematische Gemeinsamkeiten zwischen Literatur und Pädagogik als vielmehr auf Unterschiede hinsichtlich der Frage, was innerhalb eines gemeinsamen Problemfeldes jeweils fokussiert wird. So hebt etwa Oelkers hervor, dass die moderne Literatur zwar mit der Entstehung und Entwicklung von Subjektivität dasselbe Gegenstandsfeld habe wie die Erziehungswissenschaft, dieses aber auf eine irritierend andere Weise thematisiere. Während die Pädagogik seit dem 18. Jahrhundert Erziehung als unabdingbare Voraussetzung der Menschwerdung bzw. der Konstitution von Subjektivität begreife und dementsprechend die positiven Effekte erzieherischer Einwirkung betone, würden in der modernen Literatur eher die Zurichtung und Beschädigung von Subjektivität beschrieben und den Vorstellungen gelingender pädagogischer Einflussnahme Schilderungen des Scheiterns bzw. negativer Wirkungen von Erziehung gegenübergestellt (vgl. Oelkers 1985, S. 8 ff.). Während die erste Begründung literarischen Texten eher die Aufgabe zuweist, erziehungswissenschaftliche Theorien zu verfeinern und weiterzuentwickeln, gilt in der zweiten Perspektive die Beschäftigung mit Literatur eher als geeignet, pädagogische Ambitionen zu entzaubern und optimistische Annahmen über erzieherische Wirkungen in Frage zu stellen.

Im Folgenden soll versucht werden, die beiden (sich ja keineswegs ausschließenden) skizzierten Stärken literarischer Texte für die Diskussion des in diesem Buch vorgestellten Konzepts transformatorischer Bildungsprozesse zu nutzen. Literarische Texte werden dabei einerseits als ›dichte‹ Beschreibungen bildungstheoretisch relevanter Sachverhalte und Situationen verstanden, die geeignet sein können, die bislang entfalteten theoretischen Überlegungen mit konkreten Beispielen zu konfrontieren und so gleichsam empirisch anzureichern, weiterzuentwickeln und zu modifizieren. Andererseits gilt es, auch das skeptische Potential moderner Literatur auszuschöpfen und anhand eines Beispiels nach den Grenzen, dem Scheitern oder der Verhinderung transformatorischer Bildungsprozesse zu fragen. Konsequenterweise soll der ausgewählte Roman deshalb weder als bloße Illustration der hier vorgestellten Bildungstheorie verstanden werden, noch als Prüfinstrument für Hypothesen, die es zu testen gälte, sondern vielmehr als Gegen- oder besser noch: als Widerstand, mit dem die skizzierten bildungstheoretischen Überlegungen konfrontiert und dabei je nachdem weiterentwickelt und ausgearbeitet oder aber einer grundlegenden Revision unterzogen werden sollen.

Der nahe liegende Einwand, bei literarischen Texten handle es sich im Gegensatz zu empirischen Dokumenten um Darstellungen einer bloß *fiktiven*, vom Autor erfundenen Wirklichkeit, lässt sich durch den doppelten Hinweis entkräften, dass auch der Wahrheitsgehalt autobiographischer Narrationen nur bedingt überprüfbar ist, während umgekehrt literarische Erzählungen – soweit es sich um so genannte ›realistische‹ Literatur (und d. h. weder um *Science Fiction* noch um *Fantasy*-Romane oder Märchen) handelt – dem Prinzip der Wahrscheinlichkeit unterworfen sind und deshalb Darstellungen einer zwar fiktiven, aber doch prinzipiell *möglichen* Wirklichkeit enthalten. Darüber hinaus scheinen literarische Texte aufgrund des geschilderten Irritationspotentials besonders geeignet, das in Kapitel 12 (▶ Kap. 12) skizzierte Postulat zu erfüllen, nämlich dass die Erforschung transformatorischer Bildungsprozesse selbst einen Bildungsprozess darstellen sollte, bei dem das Welt- und Selbstverhältnis, mit dem sich der Interpret dem zu analysierenden Gegenstand nähert, zur Disposition gestellt und in Auseinandersetzung mit diesem Gegenstand potentiell einer grundlegenden Transformation unterworfen wird.

Eine wichtige Bedingung dafür stellt die methodische Prämisse dar, literarische Texte aus diesem Blickwinkel nicht nur auf ihren *Inhalt*, also die erzählten Ereignisse und Erfahrungen hin zu analysieren, sondern auch im Blick auf ihre spezifisch ästhetischen Qualitäten, d.h. ihre literarische Form, ihre Sprache und ihr Erzählverfahren. Für die bildungstheoretische Fragestellung bedeutet das u.a., dass nicht nur nach solchen Bildungsprozessen zu fragen ist, von denen in einem Text die Rede ist, sondern dass auch jene Bildungsprozesse in die Betrachtung einbezogen werden müssen, die sich möglicherweise ›in‹ diesem Text selber – sozusagen performativ – vollziehen, d.h. im Zuge seiner Produktion und Rezeption, beim Schreiben und/oder Lesen des Romans (vgl. dazu auch Koller 2005d).

Wenn nun in dieser Perspektive ein zeitgenössischer Roman herangezogen wird, um die in diesem Buch vorgestellten theoretischen Überlegungen mit einem literarischen Beispiel zu konfrontieren, so sei vorausgeschickt, dass dies nicht in der Weise geschehen kann, dass dabei gleichermaßen auf *alle* Theorien Bezug genommen werden kann, die in den bisherigen Kapiteln diskutiert wurden. Die Konfrontation der voranstehenden theoretischen Reflexionen mit einem literarischen Text ist vielmehr auch in dem Sinne exemplarisch, als dabei beispielhaft diejenigen Konzepte aufgegriffen werden, die sich zur Auseinandersetzung mit dem ausgewählten Roman besonders eignen bzw. die davon besonders herausgefordert werden.

14.2 *Virgin Suicides:* Selbstmord als Bildungsproblem

Die Wahl fiel dabei auf den Roman *Die Selbstmord-Schwestern* von Jeffrey Eugenides. Das Erstlingswerk des amerikanischen Autors, der vor allem durch seinen späteren Roman *Middlesex* bekannt wurde, ist 1993 unter dem Titel *The Virgin Suicides* erstmals erschienen und wurde noch im selben Jahr ins Deutsche übersetzt sowie von Sophie Coppola verfilmt. Der Roman erzählt die Geschichte der Selbstmorde von fünf Schwestern im Alter von 13 bis 17 Jahren, die sich allesamt innerhalb von zwölf Monaten das Leben nehmen. Berichtet wird die Geschichte von einem anonymen Erzähler-»Wir«, hinter dem sich eine Gruppe etwa gleichaltriger Jungen aus der Nachbarschaft der Mädchen verbirgt, die jene Selbstmorde miterlebt haben und das Geschehen nun – Jahre später und mittlerweile längst erwachsen geworden – zu rekonstruieren versuchen. Dabei greifen sie nicht nur auf eigene Erinnerungen zurück, sondern ziehen auch verschiedenartigste Dokumente heran und befragen Eltern, Lehrer, Nachbarn sowie andere Zeugen.

Die äußeren Ereignisse der auf diese Weise rekonstruierten Handlung lassen sich rasch zusammenfassen: Die fünf Mädchen der Familie Lisbon wachsen in den 1970er Jahren in einem Mittelschicht-Vorort einer nicht näher benannten US-amerikanischen Stadt auf und beflügeln die Phantasie der Nachbarsjungen durch ihre Schönheit – und weil das strenge Regiment ihrer katholischen Mutter den Kontakt mit ihnen erheblich erschwert. Die Geschichte beginnt mit dem Selbstmordversuch Cecilias, der jüngsten der Schwestern, die sich die Pulsadern aufschneidet, aber zunächst gerettet werden kann. Auf den Rat eines Psychologen hin lockern die Eltern danach die Zügel etwas und veranstalten eine Party, zu der auch einige Jungen eingeladen sind. Während dieser Party stiehlt sich Cecilia davon und unternimmt einen zweiten, diesmal erfolgreichen Selbstmordversuch, indem sie sich aus dem oberen Stockwerk des Hauses stürzt und von einem Zaunpfahl aufgespießt wird. Nun beginnen sowohl die Eltern als auch die vier verbliebenen Schwestern sich von der Außenwelt zurückzuziehen, während ihre Umgebung mit Spekulationen über die Gründe des Suizids und hilflosen Versuchen der Anteilnahme reagiert. Als die Mädchen sich wieder einigermaßen gefangen zu haben scheinen, kann einer der Jungen ihrem Vater, einem Mathematiklehrer der örtlichen *High-School*, die Erlaubnis entlocken, die vier Mädchen jeweils in Begleitung eines Jungen zum Schulfest gehen zu lassen. Nachdem Lux, die zweitjüngste der Schwestern, von diesem Fest zu spät nach Hause kommt, verhängt die Mutter ein totales Ausgehverbot und schottet ihre Töchter völlig von der Außenwelt ab. Als die Nachbarsjungen bereits anfangen, die Mädchen zu vergessen, nehmen diese selbst durch Briefchen und Lichtsignale Kontakt zu ihnen auf und beginnen eine Kommunikation per Telefon, bei der beide Seiten einander anspielungsreiche Musiktitel vorspielen. Als ein Brief die Jungen auffordert, in der nächsten Nacht auf ein Zeichen zu warten, malen diese sich eine gemeinsame Flucht mit den Mädchen aus und begeben sich um Mitternacht zum Haus der Lisbons. Dort werden sie von Lux empfangen und hingehalten, bis sich schließlich herausstellt, dass alle vier Schwestern sich das Leben genommen haben. Nur Mary, die zweitälteste, überlebt zunächst, vollendet aber ihre Absicht wenige Wochen später mit Schlaftabletten.

Die Wahl dieses Romans für die Erörterung der Frage nach transformatorischen Bildungsprozessen mag auf den ersten Blick befremdlich erscheinen. Von Bildungsprozessen ist darin jedenfalls nicht direkt die Rede, sondern – wie Oelkers es für die moderne Literatur insgesamt geltend macht – eher von Beschädigungen der Subjektivität bzw. von Prozessen des Scheiterns. Ausschlaggebend für die Entscheidung, *Die Selbstmord-Schwestern* trotzdem zur Analyse potentieller Bildungsprozesse heranzuziehen, ist die Erzählweise des Romans. Eugenides' überzeugender Kunstgriff besteht darin, die Geschichte der Selbstmorde weder aus der Perspektive der Mädchen noch von einem allwissenden Erzähler berichten zu lassen, sondern aus der Sicht etwa gleichaltriger Jungen aus der Nachbarschaft, so dass vor allem deren Wahrnehmung und Deutung des Geschehens im Mittelpunkt stehen. Auf diese Weise lässt sich neben der eigentlichen *story* (*histoire* bzw. *récit* im Sinne Genettes[58]) auch das Erzählen bzw. der Erzählvorgang selber (*narration*) zum Gegenstand bildungstheoretischer Betrachtungen machen. Der folgenden Lektüre von Eugenides' Roman geht es also nicht etwa um die Frage, inwiefern die jugendlichen Selbstmörderinnen einen Bildungsprozess durchlaufen (oder wodurch sie daran gehindert werden), sondern vielmehr um den möglichen Bildungsprozess der Erzähler, die von ihrer Faszination durch die Mädchen und ihrer Verstörung durch deren Sterben berichten – sowie von ihren Versuchen, mit dieser Verstörung fertig zu werden. Was den Roman in unserem Zusammenhang als interessant erscheinen lässt, sind also die Selbstmorde der Mädchen als ein Bildungsproblem, d.h. als möglicher Anlass eines transformatorischen Bildungsprozesses für die damit konfrontierten Nachbarsjungen – und damit zugleich auch als Anstoß eines Bildungsprozesses der Leser und Leserinnen, die durch die Art und Weise des Erzählens in die Verarbeitung des Geschehens hineingezogen werden.

14.2.1 Zur Darstellung von Welt- und Selbstverhältnissen

Die Lektüre des Romans konzentriert sich also auf mögliche Bildungsprozesse der Erzähler des Romans, d.h. des »Wir« der damals etwa gleichaltrigen, mittlerweile in die Jahre gekommen Nachbarsjungen, aus deren Perspektive die Ereignisse berichtet und kommentiert werden. Die erste Frage an den Roman lautet deshalb: Wie wird das Welt- und Selbstverhältnis dieser Erzähler dargestellt? Was erfahren wir über die Art und Weise, in der die Jungen sich zur Welt und zu sich selber verhalten? Und was können die im ersten Teil dieses Bandes diskutierten Theorien dazu beitragen, um dieses Verhältnis zu begreifen?

---

58 Vgl. zu diesen in der Erzähltheorie keineswegs einheitlich gebrauchten Begriffen Martinez & Scheffel 2019, S. 26 ff.

Aus der Perspektive von Bourdieus Habitus-Konzept (▶ Kap. 2) erscheint es zunächst als sinnvoll, das Augenmerk auf das soziale Milieu zu richten, in dem die erzählte Geschichte spielt und aus dem deren Protagonisten stammen. Schauplatz der Handlung ist der Vorort einer namentlich nicht genannten US-amerikanischen Stadt, dessen Bebauung mit Einfamilienhäusern, Vorgärten und einheitlichen Rasenflächen seine Bewohner als Angehörige der Mittelschicht ausweist. Vom Zentrum der Stadt ist dieser Vorort offenbar ebenso weit entfernt wie von den »Fabriken«, denen die Stadt ihren Reichtum verdankt, oder von den »Slums«, die davon zeugen, dass dieser Reichtum nicht gleichmäßig verteilt ist (S. 37). Später wird das Viertel auch einmal als »Nobelvorort« beschrieben (S. 98), und die dort wohnenden Familienväter firmieren beiläufig als »Anwälte, Ärzte und Banker« (S. 56), dazwischen finden sich auch Lehrer wie Mr. Lisbon oder Unternehmer wie der »Eigentümer einer Teppichreinigungsfirma« (S. 24). Vom relativen Wohlstand des Viertels zeugen auch die Freizeitbeschäftigungen, denen seine Bewohner nachgehen. Die Töchter der Lisbons werden zu Musik-Camps oder in den Gesangsunterricht geschickt und haben Hobbies wie Amateurfunk (S. 10). Andere Familien verbringen die Nachmittage am »Pool« (S. 76) und die Abende mit Grill oder Badminton im Garten (S. 36); am Ende, nach den Selbstmorden, wird davon berichtet, dass »unsere Eltern [...] zu ihren Tennisplätzen und Cocktail-Partys zurückkehrten« (S. 232).

Allerdings gibt es auch zahlreiche Anzeichen dafür, dass die Mittelschicht-Idylle, die hier geschildert wird, bedroht ist. Eine geplante »gigantische Autofabrik« von General Motors wurde nie gebaut, und Zeitungen berichten über »Massenentlassungen bei den Autofabriken« (S. 96). Im selben Kontext ist von einer allmählichen Veränderung des Viertels die Rede, die u. a. in der »Abwanderung weißer« und im »Zustrom schwarzer Käufer« zum Ausdruck kommt (S. 101). Am Ende wird gar der »Tod des Viertels« beklagt, als dessen Vorboten einige Stimmen die Selbstmorde der Mädchen betrachten (S. 232). Auf einer eher symbolischen Ebene verweisen auch der über ein Jahr anhaltende Totengräberstreik und Naturphänomene wie eine Schlammfliegen-Plage, das unaufhaltsame Ulmensterben oder ein »Fäulnisgeruch« verbreitendes Algenwachstum im nahe gelegenen See (S. 237) auf eine Stimmung des Niedergangs und des Verfalls, die den gesamten Roman durchzieht. In soziologischer Hinsicht, so wäre zu resümieren, lässt sich die soziale Welt, der die Protagonisten einschließlich der Erzähler entstammen und in der die Handlung des Romans sich entfaltet, als Milieu einer Mittelschicht beschreiben, die ökonomisch und sozialpsychologisch vom Abstieg bedroht zu sein scheint.

Ungleich wichtiger für die Frage nach transformatorischen Bildungsprozessen ist freilich der Versuch, die innere Gestimmtheit, die Haltungen und Wertorientierungen der »Wir«-Erzähler und ihrer Familien zu bestimmen – oder, mit Bourdieu gesprochen, deren Habitus als Set von Dispositionen des Wahrnehmens, Denkens und Handelns. In dieser Hinsicht zeichnet der Roman ebenfalls eher beiläufig das Bild einer Welt, in der gute Manieren und bürgerliche Werte wie Höflichkeit, Ordnung und Sauberkeit eine zentrale Rolle spielen. Als die Jungen nach dem ersten Selbstmordversuch zur Party bei den Lisbons eingeladen sind, achten sie mit »blauen Blazern und Khakihosen« sowie »Ansteckschlipse[n]« auf ein anständiges Äußeres (S. 27), und wenn dann nach Cecilias Suizid der Rettungswagen mit den Sanitätern erscheint, ziehen sie sich »aus Angst und Höflichkeit [...] auf die andere

Straßenseite« zurück (S. 35). Trotz ihres großen Interesses an Mädchen im Allgemeinen und den Lisbon-Schwestern im Besonderen sind den Jungen – im Unterschied zu Ausnahmeerscheinungen wie Trip Fontaine, dem Mädchenschwarm der Schule – gute Schulnoten wichtig, und auch wenn gelegentlich von alterstypischen Grenzüberschreitungen wie dem Plündern einer Hausbar oder Knallfröschen im Tulpenbeet die Rede ist, machen die Erzähler insgesamt den Eindruck wohlerzogener Mittelschichtsprösslinge.

Auch ihre Eltern und andere Nachbarn zeichnen sich durch gute Manieren aus und legen Wert darauf, den Lisbons aus Anlass des Tods ihrer Tochter Blumen oder Beileidskarten zu schicken und auch auf andere Weise sozialen Zusammenhalt zu demonstrieren. So schreiten die Nachbarn kollektiv zur Tat und reißen den Zaun, in den Cecilia sich gestürzt hat, ab, um ähnliches Unheil künftig zu verhindern. Auch im weiteren Fortgang der Handlung kommt es immer wieder zu nachbarschaftlichen Hilfsaktionen, sei es bei der Beseitigung toter Schlammfliegen oder der Entsorgung des alljährlich anfallenden Herbstlaubs. Zugleich wird aus dem Kontrast zur beginnenden Verwahrlosung des Lisbon'schen Grundstücks deutlich, welch große Bedeutung Werten wie Ordnung und Sauberkeit in den Augen der Nachbarn zukommt. Die »Anzeichen schleichenden Verfalls« (S. 91), die sich allmählich am Haus der Lisbons bemerkbar machen, werden von den Jungen aufmerksam registriert und mit nachbarschaftlichen Reinigungsaktionen beantwortet. Als die »zunehmende Verwahrlosung des Hauses« die ersten Reporter anlockt, schlägt die Stimmung um, und aus den Hilfsangeboten wird schließlich ein »Chor der Missbilligung« (S. 164). In der örtlichen Presse erscheint ein anonymer Leserbrief, dessen Autorin sich später mit den Sätzen rechtfertigt: »Man kann doch nicht untätig zuschauen, wie das ganze Viertel in die Binsen geht [...]. Wir sind hier schließlich ordentliche Leute« (S. 97).

An zwei Phänomenen wird besonders deutlich, welcher Art die Ordnung ist, in der die Jungen aufwachsen und die ihr Welt- und Selbstverhältnis prägt: am Umgang mit Tod und mit Sexualität. Im Zusammenhang mit dem Totengräberstreik, der dazu führt, dass Cecilia zunächst nicht beerdigt werden kann, heißt es:

> »In unserer Gemeinde hatte es noch nie eine Beerdigung gegeben, jedenfalls nicht zu unseren Lebzeiten. Gestorben worden war vor allem im zweiten Weltkrieg, als es uns noch gar nicht gab und unsere Väter unglaublich magere junge Männer auf Schwarzweißfotografien waren [...]. Jetzt waren unsere Väter Männer mittleren Alters mit Bauch [...], aber sie waren noch weit vom Tod entfernt. Ihre Eltern wiederum [...] genossen die bestmögliche ärztliche Versorgung und drohten bis ins nächste Jahrtausend fortzuleben. Kein Großvater war gestorben, keine Großmutter, keine Eltern, nur ein paar Hunde [...]« (S. 38).

Der Tod, so wird an dieser Stelle erkennbar, spielt im Erfahrungshorizont der Jungen keine Rolle und rührt allenfalls als Gegenstand von Erzählungen und Fotografien aus dem zweiten Weltkrieg an ihr Dasein.

Das zweite Thema dagegen, der Umgang mit Sexualität und das Verhältnis zum anderen Geschlecht, ist aus dem Welt- und Selbstverhältnis der Jungen nicht wegzudenken und bleibt dennoch ein diffuses Faszinosum für sie. Sexualität und körperliche Vorgänge wie die Menstruation sind für die Jungen Gegenstand der Neugier und stellen eine unerschöpfliche Quelle von Gesprächen und »Badezimmerphantasien« dar (S. 27), ohne je zu wirklicher Erfahrung zu werden. So berichtet der einzige Junge, der jemals vor der Party bei den Lisbons deren Haus betreten durfte, von seiner verschämten Suche nach Spuren weiblicher Intimität auf der Toilette, und ein anderer Junge prahlt mit falsch verstandenem Wissen, das er beim heimlichen Mitverfolgen eines Aufklärungsfilms für die Mädchen der Klasse aufgeschnappt hat. Im Gegensatz zu Trip Fontaine, dem Mädchenschwarm der Schule, der mit Lux, der zweitjüngsten der Lisbon-Schwestern, anbändelt, verfügt aber keiner der Jungen über eigene sexuelle Erfahrungen, und später, als sie nach der totalen Abschottung der Mädchen vom Nachbarhaus aus mit einem Fernglas beobachten, wie Lux auf dem Dach des Hauses mit fremden Männern Sex hat, zeigt sich, wie wenig Ahnung die Jungen von der Wirklichkeit sexueller Praktiken haben:

> »Wir lernten eine Menge über die Techniken der Liebe, und weil wir die Wörter nicht kannten, um zu benennen, was wir sahen, mussten wir uns unsere eigenen Bezeichnungen ausdenken« (S. 148).

Sex bleibt für die Jungen bis zuletzt ein Gegenstand ausschweifender Phantasien oder anzüglicher Bemerkungen, und die Art, in der von den jungen Männern die Rede ist, die mit Lux zusammen waren, verweist auf die Distanz, die diese vom »Wir« der Erzähler trennt. Ihre eigenen Annäherungsversuche an die Lisbon-Mädchen fallen dementsprechend schüchtern und halbherzig aus. Ihr Verhältnis zur Sexualität ist etwa gleichweit entfernt von der totalen Prüderie, durch die sich Mrs. Lisbon, die Mutter der Mädchen, auszeichnet, und dem eher proletarischen Macho-Gehabe, das Lux' wechselnde Sexualpartner an den Tag legen. In der Ordnung, die das Welt- und Selbstverhältnis der Erzähler prägt, hat Sexualität zwar einen wichtigen Platz, aber nur in einer gebändigten und bürgerlich-anständig überformten Weise.

14.2.2 Fremdheitserfahrungen als Bildungsproblem

Mit Tod und Sexualität sind bereits zwei Phänomene benannt, die störend in die bürgerliche Ordnung des Alltagslebens bzw. ins Welt- und Selbstverhältnis der Jungen eindringen und so zum potentiellen Anlass grundlegender Transformationsprozesses werden. Mit Waldenfels (▶ Kap. 7) lassen sich diese Phänomene als Erfahrungen des Fremden begreifen und einer genaueren Betrachtung unterziehen.

Von Fremdheitserfahrungen ist in dem Roman auf höchst eindringliche Weise die Rede, und zwar auf mehreren, miteinander verwobenen Ebenen. So erscheint die Fremdheit der Mädchen aus der Perspektive der Eltern zunächst als Fremdheit der Generationendifferenz. Von Mr. Lisbon, dem Vater, heißt es einmal, er habe das Gefühl gehabt, »dass Kinder nur Fremde sind, mit denen zusammenzuleben man eingewilligt hat« (S. 62), und die Mutter sagt bei einer späteren Befragung durch die Erzähler, die meinen, »dass sie als Mutter der Mädchen besser als jeder andere verstand, warum sie sich umgebracht hatten«: »Das ist ja das Beängstigende. Ich verstehe es nicht. Wenn sie einmal aus einem heraus sind, die Kinder, dann sind sie anders« (S. 144f.).

Eine zweite Ebene der Fremdheitserfahrung, die in dem Roman eine wichtige Rolle spielt, ist die Fremdheit des anderen Geschlechts, die sich den etwa gleichaltrigen Jungen vor allem zeigt, indem sie sich ihnen entzieht. Verstärkt durch die

14 Ausblick: Transformatorische Bildungsprozesse im Roman

Abschottung der Mädchen entwickeln sie Phantasien und malen sich in Gesprächen und Gedanken intime körperliche Vorgänge und Handlungen der Mädchen aus. Nach dem Selbstmord Cecilias kommen sie auf Umwegen in den Besitz von deren Tagebuch. Doch obwohl auf diese Weise ihr Wissen über die Mädchen mit »perverser Beharrlichkeit« wächst (S. 42), bleiben diese ihnen doch fremd und unergründlich. Ein eindrückliches Symbol dafür ist der Blick der Jungen durch die dunkel bleibenden Fensterscheiben des Lisbon'schen Hauses: »Wir konnten kein bisschen besser hineinsehen, im Gegenteil, das Glas spiegelte nur unsere gaffenden Gesichter« (S. 61).

An einigen Stellen mischt sich in solche Beschreibungen der Fremdheit des anderen Geschlechts auch die Darstellung der Fremdheit des Sexus. So etwa, wenn Trip Fontaine, der Junge, der sich in Lux verliebt hat und mit ihr zum Schulfest gehen darf, nach einem langweiligen Abend im Wohnzimmer der Lisbons bereits vor dem Haus in seinem Auto sitzt und plötzlich von Lux im Flanellnachthemd wie von einem »ausgehungerte[n] Tier« überfallen wird, und es danach heißt:

> »Obwohl dieser Blitzangriff nur drei Minuten gedauert hatte, hinterließ er tiefe Spuren. Trip Fontaine sprach von ihm wie von einem religiösen Erlebnis, einer Heimsuchung oder Vision, einem Einbruch des Jenseits in dieses Leben, der mit Worten nicht zu beschreiben war« (S. 88f.).

Ähnlich wie später, als die Jungen Lux beim Sex auf dem Dach beobachten, wird Sexualität hier als Einbruch einer radikalen Fremdheit in die vertraute Ordnung des Eigenen beschrieben.

Die Selbstmorde der Mädchen bringen schließlich noch eine weitere Ebene der Fremdheitserfahrung ins Spiel, nämlich die Erfahrung des Todes, der den Jungen bisher – wie oben zitiert – nur aus Erzählungen der Eltern bekannt ist. Durch den Selbstmord Cecilias dringt der Tod, der ihnen bisher weitgehend verborgen blieb, nun plötzlich mit einer Gewalt in das Leben der Jungen ein, die dessen Ordnung gründlich erschüttert.

Diese Erschütterung rührt nicht nur daher, dass der Tod als solcher sich der Ordnung des Alltagslebens des Nobelvororts entzieht, sondern auch und vor allem daher, dass es sich dabei um Selbstmord handelt, was die Erfahrung der Fremdheit des Todes noch einmal zusätzlich steigert. Die Dramatik dieser Fremdheitserfahrung inszeniert der Roman in der Schilderung der Party im Hobbykeller der Lisbons, deren Wohlgeordnetheit in scharfem Kontrast zu der Erscheinung Cecilias steht, die mit überdimensionierten Armspangen (die die Narben ihres ersten Selbstmordversuchs verdecken sollen) »die ganze Zeit über [...] nur auf ihrem Hocker« sitzt (S. 31). In die Ordnung dieser von den Eltern sorgsam überwachten »Party unter Aufsicht« (S. 30) bricht Cecilias zweiter und diesmal erfolgreicher Suizidversuch mit verheerender Macht ein. Nachdem die Mutter mit den Worten »Gut, dann geh nach oben. Dann amüsieren wir uns eben ohne dich« Cecilia gestattet hat, die Party zu verlassen, heißt es:

> »Als Cecilia die Erlaubnis hatte, ging sie sofort zur Treppe. Sie hielt das Gesicht zum Boden gesenkt, glitt dahin in tiefer Entrücktheit, ihre Sonnenblumenaugen auf das Dilemma ihres Lebens gerichtet, das wir nie verstehen würden. Sie stieg die Treppe hinauf, schloss die Tür hinter sich und ging durch den Flur. Wir konnten ihre Schritte über uns hören. Auf halber Treppe zum ersten Stock machten ihre Füße kein Geräusch mehr, aber nur dreißig Se-

kunden später hörten wir das satte Klatschen, mit dem ihr Körper auf den Zaun aufschlug, der sich am Haus entlangzog« (S. 32).

Für die geschilderten Fremdheitserfahrungen und ganz besonders die letzte gilt, dass sie jeweils auf ein aktives Verhalten der Mädchen zurückgehen, das von den Jungen als Einbruch in die Ordnung ihres Alltagslebens erfahren wird und sich zugleich ihrem Verständnis entzieht. Ihre Versuche, das rätselhafte Verhalten der Mädchen zu erklären, scheitern ebenso wie die der Erwachsenen (dazu später mehr).

14.2.3 Transformationen des Welt- und Selbstverhältnisses?

Es stellt sich nun die Frage, inwieweit es im Zuge der Reaktionen der Jungen und ihrer Umgebung auf die beschriebenen Fremdheitserfahrungen zu Bildungsprozessen im Sinne der Transformation ihres Welt- und Selbstverhältnisses kommt. Anders gefragt: Stellen die Formen des Umgangs der Erzähler und anderer Protagonisten mit diesen irritierenden Erfahrungen produktive Antworten im Sinne von Waldenfels dar? Oder werden die mit den Selbstmorden verbundenen Herausforderungen abgewehrt und Transformationen des eigenen Welt- und Selbstbezugs blockiert?

Beziehen wir uns im Blick auf diese Frage erneut auf die Überlegungen von Waldenfels (▶ Kap. 7), so lässt sich die erste der von ihm beschriebenen Reaktionsformen auf Fremdheitserfahrungen, die das Fremde als Feindliches betrachtet und ausgrenzt, vor allem bei Mrs. Lisbon, der Mutter beobachten, besonders deutlich etwa in der Szene, in der sie – nach Lux' verspäteter Rückkehr vom Schulfest – ihrer Tochter befiehlt, sämtliche Rockmusik-Schallplatten zu verbrennen.

Auf halbem Wege zwischen solcher Ausgrenzung und dem, was Waldenfels als »Aneignung« bezeichnet, also dem Versuch, das Fremde in die geltende Ordnung zu integrieren, liegen die verschiedenen Versuche anderer Erwachsener, nach dem Selbstmord Cecilias irgendwie zur Tagesordnung zurückzukehren bzw. die verletzte Ordnung wiederherzustellen. Das gilt für Mr. Lisbon, der Beileidsbesucher nach Cecilias Tod vor dem Fernseher empfängt und in Gespräche über Baseball verwickelt, ebenso wie für die Nachbarn, die (wie bereits erwähnt) in einer aufwändigen Gemeinschaftsaktion den Zaun abreißen, in den das Mädchen sich gestürzt hat, und für die Lehrer der Schule, die einige Zeit später einen »Tag der Trauer« veranstalten, an dessen Aktivitäten sich die Schwestern allerdings nicht beteiligen, so dass schließlich »das ganze Heilen von denen erledigt wurde, die gar keine Verletzungen hatten« (S. 108).

Während sich in diesen Reaktionen das zu vermischen scheint, was Waldenfels als »Ausgrenzung« bzw. als »Aneignung« bezeichnet, lassen sich andere Reaktionen eindeutiger als »Aneignung« im Sinne von Waldenfels interpretieren. Das gilt vor allem für die vielen Seiten des Romans füllenden Versuche der Jungen und anderer Romanfiguren, Erklärungen zu finden, die das Verhalten der Mädchen irgendwie begreifbar machen könnten. Solche Theorien, die das beunruhigende Geschehen jeweils unter die Kategorien der eigenen Ordnung zu subsumieren versuchen, reichen von simpleren Varianten wie der Erklärung von Cecilias Selbstmordversuch durch ihre unglückliche Liebe zu einem Jungen oder der pauschalen These, die

Eltern seien an allem schuld, bis zu Theorien wie denen des Psychologen Dr. Hornicker, der Cecilias Suizid als »Akt der Aggression [...], ausgelöst durch die Unterdrückung adoleszenter libidinöser Triebe« (S. 24) deutet und die späteren Selbstmorde der Schwestern auf ein »posttraumatisches Stresssyndrom« zurückführt (S. 158), um solche Deutungen schließlich zugunsten einer medizinisch-chemischen Erklärung zu verwerfen, die den Mädchen einen Mangel an dem Neurotransmitter Serotonin bescheinigt (vgl. S. 222). Das Ende dieser Reihe bilden journalistische Theorien in Zeitungsartikeln, die den besonderen Druck und die Komplexität der Adoleszenz in der heutigen Gesellschaft bemühen oder den gleichzeitigen Selbstmord der vier Schwestern als ein »esoterisches Ritual der Selbstopferung« deuten, das von den Mädchen »in Übereinstimmung mit einem nicht näher bestimmten astrologischen Ereignis« geplant worden sei (S. 224), um nur einige der im Roman geschilderten Varianten zu nennen.

Das all diesen Erklärungen zugrundeliegende Muster ist der Versuch, das sich in den Selbstmorden artikulierende Scheitern jugendlicher Lebensentwürfe und pädagogischer Bemühungen dadurch zu bewältigen, dass es einer bestehenden diskursiven Ordnung subsumiert und so seiner schockierenden Wirkung beraubt wird. Die Reihe der diskursiven Ordnungen, die dabei aufgerufen werden, reicht vom Alltagsbewusstsein, das Selbstmord als eine ansteckende Krankheit auffasst, mit der die Schwestern infiziert worden seien, über religiöse und politische Weltanschauungen bis zu (pseudo-)wissenschaftlichen Diskursen wie der Rede vom wachsenden Stress, dem Adoleszente ausgesetzt seien, oder von der kurz bevorstehenden Entdeckung eines »Gen[s] für Selbstmord« (S. 249).

Entscheidend dabei ist, dass all diese Erklärungsversuche nicht nur ausführlich referiert, sondern jeweils auch – zum Teil mit groteskem Humor – in ihrem Scheitern vorgeführt werden. So berichten die Erzähler, dass in Cecilias Tagebuch, das nach ihrem Tod gefunden wurde, der Junge, in den sie angeblich so heftig verliebt war, nur ein einziges Mal erwähnt wird. Die psychologischen Erklärungen nimmt ihr Vertreter Dr. Hornicker unter dem Eindruck jeweils neuer wissenschaftlicher Veröffentlichungen selber zurück, während seine spätere neurobiologische Erklärung dadurch widerlegt wird, dass Mary – die einzige, die den gemeinsamen Selbstmordversuch der vier Schwestern zunächst überlebt – auch durch die medikamentöse Erhöhung ihres Serotoninspiegels nicht daran gehindert werden kann, sich einige Wochen später doch noch umzubringen. Und im Blick auf die journalistischen Spekulationen über ein vermeintliches Opferritual betonen die Erzähler, dass keine der entsprechenden Deutungen zu erklären vermag, warum die vier Mädchen ihre vermeintliche Selbstopferung nicht am Jahrestag von Cecilias Suizid, sondern an dem ihres ersten Selbstmord*versuchs* vornehmen. Alle Versuche einer Aneignung des Fremden durch dessen Integration in geltende diskursive Ordnungen scheitern auf der ganzen Linie.

Ein einziges Mal dagegen kommt es im Roman zu einer Situation, die man im Sinne Waldenfels' als »Antwort auf den Anspruch des Fremden« deuten könnte. Als die Mädchen aus ihrem »Hochsicherheitsgefängnis« (S. 143) durch Lichtzeichen und Briefchen Kontakt zur Außenwelt aufzunehmen versuchen, zerbrechen sich die Jungen den Kopf, wie sie darauf antworten könnten, und kommen schließlich auf die Lösung, die Mädchen anzurufen und ihnen ein Lied vorzuspielen, das ihnen

»unsere Gefühle am genauesten übermittelte« (S. 197). Nachdem die Mädchen darauf ihrerseits mit dem Abspielen eines anderen Songs reagieren, kommt es zu einem regelrechten musikalischen Dialog, in dem die Jungen z. B. auf das von den Mädchen gespielte »Alone Again Naturally« von Gilbert O'Sullivan mit »You've Got a Friend« von James Taylor antworten (S. 198). Doch was sich zunächst wie eine »kreative Antwort« im Sinne Waldenfels' ausnehmen könnte, erweist sich in der Nacht des gemeinsamen Selbstmords der vier Schwestern schließlich als hoffnungsloses Missverständnis, als die Jungen ein weiteres Briefchen der Mädchen als Aufforderung zur Fluchthilfe deuten, das sich am Ende jedoch als Ankündigung ihres gemeinsamen Suizids herausstellt.

So bleibt dem anonymen Erzähler-»Wir« am Ende nur die resignative Einsicht: »Wir hatten sie nie gekannt. Sie hatten uns hierher [ins Haus der Lisbons] kommen lassen, damit wir das erkennen konnten« (S. 217). Und der letzte Satz des Romans lautet:

> »Am Ende spielte es keine Rolle, wie alt sie gewesen oder dass sie Mädchen waren, von Bedeutung war einzig, dass wir sie geliebt hatten und sie uns nicht hatten rufen hören, uns auch jetzt nicht hören, wenn wir mit unseren schütteren Haaren, unseren schlaffen Bäuchen sie […] aus jenen Räumen zurückrufen, in die sie davongegangen sind, um für alle Zeiten allein zu sein, allein im Selbstmord, der tiefer ist als der Tod und in dem wir niemals die Stücke finden werden, sie wieder zusammenzufügen« (S. 251).

Dieser Schluss verweist durch die Erwähnung der älter gewordenen Erzähler darauf, dass es neben der Handlung des Romans eine zweite Ebene gibt, die als Reaktion auf die Erfahrung des Fremden verstanden werden kann, nämlich den Erzählvorgang selbst. Stellt nicht auch die ganze Erzählung mit ihren vielen Details, dem Sammeln und Auflisten von »Beweisstücken«, der Erwähnung zahlloser Namen und der Wiedergabe der Äußerungen von Nachbarn, Lehrern, Schulkameraden und anderer Zeugen einen einzigen groß angelegten Versuch dar, die irritierenden Ereignisse in eine narrative Ordnung zu bringen und dabei eine Art narrativer Identität im Sinne Ricœurs (▶ Kap. 3) herzustellen? Die Schwierigkeiten dieses Unterfangens beginnen bei dem Versuch, die Ereignisse in eine chronologische Ordnung zu bringen (was trotz gewisser Unstimmigkeiten wenigstens halbwegs gelingt), und reichen über das Problem der Glaubwürdigkeit von Zeugen bis hin zur Frage nach einer plausiblen Erklärung der Selbstmorde durch deren Einordnung in einen irgendwie gearteten Sinnzusammenhang (was nachhaltig scheitert). Das Erzählen erscheint so selbst als Versuch einer Bewältigung der irritierenden Erfahrungen, von denen die Rede ist, als Versuch, mit erzählerischen Mitteln eine Ordnung wiederherzustellen, in welche die Selbstmorde der Mädchen so fremd und verstörend eingebrochen sind. Zu diesem Versuch gehören die detaillierten Beschreibungen von Beweisstücken (wie Fotos, Kleidungsstücken und Gebrauchsgegenständen der Mädchen bis hin zu ärztlichen Dokumenten) ebenso wie die ausufernden Schilderungen der Begleitumstände des Geschehens, die dem Leser von Baseball über Totengräberstreiks und Ulmensterben bis hin zur Rassenproblematik die Normalität und die Absonderlichkeiten des amerikanischen Alltags vor Augen führen. All dies dient freilich letzten Endes nur dazu, die Fremdheit und Unerklärlichkeit der Selbstmorde umso deutlicher in Erscheinung treten zu lassen. Auf diese Weise führt der Roman (sofern er zu Recht als Versuch der Aneignung des Fremden durch Verstehen aufgefasst werden kann) auch sein eigenes Scheitern vor, das Scheitern des Versuchs, die Selbstmorde und damit das Fremde in eine narrative bzw. diskursive Ordnung zu integrieren.

14.3 Scheitern als Bildungsprozess?

Was bedeutet dies nun im Blick auf die Frage nach den Bedingungen und Verlaufsformen transformatorischer Bildungsprozesse? Es dürfte deutlich geworden sein, dass Eugenides' Roman uns nicht den Gefallen tut, grundlegende Transformationen des Welt- und Selbstverhältnisses der Erzähler oder anderer Protagonisten anschaulich vorzuführen, weder auf der Ebene der erzählten *story* noch auf der Ebene des Erzählvorgangs – jedenfalls nicht, wenn man darunter einen gelungenen, abgeschlossenen Vorgang versteht, der von der Infragestellung des alten zur Etablierung eines neuen, stabilen Welt- und Selbstverhältnisses führen würde.

Aber vielleicht bestehen die Stärke dieses literarischen Textes und seine Bedeutung im Blick auf die Bildungsproblematik ja gerade darin, zu einer Verschiebung oder Neuakzentuierung der Fragestellung beizutragen und die unabschließbare Offenheit transformatorischer Bildungsprozesse hervorzuheben. Die negativen Erfahrungen, von denen auf den verschiedenen Ebenen die Rede ist, werden dabei weder ausgeblendet noch dialektisch aufgehoben in einem neuen »Horizont«, wie es bei Günter Buck hieß (▶ Kap. 6). Deren Negativität bleibt vielmehr bestehen in ihrer ganzen verstörenden Radikalität, die nach einer Antwort verlangt, ohne dass der Roman selber sie zu geben vermag. Vielleicht wäre Bildung vor diesem Hintergrund nicht mehr zu begreifen als der Prozess einer produktiven Verarbeitung, die das Scheitern bzw. die Negativität überwinden oder ›aufheben‹ könnte, sondern als eine Art schwer zu beschreibender Doppelbewegung. Diese doppelte Bewegung bestünde darin, einerseits Fremdheitserfahrungen, Scheitern und Negativität als unhintergehbare *conditio humana* anzuerkennen, sie aber andererseits dennoch als Herausforderung ernst zu nehmen, die uns nötigt, nach einer Antwort zu suchen, die sich nicht auf deren resignierte Hinnahme beschränkt. Bildung wäre dann im Blick auf *Die Selbstmord-Schwestern* das, was dieser Roman uns, den Lesern und Leserinnen, aufgibt, und was darauf abzielt, eine Antwort auf den Anspruch zu suchen, der von der darin dargestellten Fremdheit ausgeht. In diesem Sinne bietet Eugenides' Roman tatsächlich mehr als eine bloße Illustration des Konzepts transformatorischer Bildungsprozesse, sondern stellt selbst den Anlass für einen transformatorischen Bildungsprozess dar: die Herausforderung für eine grundlegende Veränderung, deren Ausgang notwendigerweise offenbleibt.

# Teil V Zur Kritik an der Theorie transformatorischer Bildungsprozesse

15 Zur Kritik an der Theorie transformatorischer Bildungsprozesse

Die Theorie transformatorischer Bildungsprozesse ist in der Erziehungswissenschaft auf ein relativ breites Echo gestoßen.[59] Neben viel Zustimmung hat sie aber auch eine Reihe von Einwänden hervorgerufen, die eine genauere Erörterung verdienen und als Anlass für eine kritische Revision der Grundannahmen dieser Theorie dienen können. Das Ziel der folgenden Überlegungen ist es also, in Auseinandersetzung mit dieser Kritik zu prüfen, inwiefern die Theorie weiterentwickelt werden sollte, um den Einwänden angemessen Rechnung zu tragen.

Die kritischen Anfragen an die Theorie transformatorischer Bildungsprozesse[60], die im Folgenden genauer erörtert werden sollen, lassen sich anhand von sechs Themenkomplexen sortieren. Eine erste Gruppe kritischer Einwände zielt auf die der Theorie zugrunde liegende Unterscheidung zwischen *Bildung* und *Lernen* (▶ Kap. 15.1). Weitere Einwände betreffen die Fragen, wie Welt- und Selbstverhältnisse als das, was in Bildungsprozessen zum *Gegenstand* von Transformationen wird, begrifflich genauer erfasst werden können (▶ Kap. 15.2), was den *Anlass* oder die Herausforderung für solche Bildungsprozesse darstellt (▶ Kap. 15.3) sowie auf welche Weise das Transformationsgeschehen selber angemessen beschrieben werden kann und welche Bedeutung dabei dem Kriterium der Neuheit zukommt (▶ Kap. 15.4). Ein weiterer wichtiger Einwand betrifft die normativen Implikationen der Theorie bzw. die Frage, ob jede Transformation als Bildung bezeichnet werden soll oder ob dafür zusätzliche Kriterien erforderlich sind (▶ Kap. 15.5). Den Schlusspunkt markieren schließlich Einwände, die sich auf die Bedeutung der Theorie für das pädagogische Handeln beziehen (▶ Kap. 15.6).

---

59 Vgl. z. B. Drerup 2019, S. 72, wo diese Theorie als »gegenwärtig die wohl einflussreichste Bildungstheorie im deutschsprachigen Raum« bezeichnet wird.
60 Soweit es sich um publizierte Kritiken handelt, werden die Autor*innen im Folgenden genannt. Eine Reihe von Einwänden und kritischen Anfragen stammen allerdings auch aus Diskussionen im Anschluss an Vorträge oder aus Lehrveranstaltungen. Ich danke allen, die durch Kritik, Fragen und Kommentare zur Weiterentwicklung der Theorie beigetragen haben – und insbesondere denen, die hier nicht namentlich aufgeführt werden können.

15.1 Zur Unterscheidung von Lern- und Bildungsprozessen

Einen wichtigen Ausgangspunkt der Theorie transformatorischer Bildungsprozesse stellt die Unterscheidung von Lernen und Bildung dar. Diese Unterscheidung geht zurück auf Helmut Peukert, der schon in den 1980er Jahren *kumulatives* Lernen, bei dem Wissen innerhalb fester Schemata vermehrt wird, von *transformativem* Lernen als einer »Transformation der grundlegenden Strukturen unseres Verhaltens und unseres Selbstverhältnisses« abgegrenzt und letzteres als Bildung bezeichnet hat (Peukert 1981, S. 137). In ähnlicher Weise haben dann Rainer Kokemohr (1989) und Winfried Marotzki (1990, S. 32 ff.) Lernprozesse als Aufnahme, Aneignung und Verarbeitung neuer Informationen beschrieben, wobei aber der Modus des Umgangs mit diesen Informationen unangetastet bleibe, während Bildungsprozesse als Lernprozesse höherer Ordnung verstanden werden, bei denen sich der Rahmen der Informationsverarbeitung grundlegend verändere.

Diese Unterscheidung von kumulativen Lern- und transformativen Bildungsprozessen ist in der Diskussion über die Theorie transformatorischer Bildungsprozesse verschiedentlich in Frage gestellt worden. Die Entgegensetzung von Lernen und Bildung gilt einigen Autorinnen und Autoren als problematisch, weil sie das Lernen entwerte (vgl. z. B. Ahrens 2017, S. 36 f.), wichtige Unterschiede innerhalb kumulativer Lernformen vernachlässige und der komplexen Relation zwischen den beiden Polen nicht gerecht werde (vgl. Yacek 2020, S. 90 f.).

Tatsächlich kann die dichotome Gegenüberstellung von Lernen und Bildung den Eindruck hervorrufen, es gehe um eine hierarchisierende Wertung der beiden Arten des Umgangs mit Wissen oder Informationen, bei der die höher geschätzte Bildung dem weniger wertvollen ›niederen‹ Lernen gegenübergestellt werde. Um dieses Missverständnis zu vermeiden, sei betont, dass die Unterscheidung nicht als (Ab-)Wertung zu verstehen ist und Lernen keineswegs zu einer minderen Form des Weltbezugs erklärt werden soll. Es kann kein Zweifel bestehen, dass (kumulatives) Lernen eine bedeutsame Form der Weltaneignung darstellt und dass es zu den zentralen Aufgaben pädagogischen Handelns gehört, Lernprozesse zu initiieren, zu begleiten und zu unterstützen. Die Unterscheidung soll allerdings darauf hinweisen, dass weder die Auseinandersetzung mit der Welt auf (kumulatives) Lernen beschränkt ist noch die Aufgabe pädagogischen Handelns sich in dessen Förderung erschöpft, sondern dass es insbesondere in Krisensituationen auf die Fähigkeit und Bereitschaft zu transformativen Bildungsprozessen sowie auf deren pädagogische Ermöglichung ankommt. Außerdem ist hervorzuheben, dass es sich bei der Abgrenzung zwischen Lernen und Bildung um eine analytische Unterscheidung handelt, bei der zwei idealtypische Modi einander gegenüberstehen, die sich empirisch nicht immer völlig trennscharf auseinanderhalten lassen, sondern auch in komplexeren Mischungen auftreten können.

Noch gewichtiger erscheint allerdings ein zweiter Einwand gegen die Unterscheidung von Bildung und Lernen, den insbesondere Arnd-Michael Nohl erhoben hat. Nohl verweist darauf, dass bereits ein kurzer Blick auf vorliegende Lerntheorien demonstriere, dass Lernen nicht auf die Akkumulation von Wissen oder Kenntnissen reduziert werden könne, sondern – wie z. B. Günther Buck und Käte Meyer-Drawe betont haben – auch Prozesse des *Um*lernens einschließe (Nohl 2016, S. 169, und 2017, S. 98 f). Nohl plädiert deshalb dafür, Lernen und Bildung auf andere Weise zu unterscheiden. *Lernen* bezeichne demnach Veränderungen, die sich nur auf Fragmente von Welt und Selbst bzw. auf bestimmte Gegenstände und Fähigkeiten beziehen, während *Bildung* das gesamte In-der-Welt-Sein der Subjekte bzw. den *Kern* (»core«) ihrer Welt- und Selbstbezüge verändere. Bildung sei deshalb als existenziell bedeutsamer Wandel von Lebensorientierungen (»life-orientations«) zu verstehen (Nohl 2017b, S. 100).

Für diese Korrektur spricht, dass Lernen dabei weder auf die Akkumulation von Kenntnissen und Fähigkeiten reduziert, noch der Eindruck vermittelt wird, es handle sich beim Lernen um eine weniger wertvolle Form der Weltaneignung. Allerdings weisen einige Formulierungen Nohls – wie die Rede von »Welt- und Selbstbezügen *in ihrer Gesamtheit*« (Nohl 2016, S. 179; Hervorhebung HCK) sowie die von Rainer Kokemohr und mir selbst gelegentlich benutzte Formel von Bildungsprozessen als Transformationen *grundlegender* Figuren des Welt- und Selbstverhältnisses – auf ein anderes Problem hin. Solche Formulierungen legen nahe, es sei möglich, das Verhältnis eines Menschen zur Welt, zu anderen und zu sich selbst totalisierend in seiner Gesamtheit zu erfassen bzw. auf *einen* einheitlichen Kern oder *ein* grundlegendes Prinzip zurückzuführen. Auf diese Weise würden jedoch innere Widersprüche, Ambiguitäten oder Spannungsverhältnisse innerhalb von Welt- und Selbstverhältnissen ausgeschlossen, wie sie in einigen Darstellungen des Konzepts transformatorischer Bildungsprozesse (etwa unter Bezug auf die Subjekttheorien Jacques Lacans oder Judith Butlers) angenommen werden (▶ Kap. 4, ▶ Kap. 5).

Eine Lösung dieses Problems lässt sich vielleicht mit einer Unterscheidung Florian von Rosenbergs finden, der Bildung unter Bezug auf Bourdieu als Veränderung von Habitusformen begreift, dabei allerdings nicht zwischen *Bildung* und *Lernen*, sondern zwischen zwei Arten von Bildungsprozessen unterscheidet. Den entscheidenden Unterschied zwischen diesen markiert dabei die Frage, ob sich die Veränderung nur auf *eine* Dimension des Habitus bezieht (dann spricht Rosenberg von *Wandlungen*) oder ob sie *mehrere* Habitusdimensionen betrifft (dann bezeichnet er die Veränderung als *Transformation*) (vgl. Rosenberg 2011, S. 117 ff. und 217 ff.).

Der Unterschied besteht hier also nicht in der absoluten Differenz zwischen *einer* und *allen* Dimensionen des Habitus, sondern in einer relativen Differenz, die auch graduelle Abstufungen denkbar macht. Übertragen auf die Unterscheidung von Bildung und Lernen hieße das, auch diese Unterscheidung nicht als absolute, sondern als relative bzw. graduelle Differenz zu begreifen. Lernen bestünde demnach in der Veränderung bestimmter einzelner Aspekte von Welt- und Selbstbezügen, Bildung dagegen in der Veränderung *mehrerer* (aber nicht notwendigerweise *aller*) solcher Aspekte. Der Gewinn einer solchen Differenzierung bestünde darin, Bildung und Lernen weiterhin begrifflich auseinanderhalten zu können, ohne den Anspruch einer totalisierenden Erfassung zu erheben.

15.2 Zum Konzept des Welt- und Selbstverhältnisses

Gegenstand von transformatorischen Bildungsprozessen ist der Theorie zufolge das Welt- und Selbstverhältnis, d.h. die Art und Weise, in der ein Mensch (oder eine Gruppe von Menschen) sich zur Welt und zu sich selbst verhält. Eine gewissermaßen ›interne‹ Debatte unter den Vertreterinnen und Vertretern der Theorie betrifft die Konjunktion *und* in der Rede vom Welt- *und* Selbstverhältnis. Rainer Kokemohr zufolge legt diese Formulierung nahe, Welt und Selbst als voneinander unabhängige Größen aufzufassen; es handle sich aber um »deiktische, voneinander abhängige Ausdrücke, die ohne ihr Pendant ohne Bedeutung sind« (Kokemohr 2014, S. 23). Kokemohr spricht deshalb nur noch von »Welt-Selbstverhältnissen« ohne das verbindende »und« (vgl. auch Kokemohr 2022). Die Intention, »Welt« und »Selbst« als wechselseitig aufeinander angewiesene Instanzen zu kennzeichnen, leuchtet durchaus ein. Doch scheint es nicht zwingend, dass jenes Missverständnis gerade durch das Wörtchen *und* nahegelegt werde, weil diese Konjunktion stets voneinander unabhängige Entitäten verbinde.[61] Die Unterstellung, Welt und Selbst seien unabhängig voneinander existierende Instanzen, die erst als solche in ein Verhältnis zueinander treten, scheint durch den Verzicht auf das *und* jedenfalls nicht ausgeschlossen zu werden. Das mögliche Missverständnis lässt sich nicht durch terminologische Entscheidungen vermeiden, sondern nur durch eine ausführlichere Erläuterung, die zugleich darauf verweist, dass sowohl die Welt als auch Subjekt und Selbst sich in deren Verhalten zur Welt und zu sich selbst allererst konstituieren.

Ein anderes Problem der Rede von Welt- und Selbstverhältnissen besteht darin, dass in dieser Formel etwas Wichtiges fehlt, nämlich das Verhältnis zu anderen Menschen – zumindest dann, wenn man unter »Welt« nur die *materielle* Umwelt versteht. Deshalb sei daran erinnert, dass der Terminus ›Weltverhältnis‹ darüber hinaus auch das Verhältnis zur *sozialen* Welt – und d.h. zu anderen Menschen – einschließen soll und dass bei der abkürzenden Rede von Welt- und Selbstverhältnissen stets die angemessenere, aber umständlichere Formulierung ›Welt-, Anderen- und Selbstverhältnisse‹ mitzudenken ist (▶ Kap. 1.3).

Weitere Einwände betreffen die genauere begriffliche Bestimmung dessen, was mit ›Welt- und Selbst-Verhältnis‹ gemeint ist und als solches den Gegenstand von Bildungsprozessen ausmacht. So lautet ein gelegentlich in Diskussionen geäußerter Vorwurf, in der Theorie transformatorischer Bildungsprozesse werde Bildung nur als individueller Prozess konzipiert, so dass kollektive Veränderungen ausgeblendet würden, während eine andere Kritik besagt, durch die Fokussierung der sprachlich-diskursiven Ebene von Welt- und Selbstverhältnissen werde die Bedeutung nicht-kognitiver Dimensionen (wie sozialer Praktiken, der Affekte und des Körpers) vernachlässigt.

Richtig am erstgenannten Vorwurf ist zweifelsohne, dass in den vorliegenden Arbeiten zur Theorie transformatorischer Bildungsprozesse Bildung eher als ein individueller Vorgang gefasst wird, der das je besondere Welt- und Selbstverhältnis

---

61 So sind z.B. in der Formulierung *Berg- und Talfahrt Berg* und *Tal* doch auch wechselseitig aufeinander angewiesen.

einzelner Individuen betrifft. Kollektive Bildungsprozesse, in denen sich das Welt- und Selbstverhältnis einer Gruppe von Menschen, einer Organisation oder einer Institution transformiert, sind demgegenüber bisher kaum untersucht worden. Grundsätzlich scheint mir die Theorie aber offen für eine Erweiterung in dieser Richtung. Einige der in Darstellungen der Theorie herangezogenen Konzepte, um Welt- und Selbstverhältnisse begrifflich genauer zu erfassen, können jedenfalls als prinzipiell geeignet gelten, auch kollektive Welt- und Selbstbezüge in den Blick zu nehmen. Das gilt etwa für Pierre Bourdieus Habitustheorie ebenso wie für das Konzept der narrativen Identität im Anschluss an Paul Ricœur (▶ Kap. 2, ▶ Kap. 3).

Die Kritik an der Fokussierung auf die sprachlich-diskursive Ebene des Welt- und Selbst-Verhältnisses findet sich in verschiedenen Versionen. Douglas Yacek (2020) z. B. wirft der Theorie transformatorischer Bildungsprozesse vor, sie begreife Bildung zu sehr als Veränderung *kognitiver* Strukturen. Dieser Einwand übersieht allerdings, dass in mehreren neueren Beiträgen zur Theorie transformatorischer Bildungsprozesse ausdrücklich die Bedeutung *affektiver* bzw. *unbewusster* Strukturen für die Beschreibung von Welt- und Selbstverhältnissen hervorgehoben wird. So hat Gereon Wulftange (2014 und 2016) unter Bezug auf die strukturale Psychoanalyse Jacques Lacans die Bedeutung von Angst und Begehren für transformatorische Bildungsprozesse herausgearbeitet (zu Lacan vgl. auch Kokemohr 2007, S. 52 ff., und ▶ Kap. 4). Und auch der Vorschlag, zur Erfassung von Welt- und Selbstverhältnissen das Habituskonzept Bourdieus zu nutzen, ist mit der These verbunden, dass den Gegenstand des Transformationsgeschehens gerade nicht (nur) kognitive Strukturen ausmachen, sondern vielmehr großenteils unbewusste, weil sozialisatorisch verinnerlichte bzw. einverleibte Dispositionen des Wahrnehmens, Denkens und Handelns (vgl. ebd., S. 23 ff.).[62]

Komplizierter ist die Sache bei der Kritik Anja Tervoorens, die anmahnt, in der Theorie transformatorischer Bildungsprozesse scheine das sich bildende Subjekt »den Diskursen allein gegenüber zu stehen« und werde weder als »Teil einer Gruppe« noch als konkret handelndes Subjekt aufgefasst, »das sich in Auseinandersetzung mit seiner personellen und materiellen Umwelt befindet« (Tervooren 2012, S. 95). Der Einwand gilt also der (vermeintlichen) Ausblendung der Eingebundenheit des Subjekts in Beziehungen zu anderen und der leiblichen Dimension von Welt- und Selbstverhältnissen. Bildung als »ein praktischer interaktiver Prozess, der sich in der konkreten Auseinandersetzung mit anderen Personen und Gruppen – und nicht nur mit Diskursen – vollzieht«, werde ebenso wenig berücksichtigt wie der körperliche Bezug zur Welt, zu anderen und sich selbst. Der Verweis auf Bourdieus Habituskonzept helfe da nur bedingt weiter, weil Bourdieu »die ›strukturierende Struktur‹ und nicht die konkreten, häufig alltäglichen Handlungen, in denen

---

62 Yacek (2020) stellt den kognitiven Strukturen allerdings weniger die affektive oder körperliche Dimension von Bildungsprozessen gegenüber, sondern betont vielmehr die Bedeutung von *Werten* in bildenden Transformationen. Dabei wäre jedoch zu klären, auf welcher Ebene solche Werte anzusiedeln sind und ob für sie nicht mindestens ebenso sehr wie für Affekte und körperliche Praktiken gilt, dass sie ihre Bedeutung nur im Rahmen sprachlicher bzw. diskursiver Ordnungen entfalten.

sich diese Struktur bildet oder gegebenenfalls auch verändert«, in den Mittelpunkt stelle (ebd., S. 96).

Was die Eingebundenheit des Subjekts in soziale Beziehungen betrifft, ist einzuräumen, dass durch den Bezug auf die Diskurstheorien Foucaults und Lyotards der Eindruck entstehen könnte, das sich bildende Subjekt sei den Diskursen als einzelnes ausgesetzt. Hier ist unter Bezug auf Judith Butlers Konzept der Subjektivation (vgl. Butler 2001) darauf zu verweisen, dass der ambivalente Prozess der Subjektkonstitution, der Butler zufolge die Unterwerfung unter Machtverhältnisse ebenso umfasst wie die Entstehung potenziell widerständiger Handlungsfähigkeit, eng verbunden ist mit der Angewiesenheit des Subjekts auf andere und deren Anerkennung (▶ Kap. 5, ▶ Kap. 11.3).

Der Vorwurf der Ausblendung der leiblichen und alltagspraktischen Dimensionen von Welt- und Selbstverhältnissen trifft dagegen ein tatsächliches Manko der Theorie transformatorischer Bildungsprozesse, die trotz des Bezugs auf Bourdieus Habitus-Konzept dem Körper und den alltäglichen Praktiken der Subjekte bislang deutlich zu wenig Aufmerksamkeit geschenkt hat. Hier könnte in theoretischer Hinsicht die Auseinandersetzung mit neueren Theorien sozialer Praktiken (vgl. z. B. Reckwitz 2003) weiterhelfen. Es sei allerdings unterstrichen, dass mit einer solchen Erweiterung der Theorie keineswegs eine Abkehr von der These der sprachlichen bzw. zeichenförmigen Vermitteltheit von Welt- und Selbstverhältnissen verbunden ist. Denn auch für körperliche Praktiken und für Affekte gilt, dass sie ihre Bedeutung nur im Rahmen einer sprachlichen oder zeichenförmigen Ordnung entfalten können, d. h., wenn sie in irgendeiner Weise sprachlich oder vermittels eines anderen Zeichensystems artikuliert werden.

15.3 Zum Anlass von Bildungsprozessen

Die Theorie transformatorischer Bildungsprozesse geht davon aus, dass Bildungsprozesse immer dann stattfinden (können), wenn Menschen mit Herausforderungen konfrontiert werden, für deren Bearbeitung die eingespielten Figuren ihres Welt- und Selbstverhältnisses nicht mehr ausreichen. Als Terminus für die Beschreibung solcher Herausforderungen hat sich dabei der Begriff der *Krise* eingebürgert, für dessen genauere Fassung u. a. Bernhard Waldenfels' Konzept der Erfahrung des Fremden herangezogen wird (vgl. Kokemohr 2007, S. 27 ff., Wulftange 2016, S. 73 ff., und ▶ Kap. 7). Konsens unter den genannten Autoren scheint zu sein, dass Krisenerfahrungen, die eine Infragestellung routineartig eingespielter Handlungsorientierungen mit sich bringen, eine notwendige (jedoch keineswegs hinreichende[63]) Bedingung für transformatorische Bildungsprozesse darstellen.

---

63 Hinreichend sind solche Krisenerfahrungen nicht, weil sie – wie bereits in der Einleitung betont – keineswegs automatisch zu einem Bildungsprozess führen, sondern vielmehr auch mit einer Restabilisierung etablierter Welt- und Selbstbezüge beantwortet werden können.

Diese Fokussierung auf Krisen als Anlass oder Auslöser von Bildungsprozessen hat in der Diskussion um das Transformations-Konzept allerdings auch Kritik auf sich gezogen. Der Theorie transformatorischer Bildungsprozesse wird dabei vorgeworfen, sie überschätze die Bedeutung der Krise als Herausforderung für Bildungsprozesse. Dieser Vorwurf findet sich u. a. bei Douglas Yacek, der vier verschiedene Paradigmen von Transformation unterscheidet: *conversion*, *overcoming*, *development* und *initiation*, wobei das hier vertretene Konzept dem Paradigma *development* und dem Modell »STRUCTURE → CRISIS → NEW STRUCTURE« zugerechnet wird (Yacek 2017, S. 213). Yacek kritisiert, dieses Paradigma übersehe nicht nur einige grundlegende Momente der beiden ersten Paradigmen (*conversion* und *overcoming*), sondern fokussiere zu sehr das Moment der Krise und vernachlässige deshalb den Erwartungshorizont im Sinne Gadamers als notwendige Voraussetzung von Transformationen. Besser geeignet, die Balance zwischen Krise und Erwartungshorizont zu wahren, sei deshalb das vierte Paradigma (*initiation*) (ebd., S. 214 ff.). Yaceks Unterscheidung verschiedener Varianten von Transformation ist zweifelsohne verdienstvoll. Allerdings leuchtet nicht ein, wieso die Aufmerksamkeit für Krisen und die Aufmerksamkeit für Erwartungshorizonte im Gegensatz zueinander stehen sollen, da doch gerade der Bezug auf Waldenfels' Konzept der Fremdheitserfahrung (das seinerseits auf den Erfahrungsbegriff Husserls zurückgeht) deutlich macht, dass die krisenhafte Erfahrung vor allem in der Negation bzw. der Durchbrechung eines Erwartungshorizonts besteht (▶ Kap. 7).

Damit ist der Vorwurf einer Überbetonung der Bedeutung von Krisen allerdings keineswegs vom Tisch. Die Frage bleibt vielmehr, ob wirklich immer eine Krise den Anlass für Bildungsprozesse ausmachen muss oder ob Transformationen des Welt- und Selbstverhältnisses nicht z. B. auch durch exploratives Neugierverhalten oder durch biographische Zufälle ausgelöst werden können. Besonders gründlich ist dieser Frage Arnd-Michael Nohl in seiner Studie über »Bildung und Spontaneität« nachgegangen (vgl. Nohl 2006). Nohl kommt darin auf der Basis empirischer Fallstudien zu dem Schluss, dass Bildungsprozesse im Sinne einer »Transformation von Lebensorientierungen« (ebd., S. 11) nicht nur in Reaktion auf Krisen- oder Fremdheitserfahrungen, sondern auch »spontan« erfolgen können, und illustriert dies etwa am Beispiel von Jugendlichen, die eher zufällig mit bestimmten Aktionen wie z. B. Breakdance begonnen hätten, was dann erst im Laufe der Zeit zu einem Wandel biographischer Orientierungen geführt habe (vgl. ebd., S. 121 ff.). In einem neueren Aufsatz wirft Nohl vor diesem Hintergrund der Fokussierung auf Krisenerfahrungen als Auslöser von Bildungsprozessen vor, sie vernachlässige andere Anlässe wie etwa den unerwarteten Zuwachs an Erfahrungs- und Handlungsmöglichkeiten, den Fritz Schütze im Rahmen seines Konzepts der Prozessstrukturen des Lebensablaufs als Auslöser für Wandlungsprozesse beschrieben hat (Nohl 2017b, S. 102). »[P]rocesses of *Bildung* [...] may not only be triggered by dilemmas and personal crises but also by surprising contingencies within the actor's own practices« (ebd.). Bildungsprozesse seien deshalb nicht nur als Krisenbewältigung zu verstehen, sondern auch – mit einer Formulierung Marotzkis – als »intentional nicht verfügbare Erweiterung [des] Möglichkeitshorizonts« (Marotzki, zit. nach Nohl 2016, S. 172).

Angesichts dieser Kritik ist zunächst einmal daran zu erinnern, was *für* die Auffassung der Krise als Anlass von Bildungsprozessen die These spricht, nämlich dass Welt- und Selbstverhältnisse als Gegenstand möglicher Transformationen sich durch eine relativ große Stabilität auszeichnen. Zieht man zur Beschreibung von Welt- und Selbstverhältnissen etwa Bourdieus Habituskonzept heran, so wird dort dem sozialisatorisch erworbenen Habitus eine gewisse Trägheit oder Veränderungsresistenz bescheinigt, mit der einhergeht, dass die Subjekte in der Regel nur solche Erfahrungen machen, die mit ihrem Habitus im Einklang stehen, und Veränderungen des Habitus deshalb eher eine Ausnahme darstellen. Daraus wäre zu schließen, dass es aufgrund der relativen Unwahrscheinlichkeit von Bildungsprozessen besondere Anlässe braucht, um den Habitus bzw. ein Welt- und Selbstverhältnis in Frage zu stellen, und dass Krisenerfahrungen gewissermaßen als ein Prototyp solcher Anlässe verstanden werden können.

Außerdem ist zu vermerken, dass Nohl selber darauf hinweist, dass auch die von ihm untersuchten, aus spontanem Handeln hervorgegangenen Bildungsprozesse eine gesellschaftlich bedingte »Vorgeschichte« haben, zu der etwa »Erfahrungen milieuspezifischer Desintegration« oder der Diskriminierung gehören können (Nohl 2006, S. 266f.). Insofern sind auch solche Bildungsprozesse nicht als völlig spontan aufzufassen, sondern scheinen in ihrer Entstehung zumindest durch krisenhafte Erfahrungen mitbedingt zu sein. Und schließlich spielen Krisen in Nohls Modell der Phasenstruktur spontaner Bildungsprozesse auch im weiteren Verlauf noch eine gewisse Rolle. Sie stehen dort allerdings nicht am Anfang, sondern bilden ein Moment einer späteren Phase, wenn nämlich die zunächst spontan praktizierte neue Aktivität (wie z.B. Breakdance) von einer randständigen zu einer zentralen Erfahrung wird und sich deshalb die Bedeutung dieser Praktik verschiebt. In solchen Fällen stellt Nohl zufolge die Krise deshalb nicht den Auslöser, sondern vielmehr einen Katalysator der Transformation dar (vgl. Nohl 2017b, S. 107).

Andererseits scheint der Einwand, dass transformatorische Bildungsprozesse *nicht nur* durch Krisenerfahrungen ausgelöst werden können, durchaus berechtigt. Warum sollte es nicht auch andere Anlässe für solche Transformationen geben? In diesem Kontext sei an die Forderung erinnert, dass die Erforschung transformatorischer Bildungsprozesse selbst als potenzieller Transformationsprozess anzulegen sei, bei dem die zugrunde gelegten Theorien und Konzepte im Zuge des Forschungsprozesses in Frage gestellt, modifiziert oder transformiert werden können (▶ Kap. 12.3). In diesem Sinne sollte die Theorie auch für die Möglichkeit offen sein, dass es neben Krisen- oder Fremdheitserfahrungen auch andere Anlässe oder Auslöser für die Transformation von Welt- und Selbstverhältnissen geben mag.

15.4 Zum Konzept der Transformation und der Entstehung des Neuen

Ein weiteres wichtiges Thema der Theorie transformatorischer Bildungsprozesse stellt die Frage dar, wie das Transformationsgeschehen, um das es geht, genauer beschrieben werden kann, welche Verlaufsstrukturen es aufweist und welche Bedingungen ausschlaggebend dafür sind, ob es im Zuge der Konfrontation mit Krisen- und Fremdheitserfahrungen zur Entstehung *neuer* Figuren des Welt- und Selbstverhältnisses kommt oder nicht. Auch diese Frage spielt in der Diskussion um die Theorie transformatorischer Bildungsprozesse eine wichtige Rolle.

Eine erste, gewissermaßen ›interne‹ Debatte betrifft den Begriff der Transformation selbst. Hatte Rainer Kokemohr – in Übereinstimmung mit Helmut Peukert (1981) und Winfried Marotzki (1990, S. 41 ff.) – Bildung zunächst explizit als »Transformation des Welt- und Selbstverhältnisses« gefasst (Kokemohr 1989, S. 328), so verzichtete er später auf den Begriff der Transformation und sprach nur noch von Bildung als »durch Fremdes herausgeforderte Veränderung von Grundfiguren meines Welt- und Selbstverhältnisses« (Kokemohr 2007, S. 12, Fußnote). Eine Begründung für diesen Verzicht findet sich in einem späteren Aufsatz, in dem Kokemohr darauf verweist, das Wort Transformation lege nahe, »jene Veränderung als logisch rekonstruierbaren Prozess zu verstehen« (Kokemohr 2014, S. 19), was im Blick auf Bildungsprozesse nicht angemessen sei. Mittlerweile hat sich allerdings der Begriff *transformatorische Bildungsprozesse* eingebürgert, ohne dass damit ein bestimmtes (etwa an der Logik orientiertes) Verständnis von Transformation verbunden wäre. Mit den Herausgebern eines Handbuchs der sozialwissenschaftlichen Transformationsforschung (in der es vor allem um den Wandel ehemaliger sozialistischer Gesellschaften nach dem Ende der Sowjetunion geht) ist vielmehr festzuhalten, dass es sich beim Begriff der Transformation um ein in vielen Disziplinen verwendetes »wissenschaftliches Allerweltswort« handelt, das »einen Wandel von Form, Natur, Gestalt, Charakter, Stil oder Eigenschaften eines Phänomens« bezeichnet und ganz unterschiedliche nähere Bestimmungen erlaubt – etwa im Blick auf Subjekt und Objekt sowie auf die zeitliche Dimension von Transformationen (Kollmorgen, Merkel & Wagener 2015, S. 11). Auch in den Kulturwissenschaften gilt der Transformationsbegriff als theoretisch eher unterbestimmt und bietet ganz unterschiedliche Anknüpfungsmöglichkeiten (vgl. Böhme 2011). Statt der Festlegung auf ein bestimmtes (etwa logisches Verständnis) von Transformation könnte man dem Begriff daher eher mangelnde begriffliche Schärfe vorwerfen. Andererseits bietet die Verwendung dieses weitverbreiteten Terminus auch Möglichkeiten zur Anknüpfung an internationale Debatten wie z. B. an die Diskussion des aus der US-amerikanischen Erwachsenenbildung stammenden Konzepts *transformative learning* (vgl. z. B. Laros, Fuhr & Taylor 2017).

Ein Missverständnis scheint auch dem Einwand von Sönke Ahrens zugrunde zu liegen, der der Theorie transformatorischer Bildungsprozesse ein mechanistisch-kausales und lineares Denken vorwirft, durch das »die zeitliche Struktur von Bildungsprozessen auf eine lineare Ordnung festgelegt« werde, d. h. »auf eine Abfolge von Auslöseerfahrung und Transformation« (Ahrens 2017, S. 36). Auch hier wird dem Transformationsbegriff ein ganz bestimmtes Verständnis des Veränderungsgeschehens unterstellt, das weder dem Begriff als solchem inhärent ist noch den vorliegenden Fassungen der Theorie transformatorischer Bildungsprozesse entspricht. Denn dort wird das Transformationsgeschehen gerade nicht als linearer Ursache-Wirkungs-Zusammenhang, sondern als komplexeres Bedingungsverhältnis verstanden. Begreift man – wie oben skizziert – Krisen- oder Fremdheitserfahrungen als eine (vielleicht) notwendige, aber keineswegs hinreichende Bedingung für transformatorische Bildungsprozesse, so wird deutlich, dass eine solche »Auslöseerfahrung« durchaus nicht automatisch oder »linear« zur Transformation eines Welt- und Selbstverhältnisses führt. Wie bereits erwähnt ist eine wichtige, theoretisch und empirisch zu klärende Frage vielmehr gerade die, von welchen weiteren Bedingungen es abhängt, dass es angesichts einer Krisenerfahrung zu einem Transformationsprozess kommt (und inwiefern pädagogisches Handeln diese Bedingungen beeinflussen kann).

Einen gewichtigeren Kritikpunkt stellt die These der Theorie transformatorischer Bildungsprozesse dar, dass die fragliche Transformation mit der Entstehung *neuer* Figuren des Welt- und Selbstverhältnisses gleichzusetzen sei. Einige Autoren haben dieses Kriterium der Neuheit als maßgebliches Merkmal transformatorischer Bildungsprozesse in Frage gestellt. So weisen Dominik Krinninger und Hans-Rüdiger Müller darauf hin, dass der Auffassung, wonach transformatorische Bildungsprozesse sich durch die Entstehung *neuer* Figuren des Welt- und Selbstbezugs auszeichnen, eine verdeckte Normativität innewohne, nämlich »ein Gebot der radikalen Selbsttransformation, der lebensgeschichtlichen Selbstüberwindung und Neuerfindung, das die Emanzipation weniger von gesellschaftlicher Fremdbestimmung als vom individuell gelebten Leben vorzuschreiben scheint« (Krinninger & Müller 2012, S. 59). Damit werde der »bildungstheoretisch interessierte Blick auf eine unnötige Weise begrenzt« (ebd., S. 59f.) und würden solche Prozesse ausgeschlossen, in denen Differenzerfahrungen einen Menschen dazu veranlassen, »Aspekte seiner Selbst- und Weltsicht mit offenem Ausgang zu überprüfen, ggf. zu revidieren, vielleicht aber auch nur zu präzisieren oder »auf eine reflektiertere Weise bestätigt zu finden« (ebd., S. 60). Und ähnlich fragte Müller schon in einem früheren Beitrag:

> »[W]arum sollte nicht als Bildungsschritt ebenso gelten, wenn biografische Herausforderungen dazu führen, dass ein bisheriger Orientierungsrahmen gegen widerstrebende Umstände durchgehalten und gefestigt wird? Und lässt sich tatsächlich [...] die Frage ausklammern, inwieweit das ›Neue‹ auch das in einer konkreten historischen oder biografischen Situation Bessere ist?« (Müller 2009, S. 254).

Zu dieser Kritik ist zunächst festzuhalten, dass das Kriterium der Neuheit keine *permanente* Forderung an die sich bildenden Subjekte darstellt, sondern nur für solche Konstellationen gilt, in denen eingespielte Routinen angesichts einer neuartigen Herausforderung durch eine Krisen- oder Fremdheitserfahrung nicht mehr greifen. Solche Krisenerfahrungen stellen (glücklicherweise) keine Dauersituation und auch nicht den Normalfall dar. Doch wenn sie eintreffen, gehört es zu ihrem Wesen, dass ein etabliertes (und d.h. ›altes‹) Welt- und Selbstverhältnis nicht mehr hinreicht, um jener Herausforderung zu begegnen. Insofern impliziert die Theorie transformatorischer Bildungsprozesse keineswegs das normative Gebot permanenter Selbsttransformation, wie es etwa aktuelle Forderungen nach ständiger Selbstoptimierung nahelegen (vgl. King et al. 2014), sondern lediglich das analytische Urteil, dass angesichts eines Scheitern etablierter Orientierungsmuster nur die Entwicklung *neuer* Figuren des Welt- und Selbstbezugs weiterhilft.

Es bleibt allerdings die Frage, ob nur Transformationsprozesse, in denen Neues entsteht, den Namen Bildung verdienen oder ob auch die von Krinninger und Müller genannten Handlungsweisen als potenzielle ›Bildungsschritte‹ gelten sollen. Ähnlich wie im Fall der Frage nach der Bedeutung von Krisenerfahrungen spitzt sich das Problem also darauf zu, ob die Theorie transformatorischer Bildungsprozesse den Anspruch erhebt, allgemeingültig zu klären, was unter *Bildung* verstanden werden soll, oder ob es ihr bescheidener nur darum geht, *eine* Form von Bildung genauer zu beschreiben, die vielleicht besonders wichtig, aber nicht unbedingt die einzige ist. Mir scheint die zweite Option sympathischer, die es zulässt, neben kriseninduzierten auch spontane Bildungsprozesse und neben der Entstehung neuer Welt- und Selbstbezüge auch andere Handlungsweisen als Bildungsschritte anzuerkennen.

Mit der Kritik am Kriterium der Neuheit ist eine weitere Frage verwandt, die darauf abzielt, wie das Kriterium der Neuheit zu verstehen sei. Geht es dabei um *absolute* Neuheit (im Sinne der Entstehung, Entdeckung oder Erfindung von etwas Noch-nie-Dagewesenem) oder um *relative* Neuheit, d. h. um das Auftauchen von etwas, das nur *für die betreffende Person* neu ist? Die Forderung nach absoluter Neuheit würde transformatorische Bildungsprozesse auf seltene Phänomene revolutionärer Entdeckungen oder Erfindungen beschränken und scheint daher wenig geeignet, als entscheidendes Merkmal der fraglichen Transformationen zu fungieren. Die von mir zur Beschreibung des Transformationsgeschehens herangezogenen Konzepte und Theorien sprechen eindeutig für die zweite Option, also für eine *relative* Auffassung der Kategorie des Neuen. So kann etwa mit Ulrich Oevermanns sozialwissenschaftlicher Erklärung der Entstehung von Neuem das in transformatorischen Bildungsprozessen entstehende Neue als eine auch bisher schon vorhandene, aber nicht realisierte Handlungsmöglichkeit verstanden werden, die nun angesichts einer Krisenerfahrung ›gewählt‹ wird, wodurch sich die Strukturgesetzlichkeit eines Falles (und damit das Welt- und Selbstverhältnis eines Subjekts) verändert (▶ Kap. 10). Und mit Judith Butlers Konzept der Resignifizierung lässt sich das Neue sogar als bloße Wiederholung einer schon bekannten Äußerung begreifen, bei der diese aufgrund einer Veränderung des Kontexts eine neue, unter bestimmten Bedingungen sogar gegensätzliche Bedeutung annehmen kann – wie z. B. im Falle der Umdeutung zuvor pejorativer Bezeichnungen wie ›schwul‹ oder ›Kanake‹ durch Mitglieder der so diskriminierten Gruppe (▶ Kap. 11.3).

Vor diesem Hintergrund ist festzuhalten, dass die Kategorie des Neuen in der Theorie transformatorischer Bildungsprozesse nicht verabsolutiert werden sollte – weder als eine normative Forderung an die gesamte Lebensführung der Subjekte noch als Beschwörung eines ›ganz anderen‹, Noch-nie-Dagewesen. In diesem Sinne sei an die Formulierung erinnert, wonach Bildung »weniger in dem abgeschlossenen Vorgang der Ersetzung eines *etablierten* durch ein *neues* Welt- und

Selbstverhältnis« bestehe als vielmehr »in einem unabschließbaren Prozess der Infragestellung oder Verflüssigung bestehender Ordnungen und eines Anders*werdens* mit offenem Ausgang« (▶ Kap. 13).[64]

15.5 Zu den normativen Implikationen der Theorie transformatorischer Bildungsprozesse

Ein besonders häufig geäußerter Einwand gegen die hier vertretene Theorie zielt darauf, dass darin ein wichtiges Problem vernachlässigt werde, nämlich die Frage nach den normativen Implikationen dieses Bildungsverständnisses (vgl. z. B. Krinninger & Müller 2012 sowie Fuchs 2014). In der Tat wird diese Frage weder in den früheren Arbeiten Rainer Kokemohrs oder Winfried Marotzkis noch in meinen eigenen Arbeiten über gelegentliche Anmerkungen hinaus explizit thematisiert. Insofern soll mit den folgenden Überlegungen eine wichtige Lücke geschlossen werden.

Nicht zureichend geklärt ist vor allem der wissenschaftstheoretische Status des solchermaßen reformulierten Bildungsbegriffs. Handelt es sich bei dem Verständnis von Bildung als Transformation des Welt- und Selbstverhältnisses um ein rein deskriptives Konzept, das auf Wertungen bewusst verzichtet? Oder steht dieser Bildungsbegriff in jener Tradition bildungstheoretischen Denkens, in der ›Bildung‹ als normativ aufgeladenes Konzept gilt, das als Orientierungskategorie zur Begründung, Zielbestimmung und Kritik pädagogischen Handelns das Ziel kennzeichnet, das durch pädagogisches Handeln zwar nicht hergestellt werden kann, aber doch ermöglicht, befördert oder unterstützt werden soll?

Dass es dabei keineswegs nur um eine akademische Frage geht, wird deutlich, wenn man die Konsequenzen in Betracht zieht, die aus den beiden genannten Optionen abgeleitet werden können. Betrachtet man das Konzept transformatorischer Bildungsprozesse als rein deskriptives Konzept ohne wertende Stellungnahme, so wäre *jede* (oder zumindest *jede grundlegende*) Transformation eines Welt- und Selbstverhältnisses als Bildungsprozess zu begreifen, und zwar gänzlich unabhängig davon, in welche Richtung diese Transformation erfolgt bzw. welche inhaltliche Qualität das neue, transformierte Welt- und Selbstverhältnis aufweist. Für diese Sichtweise spricht, dass man so über einen Grundbegriff verfügt, der es erlaubt, die empirische Erforschung von Bildungsprozessen anzuleiten, ohne sich in die Schwierigkeiten einer Begründung ethischer bzw. moralischer Urteile zu verstricken. Dagegen ist freilich geltend zu machen, dass der Bildungsbegriff in der Tra-

---

[64] Das steht nicht im Widerspruch zu der oben vertretenen These, wonach das Kriterium der Neuheit keine permanente Forderung an die Bildungssubjekte darstelle. Mit »unabschließbar« ist nicht etwa ein permanent andauerndes, ununterbrochenes Geschehen gemeint, sondern vielmehr, dass solche Infragestellungen immer wieder aufs Neue möglich sein sollten.

dition bildungstheoretischen Denkens stets mehr oder weniger ausdrücklich mit einem positiven Vorzeichen versehen war – im Sinne der impliziten Annahme, dass Bildung (wie immer man den Begriff inhaltlich fasst) stattfinden *soll*, also ungeachtet aller Definitionsprobleme als ein wünschenswertes Geschehen betrachtet wird. Folgt man dieser Tradition, so stellt sich unvermeidlich die Frage, ob wirklich jede (grundlegende) Transformation eines Welt- und Selbstverhältnisses als Bildungsprozess bezeichnet werden soll oder ob nicht zusätzliche Kriterien erforderlich sind, die etwas darüber aussagen, in welcher Richtung die Transformation erfolgen soll, um als pädagogisch wünschens- bzw. unterstützenswert gelten zu können.

Besonders prägnant und provokativ zugespitzt hat Krassimir Stojanov (2006) diese Frage formuliert, wenn er in einer Auseinandersetzung mit dem Konzept transformatorischer Bildungsprozesse auf das Beispiel einer radikalen biographischen Veränderung verweist, bei der fraglich ist, ob sie wirklich als Bildungsprozess verstanden werden soll:

> »Ich möchte an dieser Stelle an das zugegebenermaßen etwas provokante Beispiel des bekannten Rechtsanwalts erinnern, der in seinen jungen Jahren bei der ostdeutschen FDJ aktiv war, sich dann an den gewalttätigen Aktivitäten der RAF beteiligte, um sich heute als einer der profundesten Vertreter rechtsextremer und nationalistischer Ideologien zu profilieren. Wäre sein Lebenslauf nach dem skizzierten Konzept nicht als ein geradezu permanenter biographischer Bildungsprozess zu betrachten [...]?« (S. 76).

Das Beispiel bezieht sich auf Horst Mahler, der zunächst Mitglied des SDS war, verschiedene Aktivisten der Studentenbewegung als Anwalt vertrat, sich später der RAF anschloss und nach einer Wendung zum Rechtsextremismus seit Ende der 1990er Jahre mehrfach wegen Volksverhetzung, Holocaustleugnung und anderer antisemitischer bzw. neonazistischer Äußerungen zu Geld- und Freiheitsstrafen verurteilt worden ist.[65] Die Frage, ob eine solche Veränderung als Bildungsprozess verstanden werden soll, scheint in der Tat berechtigt[66], und da sie in den bislang vorliegenden Arbeiten zum Konzept transformatorischer Bildungsprozesse nicht befriedigend beantwortet wurde[67], soll sie in diesem Abschnitt erörtert werden. Der Kritik ist dabei allerdings nur insoweit zuzustimmen, dass die Frage der normativen Implikationen in den erwähnten Beiträgen kaum *explizit* erörtert wird. *Implizit* enthalten diese Arbeiten allerdings eine ganze Reihe von Überlegungen, die keineswegs nur darin bestehen, die Normativität zurückzuweisen und durch formale bzw. strukturale Indikatoren zu ersetzen, wie Fuchs (2014, S. 131) behauptet, sondern aus denen jeweils unterschiedliche Positionen zur Normativitätsproblematik abgeleitet werden können. Im Folgenden soll versucht werden, diese Überlegungen zu rekonstruieren und daraus eine Antwort auf die Frage nach der normativen Dimension des Konzepts transformatorischer Bildungsprozesse zu skizzieren.

---

65 Vgl. http://de.wikipedia.org/wiki/Horst_Mahler (letzter Zugriff am 26.03.2022).
66 An einem anderen Beispiel, nämlich der Wandlung Walter Whites, des Protagonisten der US-amerikanischen Fernsehserie *Breaking Bad*, von einem in jeder Hinsicht mittelmäßigen Chemielehrer zum Drogendealer und Mörder, wirft auch Markus Rieger-Ladich (2014) die Frage auf, ob jede Transformation von Welt- und Selbstverhältnissen als Bildungsprozess verstanden werden soll.
67 So verweist etwa Fuchs (2014, S. 128, Fußnote 1) zurecht darauf, dass diese Frage in mehreren Aufsätzen von mir nur in Anmerkungen behandelt werde.

15.5.1 Ein nicht-normativer Bildungsbegriff?

Soweit ich sehe, sind prinzipiell zwei Möglichkeiten denkbar, die Frage nach der Normativität des Konzepts transformatorischer Bildungsprozesse zu beantworten. Die erste besteht darin, den Bildungsbegriff in einem strikt nicht-normativen Sinne zu verwenden und sich auf die Deskription und Analyse von Bildungsprozessen zu beschränken, ohne etwas darüber zu sagen, inwieweit solche Prozesse wünschenswert (und pädagogisch zu unterstützen bzw. zu ermöglichen) sind. Das entspräche einer wissenschaftstheoretischen Position, wie sie z. B. von Wolfgang Brezinka (1978) vertreten wird, der fordert, die Erörterung normativer Fragen aus der erziehungs*wissenschaftlichen* Diskussion auszuklammern und stattdessen der Philosophie der Erziehung bzw. der praktischen Pädagogik zu überantworten.

Diese Position wird allerdings von keinem der Vertreterinnen und Vertreter des Konzepts transformatorischer Bildungsprozesse in strikter Form vertreten. In gewisser Weise am nächsten kommen ihr vielleicht die Arbeiten Rainer Kokemohrs. Sein wichtigster Beitrag zum Thema, der Aufsatz »Bildung als Welt- und Selbstentwurf im Anspruch des Fremden« (Kokemohr 2007) geht auf die Frage der normativen Implikationen dieser Bildungsauffassung nicht explizit ein. Bildung wird dort verstanden »als Prozess der Be- oder Verarbeitung solcher Erfahrungen […], die der Subsumtion unter Figuren eines gegebenen Welt- und Selbstentwurfs widerstehen« (ebd., S. 21). Von Bildung zu sprechen sei allerdings nur dann gerechtfertigt, »wenn der Prozess der Be- oder Verarbeitung subsumtionsresistenter Erfahrung eine Veränderung von Grund legenden Figuren meines je gegebenen Welt- und Selbstentwurfs einschließt« (ebd.). Als einziges Kriterium wird hier geltend gemacht, dass es im Zuge eines Bildungsprozesses zu einer Veränderung grundlegender Figuren des Welt- und Selbstentwurfs kommen müsse; über die Qualität oder Richtung dieser Veränderung werden an dieser Stelle jedoch keine weiteren Aussagen gemacht. Ähnlich argumentiert Kokemohr (2014, S. 43 f.) in einer jüngeren Arbeit, in der »das normative Moment des Bildungsbegriffs« zwar explizit erwähnt wird, aber als nähere Bestimmung nur genannt wird, dass man von »einem Bildungsprozess im vollen Sinn« nur sprechen könne, »wenn es einen Schritt über die Schwelle gibt, der über das [bisherige; Anm. HCK] Welt-Selbstverhalten […] hinausführt«. Das zentrale Kriterium ist auch hier, dass das im Bildungsprozess entstehende Neue sich vom Bisherigen grundlegend unterscheiden bzw. darüber hinausführen muss. Das freilich gilt auch für Horst Mahlers Konversion vom linken Anwalt und RAF-Mitglied zum Rechtsextremisten, die mithin in diesem Sinn als Bildungsprozess verstanden werden müsste.[68] Insofern könnte man sagen, dass Kokemohrs Position dazu tendiert, Bildung als deskriptiv-analytisches Konzept zu begreifen und auf weitergehende normative Bestimmungen zu verzichten.

---

68 Es wäre freilich genauer, zu prüfen, inwiefern die biographische Wandlung Mahlers von linken Positionen zum Rechtsextremismus trotz der grundlegenden Differenz ›linker‹ und ›rechter‹ Zielvorstellungen wirklich mit einer *strukturellen* Transformation des Welt- und Selbstverhältnisses einhergeht. Denkbar wäre ja auch, dass in diesem Fall nur ein Austausch von Feindbildern erfolgte, aber die zugrunde liegende ›Logik‹ unverändert blieb. Diese Frage wäre allerdings nur mittels einer genaueren Analyse und Interpretation biographischer Materialien zu klären und kann deshalb hier nicht weiterverfolgt werden.

Implizit wird in Kokemohrs Ausführungen allerdings deutlich, dass die aus dem Bildungsprozess hervorgehenden neuen Figuren des Welt- und Selbstentwurfs zumindest *ein* weiteres Kriterium erfüllen müssen, nämlich der als »subsumtionsresistent« bezeichneten Erfahrung in irgendeiner Weise *besser* gerecht zu werden, als es die alten Figuren vermochten. Betrachtet man die Konfrontation mit solchen Erfahrungen als gesellschaftlich auferlegtes Problem im Sinne Marotzkis, so lässt sich sagen, dass von Bildung nur die Rede sein kann, wenn die neuen Figuren eine irgendwie angemessenere Art der Problembearbeitung erlauben, als sie durch die Figuren des alten Welt- und Selbstentwurfs ermöglicht wurde. Und indem Kokemohr (2007, S. 27 ff.) sich in der genaueren theoretischen Reflexion der Erfahrungen, die einen Bildungsprozess auslösen können, auf Bernhard Waldenfels' Konzeption der Fremdheitserfahrung bezieht, zeichnet sich ab, dass die Frage der Angemessenheit nicht allein ins Belieben des Subjekts gestellt sein kann. Denn Waldenfels zufolge ist die Erfahrung des Fremden gerade dadurch gekennzeichnet, dass vom Fremden ein Anspruch ausgeht, dem das Subjekt, das diese Erfahrung macht, insofern unweigerlich ausgesetzt ist, als es darauf antworten *muss*, wie immer auch es reagieren mag (vgl. Waldenfels 1997, S. 51).

Auf diese Weise deutet sich an, dass Kokemohrs Überlegungen sich nicht auf eine rein deskriptive Fassung des Bildungsbegriffs beschränken, sondern zumindest implizit auch eine ethische und damit normative Dimension aufweisen. Freilich ist mit dem Verweis auf das implizite Kriterium der Angemessenheit der neuen Figuren der Problembearbeitung noch nicht geklärt, *wie* diese Angemessenheit bestimmt werden kann. Das Normativitätsproblem ist damit nämlich keineswegs beantwortet, sondern nur verschoben – von der Frage nach der Qualität oder Richtung der geforderten »Veränderung« auf die Frage nach der Angemessenheit der (neuen Figuren der) Problembearbeitung.

15.5.2 Versuche einer normativen Qualifizierung transformatorischer Bildungsprozesse

Damit sind wir bei der zweiten prinzipiellen Möglichkeit, die Frage nach normativen Implikationen des Konzepts transformatorischer Bildungsprozesse zu beantworten. Sie besteht darin, den Bildungsbegriff so zu reformulieren, dass dabei nicht nur von einer Transformation des Welt- und Selbstverhältnisses als solcher gesprochen wird, sondern zusätzliche Kriterien für die Qualität oder Richtung des Transformationsprozesses angegeben werden. Dieser zweiten Möglichkeit lassen sich die von Winfried Marotzki, Arnd-Michael Nohl und mir selbst vorgelegten Arbeiten zur Theorie transformatorischer Bildungsprozesse zurechnen, auch wenn die Frage der Normativität dort nicht im Zentrum steht.

Um Missverständnisse zu vermeiden, sei vorausgeschickt, dass die Begriffe *normativ* bzw. *Normativität* hier in einem weiten Sinn verwendet werden, der jegliche Art von Sollens-Aussagen umfasst und nicht im engeren Sinn einer Suche nach der Letztbegründung entsprechender Kriterien zu verstehen ist. Wie Jörg Ruhloff (1979) in seiner Auseinandersetzung mit entsprechenden Ansätzen der geisteswissenschaftlichen Pädagogik, der empirischen und der kritisch-emanzipatorischen Erziehungswissenschaft gezeigt hat, sind solche Letztbegründungsversuche stets von der Gefahr dogmatischer Setzungen bedroht. Stattdessen geht es in allen nun vorzustellenden Ansätzen um den Versuch, Kriterien bzw. Normen argumentativ, aber im Bewusstsein der unvermeidlichen Begrenztheit und Relativität der eigenen Position zu begründen.[69]

Steigerung der Reflexivität und Komplexität des Welt- und Selbstbezugs

Winfried Marotzkis »Entwurf einer strukturalen Bildungstheorie« enthält ausführliche, am Lernebenenmodell Gregory Batesons orientierte Überlegungen zur theoretischen Begründung der Auffassung von Bildung als Transformation des Welt- und Selbstbezugs sowie zur empirischen Analyse entsprechender Prozesse am Beispiel eines biographischen Interviews. Auch wenn die normativen Implikationen des vorgeschlagenen Bildungsbegriffs dabei nicht explizit erörtert werden, lässt sich aus den einschlägigen Passagen die Position des Autors zu dieser Frage zumindest ansatzweise erschließen. Zwei Punkte scheinen dabei zentral zu sein: zum einen die Ansicht, dass von Bildung nur die Rede sein könne, wenn nicht nur das *Welt*-, sondern auch das *Selbst*verhältnis eines Subjekts sich verändert und wenn dabei ein Zuwachs an Reflexivität zu verzeichnen ist; zum andern die These, dass Bildungsprozesse auf gesellschaftliche Herausforderungen wie die zunehmende Komplexität gesellschaftlicher Problemlagen reagierten und deshalb auch an eine Komplexitätssteigerung des Welt- und Selbstverhältnisses gebunden seien.

Die erste These, wonach der Terminus Bildung solchen Transformationen vorbehalten bleiben soll, die nicht nur das Welt-, sondern auch das Selbstverhältnis eines Subjekts betreffen, mag zunächst als rein formale Bestimmung ohne normative Implikationen erscheinen. Dass dem nicht so ist, wird spätestens dann deutlich, wenn Marotzki (1990, S. 224) betont, dass von Bildungs- im Unterschied zu Lernprozessen erst dann gesprochen werden könne, »wenn dem lernenden Subjekt die eigenen Lernvoraussetzungen disponibel werden« und daraus folgert, dass »ein reflexiver Bezug auf diese vorliegen muß«. Indirekt wird damit nicht nur etwas darüber ausgesagt, was den Gegenstand des Transformationsprozesses ausmacht (nämlich das Verhältnis des Subjekts zur Welt *und* zu sich selbst), sondern auch über die Richtung der Transformation (nämlich die Richtung hin auf mehr Verfügung über die eigenen Lernvoraussetzungen und mehr Reflexivität). Das ist keineswegs selbstverständlich, denn denkbar wären schließlich auch Transformationen des Selbstbezugs, die nicht zu *mehr*, sondern zu *weniger* Reflexivität führen (etwa wenn jemand aufgrund einer bestimmten Erfahrung beschließt, sich künftig mehr auf seine Intuitionen zu verlassen). Dass eine solche Transformation mit Marotzki nicht als Bildung zu bezeichnen wäre, geht auf das implizite Kriterium der Reflexivitätssteigerung zurück. Als problematisch daran erscheint, dass die darin enthaltene

---

69 Im Sinne Ruhloffs (1979, S. 164ff.) könnten die im Folgenden vorzustellenden Positionen deshalb als Erörterungen des *Legitimations*- und nicht des *Norm*problems verstanden werden. Einer anderslautenden Unterscheidung Stojanovs (2006, S. 72) zufolge geht es um *Normativität* an Stelle von *Präskriptivität*.

normative Bestimmung gleichsam unter der Hand und ohne nähere Begründung eingeführt wird.

Ähnlich verhält es sich mit dem zweiten Aspekt, der für Marotzkis Position zum Normativitätsproblem kennzeichnend ist. Ausgangspunkt der entsprechenden Argumentation ist die These, dass Bildungsprozesse »Prozesse der gesellschaftlichen Problemwahrnehmung und Problemlösungsversuche« darstellen (Marotzki 1990, S. 53). Dabei bezieht Marotzki (ebd., S. 19ff.) sich auf die u. a. von Ulrich Beck vertretene Diagnose, dass für gegenwärtige Gesellschaften Prozesse der Individualisierung und der Kontingenzsteigerung kennzeichnend seien. Transformationen, die auf die damit verbundenen Herausforderungen für das Individuum reagieren, sind Marotzki zufolge nur dann als Bildungsprozesse zu bezeichnen, wenn sie mit einer Steigerung der Komplexität des Welt- und Selbstverhältnisses einhergehen. Auch dies stellt wiederum keine Selbstverständlichkeit dar, da ebenso denkbar ist, dass Individuen auf wachsende gesellschaftliche Herausforderungen mit einer Reduktion der Komplexität ihrer Welt- und Selbstbezüge reagieren (etwa indem sie simplifizierenden politischen Programmen oder fundamentalistischen Botschaften Glauben schenken). Es mag zwar nahe liegend erscheinen, solche Transformationen nicht als Bildung zu bezeichnen, doch auch hier gilt, dass die damit verbundene normative Implikation bei Marotzki weder als solche ausgewiesen noch argumentativ begründet wird. Insofern ist festzuhalten, dass Marotzkis Stellungnahmen zum Normativitätsproblem eher impliziten Charakter haben und explizite Begründungen vermissen lassen.

Offenheit für weitere Transformationen

Anders sieht dies in Arnd-Michael Nohls Studie »Bildung und Spontaneität« aus. Nohl vertritt dort auf der Basis empirischer Fallstudien die These, dass Bildungsprozesse im Sinne einer »Transformation von Lebensorientierungen« (Nohl 2006, S. 11) nicht nur in Reaktion auf gesellschaftliche Fremdheits- oder Krisenerfahrungen, sondern auch »spontan« erfolgen können. Insofern steht seine Position bis zu einem gewissen Grad im Gegensatz zu der Grundannahme, wonach Bildungsprozesse mit Marotzki als Prozesse »der gesellschaftlich auferlegten Problembearbeitung« zu begreifen seien. Allerdings weist Nohl (ebd., S. 266f.) selbst darauf hin, dass auch solche Bildungsprozesse, die aus spontanem Handeln erwachsen, eine gesellschaftlich bedingte »Vorgeschichte« haben, zu der etwa bei Jugendlichen »Erfahrungen milieuspezifischer Desintegration« gehören. Insofern kann die Behauptung aufrechterhalten werden, dass die Vertreterinnen und Vertreter des Konzepts transformatorischer Bildungsprozesse (zu denen auch Nohl zu rechnen ist) davon ausgehen, dass Bildungsprozesse eine Reaktion auf gesellschaftliche Problemlagen darstellen. Wichtiger in unserem Zusammenhang ist jedoch, dass Nohl im Zuge der theoretischen Rahmung seiner Studie auch – wenngleich eher beiläufig – auf die normativen Implikationen seines Bildungsbegriffs eingeht. Einen wichtigen Bezugspunkt seiner theoretischen Überlegungen stellt – neben dem Sozialpragmatismus Georg Herbert Meads und der Wissenssoziologie Karl Mannheims und Ralf Bohnsacks – die pragmatistische Philosophie John Deweys dar. In Deweys

Erziehungs-, Religions- und Kunstphilosophie findet Nohl auch eine Argumentationsfigur, die es ihm erlaubt, Bildungsprozesse nicht nur formal als Transformation von Lebensorientierungen zu begreifen, sondern auch ein zusätzliches Kriterium im Blick auf die Qualität solcher Transformationen zu formulieren.

Ausgangspunkt der entsprechenden Überlegungen ist die These, dass unter Bezug auf Dewey von Bildung dann die Rede sein könne, wenn es im Zuge der spontanen Erkundung neuer Handlungsalternativen nicht nur zur Veränderung von Gewohnheiten (»habits«) kommt, sondern zu »umfassenden Veränderungen [...], in denen Selbst und Umwelt transformiert werden« (solche Veränderungen nennt Dewey »adjustment«) (Nohl 2006, S. 114). Deweys Argumentation sei dabei, so Nohl weiter, »eine immanente Normativität eigen«, die darin bestehe, dass das Ziel von Erziehung (»education«) nicht von außen vorgegeben sei, sondern nur aus ihr selbst erwachse: »Das Ziel einer jeden Veränderung im Sinne des growth ist es daher, die experience umfassender zu machen und weitere, anschließende experiences zu ermöglichen« (ebd.). Bezieht man diese Überlegungen auch auf jene umfassenden Transformationen von Selbst und Umwelt, die Nohl als Bildungsprozesse fasst, so hätten solche Bildungsprozesse zwar kein von außen vorgegebenes Ziel, wohl aber eine bestimmte Qualität oder Richtung. Ein zusätzliches Kriterium, das Bildungsprozesse über die umfassende Veränderung von Selbst und Umwelt hinaus kennzeichnet, bestünde folglich darin, dass nur solche Veränderungen als Bildung zu bezeichnen wären, die für weiteres Wachstum (growth) bzw. weitere Erfahrungen (experiences) offen sind, die also weitere Bildungsprozesse ermöglichen.

Mit diesem Kriterium der Offenheit für weitere Transformationen sind zumindest solche Veränderungen ausgeschlossen, die in einer Verhärtung bzw. Fixierung des Welt- und Selbstverhältnisses auf dogmatische und keiner Revision zugängliche Positionen bestehen. Insofern ist mit diesem Argument ein Bezugspunkt gefunden, der eine genauere Qualifizierung der Transformationen erlaubt, die als Bildung bezeichnet werden sollen, bzw. Transformationen zugunsten dogmatischer oder fundamentalistischer Positionen ausschließt. Die Eleganz dieser Lösung beruht darauf, dass sie kein äußeres Kriterium benötigt, sondern nur den Transformationsprozess virtuell in die Zukunft hinein verlängert, um zu einer Antwort auf das Normativitätsproblem zu gelangen. Fraglich allerdings bleibt, ob diese Antwort wirklich zu überzeugen vermag. Gibt es denn überhaupt Transformationen, die weitere Transformationen kategorisch ausschließen? Auch wenn dogmatische bzw. fundamentalistische Lehren ihren Anhängern Zweifel, Infragestellungen oder gar die Abkehr von den betreffenden Positionen verbieten, können sie doch nicht mit Sicherheit verhindern, dass Menschen, die sich ihnen angeschlossen haben, abtrünnig werden. Auch das Beispiel Horst Mahlers und die von Stojanov referierten Stationen von dessen Biographie (FDJ, RAF, Rechtsextremismus) sprechen dafür, dass in diesem Fall auch nach der vorläufig letzten Wendung zum Rechtsextremismus und trotz der dogmatischen Qualität seiner derzeitigen Haltung die Möglichkeit weiterer Transformationen keineswegs ausgeschlossen werden kann. Von daher wäre zu fragen, ob es im Blick auf die normativen Implikationen des Bildungsbegriffs nicht doch eines weiter reichenden Kriteriums bedarf, das über die Anschlussfähigkeit für weitere Veränderungen hinausgeht.

»Dem Widerstreit gerecht werden«

Vielleicht kann hier der Vorschlag weiterhelfen, den ich selbst im Anschluss an Jean-François Lyotards Konzept des Widerstreits entwickelt habe (▶ Kap. 8 und Koller 1999, S. 31 ff. und 146 ff.). Dieser Vorschlag orientiert sich an der Konzeption von Gerechtigkeit, die Lyotard (1989) in seinem philosophischen Hauptwerk vorgelegt hat. Wie an den erwähnten Stellen genauer erläutert bildet den Ausgangspunkt dieser Konzeption die These, dass es zwischen zwei verschiedenen Diskursarten jederzeit zu einem Widerstreit kommen könne, d. h. zu einem Konflikt, der mangels einer übergreifenden Metadiskursart nicht bzw. nur unter Verletzung der Eigengesetzlichkeit der entsprechenden Diskursarten geschlichtet werden kann. Gerechtigkeit besteht angesichts dieser Situation Lyotard zufolge darin, »dem Widerstreit gerecht (zu) werden« (ebd., S. 32). Das kann je nach Sachlage Verschiedenes bedeuten. Geht es um einen Widerstreit zwischen zwei gleichermaßen artikulierten Diskursarten, so zielt die Forderung, diesem gerecht zu werden, darauf ab, den Konflikt offenzuhalten und seine Verwandlung in einen (nach Maßgabe der Regeln einer Diskursart zu schlichtenden) *Rechtsstreit* zu verhindern. Die zweite Möglichkeit besteht darin, dass innerhalb einer einzigen vorherrschenden Diskursart ein bestimmtes Anliegen nicht artikuliert werden kann und nur in einem »Gefühl« oder einem Schweigen zum Ausdruck kommt. »Dem Widerstreit gerecht werden« heißt dann, ein Idiom zu (er-)finden, das diesem Anliegen zur Artikulation verhilft.

Bildungstheoretisch gewendet lässt sich aus der ethischen Dimension von Lyotards Widerstreitkonzept eine Aussage über die Qualität bzw. Richtung von Bildungsprozessen gewinnen. Mein Vorschlag läuft zunächst darauf hinaus, Bildungsprozesse als jene sprachlichen Prozeduren aufzufassen, in denen ein Widerstreit bezeugt wird – sei es durch Offenhalten eines bereits artikulierten Widerstreits oder durch das (Er-)Finden eines neuen Idioms zur Artikulation eines bislang verborgenen Widerstreits.

Mit dieser Konzeption ist zugleich eine Aussage über die Richtung (oder Qualität) solcher Transformationsprozesse verbunden. Als Bildung wären nämlich nur solche Transformationen zu bezeichnen, die dem Widerstreit im genannten Sinn gerecht werden, also geeignet sind, einen bereits artikulierten Widerstreit offenzuhalten oder einem bislang nicht artikulierbaren Anliegen zur Sprache zu verhelfen. Ausgeschlossen wären damit Transformationen in Richtung auf Welt- und Selbstverhältnisse, die darauf abzielen, andere Diskursarten zum Schweigen zu bringen – also in Richtung totalitaristischer Positionen, die den Ausschluss, die Verfolgung oder gar Vernichtung Andersdenkender zum Ziel haben.[70] Insofern handelt es sich entgegen der Kritik Rieger-Ladichs (2014, S. 27) nicht um eine bloß formale Qua-

---

70 Eine ähnliche Argumentation ließe sich auch aus neueren Arbeiten Judith Butlers ableiten. Im Blick auf die Zielbestimmung sozialer Veränderung sieht Butler (2012, S. 325 ff.) die Aufgabe einer radikal demokratischen Theorie und Praxis darin, normative Vorstellungen vom »Menschlichen« bzw. davon, was für ein lebenswertes Leben erforderlich ist, »für eine zukünftige Formulierung offen zu halten« (ebd., S. 352) und allen Ausschlüssen entgegenzutreten. Bildungstheoretisch gewendet ließe sich daraus der Schluss ziehen, dass nur solche Transformationen als Bildung zu bezeichnen sind, die das Feld der Normen erweitern und Ausschlüssen entgegenwirken.

lifizierung des Transformationskonzepts, bei der »alle Ansprüche *gleich* zu gewichten« wären.

Diese Antwort auf die Frage nach der Normativität des Konzepts transformatorischer Bildungsprozesse ist zugegebenermaßen nicht so elegant wie die Antwort Nohls, weil sie mehr theoretische Annahmen machen muss.[71] Sie hat aber den Vorteil, ein klares Kriterium zur normativen Qualifizierung von Transformationsprozessen angeben zu können, das es einerseits erlaubt, nicht jede Transformation als Bildungsprozess begreifen zu müssen, und das doch andererseits mit einem Minimum an ethischen Kategorien auskommt.

15.6 Zur Bedeutung der Theorie transformatorischer Bildungsprozesse für das pädagogische Handeln

Ein letztes hier zu erörterndes Feld der Auseinandersetzung um die Theorie transformatorischer Bildungsprozesse stellt die Frage dar, welche Bedeutung dieser Theorie für das pädagogische Handeln zukommt. Diese Frage weist zwar einige Berührungspunkte mit der soeben erörterten Debatte um die normativen Implikationen der Theorie auf, doch enthalten einige jüngere Beiträge neue Aspekte, die in diesem Zusammenhang Beachtung verdienen. Den Fokus dieser Auseinandersetzung bildet die Frage, in welchem Verhältnis die Theorie transformatorischer Bildungsprozesse zu anderen erziehungswissenschaftlichen Konzepten wie Theorien der Erziehung oder der Didaktik steht.

Eine besonders zugespitzte Position vertritt Johannes Giesinger, der der Theorie transformatorischer Bildungsprozesse vorwirft, sie habe den Bildungsbegriff »entpädagogisiert« (Giesinger 2020, S. 90), indem sie Bildung aus der traditionellen Rückbindung an Erziehung (im Sinn von pädagogischem Handeln) gelöst habe. Die Theorie lege nahe, dass in Krisensituationen (wie z. B. der Covid-19-Pandemie) »pädagogisch nichts zu tun sei« (ebd., S. 91). Giesinger schlägt demgegenüber vor, die Theorie zu pädagogisieren und den pädagogisch Handelnden (etwa in der Schule) »normative Orientierungen an die Hand zu geben« (ebd.).

---

71 Das teilt dieser Vorschlag mit anderen Versuchen einer normativen Qualifizierung transformatorischer Bildungsprozesse, auf die hier aus Platzgründen nicht eingegangen werden kann. Vielleicht am entschiedensten hat Helmut Peukert ein ethisch fundiertes Verständnis von Bildung als transformatorischem Geschehen vertreten. Dieses Bildungsverständnis wurzelt in einer »Ethik kreativer Intersubjektivität« (Peukert 1984, S. 129) – im Unterschied zu den oben genannten Autoren allerdings unter Verzicht auf die empirische Rekonstruktion solcher Bildungsprozesse. Demzufolge wären nur solche Transformationen als Bildung zu bezeichnen, die der Exklusion und Vernichtung von Menschen entgegenwirken und dazu beitragen, die (selbst-)destruktiven Tendenzen gesellschaftlicher Entwicklungen der Moderne zu überwinden (vgl. Peukert 2000, S. 522). Zu weiteren Versuchen einer Begründung entsprechender Kriterien vgl. Stojanov (2006) und Fuchs (2014).

Es trifft zweifelsohne zu, dass die Theorie transformatorischer Bildungsprozesse – wie Giesinger konstatiert – »nicht für den Bereich der Schulpädagogik und Didaktik entwickelt wurde« (ebd.).[72] Die Behauptung jedoch, die Theorie lege nahe, dass in Krisensituationen »pädagogisch nichts zu tun sei«, stellt eine grobe Verzerrung dar – ähnlich wie der Vorwurf, die Theorie verzichte auf jede normative Positionierung. Stellt man die Theorie transformatorischer Bildungsprozesse wie im letzten Abschnitt ausgeführt in die bildungstheoretische Tradition, der zufolge Bildung als Orientierungskategorie zur Begründung, Zielbestimmung und Kritik pädagogischen Handelns das Ziel kennzeichnet, das durch pädagogisches Handeln zwar nicht hergestellt werden kann, aber doch ermöglicht, befördert oder unterstützt werden soll, so bedeutet der Verweis auf die Unverfügbarkeit von Bildungsprozessen bzw. darauf, dass diese nicht hergestellt werden können, gerade nicht, dass hier »pädagogisch nichts zu tun sei«, sondern nur, dass pädagogisches Handeln anders konzipiert werden muss denn als instrumentelles Handeln.

Und auch die zu den grundlegenden Fragen an die Theorie transformatorischer Bildungsprozesse zählende Frage nach den Verlaufsformen und Bedingungen transformatorischer Bildungsprozesse gewinnt ihre Bedeutung gerade aus dem Interesse an der Frage, wie durch pädagogisches Handeln Bedingungen dafür geschaffen werden können, dass es im Falle von Krisen- und Fremdheitserfahrungen zu Bildungsprozessen kommt und nicht zu einer Restabilisierung von Welt- und Selbstverhältnissen. Vor diesem Hintergrund lässt sich zwar darüber streiten, ob die vorgeschlagenen Überlegungen zur Normativität der Theorie transformatorischer Bildungsprozesse überzeugen; der Vorwurf aber, diese Theorie kopple den Bildungsbegriff völlig vom pädagogischen Handeln ab, trifft die Sache jedenfalls nicht.

Ein ähnliches Missverständnis scheint auch der Kritik von Douglas Yacek zugrunde zu liegen, der die Theorie transformatorischer Bildungsprozesse in die Diskurslandschaft um *transformative learning* oder eine *transformative pedagogy* einordnet und dabei als Beispiel für eine »formalistische Modellierung« beschreibt, bei welcher der Transformationsbegriff als ein »strukturtheoretischer Deskriptor« fungiere (Yacek 2020, S. 83) und das Endziel der Transformation offengehalten werde, während Transformation bei einer »moralistischen Modellierung« auf ein »dezidiert normatives Telos« hinweise (ebd.). Der formalistischen (und der moralistischen) Modellierung stellt Yacek eine an Charles Taylor angelehnte »substantivistische Modellierung« gegenüber, die Transformationserlebnisse als Momente versteht, »in welchen Kontakt mit substantiellen ethischen Werten hergestellt wird, die im bisherigen Denk- und Handlungsspielraum nicht zugänglich waren« (ebd., S. 99). Auch hier sei noch einmal betont, dass der Transformationsbegriff von mir gerade nicht nur als formal und völlig offen konzipiert wird.[73]

---

72 Es gibt allerdings mittlerweile Versuche, die Theorie transformatorischer Bildungsprozesse didaktisch zu wenden (vgl. Bähr et al. 2019).
73 Abgesehen davon scheint Yaceks Vorschlag, Taylors Konzepte der Artikulation und der Renarrativierung zu nutzen, um das Transformationsgeschehen in Bildungsprozessen theoretisch zu fassen, durchaus interessant und als Ergänzung der Theorie transformatorischer Bildungsprozesse fruchtbar – eine Ergänzung im Übrigen, die einige Gemeinsamkeiten mit dem aufweist, was oben unter Bezug auf Paul Ricœurs Konzept der narrativen Identität ausgeführt wurde (▶ Kap. 3).

Insofern scheint auch der damit verbundene Vorwurf Yaceks problematisch, der der Theorie transformatorischer Bildungsprozesse vorhält, sie vernachlässige die Risiken eines »transformatorischen Traumas«, weil sie aufgrund ihrer formalistischen Orientierung systematisch unterschätze, »was es für einen Lernenden bedeutet, eine radikale Erfahrung der Diskontinuität bzw. eine negative Erfahrung zu machen« (ebd., S. 94), und weil die Fokussierung auf die Krisenerfahrung die Lernenden ohne Mittel und Ressourcen lasse, negative Erfahrungen zu überwinden. So würden negative Erfahrungen »ohne Berücksichtigung der psychologischen Gefährdungen und der nötigen Unterstützungsleistungen« angepriesen (ebd.). Auch diese Kritik erscheint in dieser Zuspitzung nicht als berechtigt, da bei näherer Betrachtung nicht nur – wie bereits betont – die Kennzeichnung der Theorie transformatorischer Bildungsprozesse als formalistisch, sondern auch der Vorwurf der Verharmlosung negativer Erfahrungen zurückzuweisen ist. Denn ich habe – ebenso wie Rainer Kokemohr – an vielen Stellen sowohl den schmerzhaften Charakter der Krisenerfahrungen betont, die Bildungsprozesse auslösen, als auch hervorgehoben, dass solche Krisenerfahrungen keineswegs automatisch zu neuen Figuren des Welt- und Selbstverhältnisses führen, sondern auch dessen Verhärtung zur Folge haben können.

Richtig ist aber, dass die Theorie transformatorischer Bildungsprozesse der Frage nach den Konsequenzen für das pädagogische Handeln bislang zu wenig Beachtung geschenkt hat. Eine wichtige Aufgabe weiterer (theoretischer und empirischer) Forschung besteht deshalb darin, zu klären, was pädagogisches Handeln dazu beitragen kann, transformatorische Bildungsprozesse zu ermöglichen, zu begleiten und zu unterstützen.

Abschließend ist festzuhalten, dass die hier diskutierte Theorie den kritischen Einwänden eine ganze Reihe wichtiger Anregungen zur Revision, Ergänzung und Weiterentwicklung des Konzepts transformatorischer Bildungsprozesse verdankt. Zu diesen Weiterentwicklungen gehören nicht nur die Präzisierung der Unterscheidung von Bildung und Lernen, sondern auch die Erweiterung um die Fragen nach kollektiven Bildungsprozessen, nach der Bedeutung nicht-kognitiver Dimensionen des Welt- und Selbstverhältnisses und nach Konsequenzen der Theorie für das pädagogische Handeln. Die Kritik an der Fokussierung auf Krisen als Auslöser und auf das Kriterium der Neuheit als Merkmal von Bildungsprozessen gibt Anlass zu dem Plädoyer, transformatorische Bildungsprozesse nicht als einzige, wohl aber als eine besonders wichtige Form von Bildungsprozessen zu begreifen.

Anhang

Literaturverzeichnis

In dieses Buch haben folgende bereits veröffentlichte Texte des Autors in erweiterter, gekürzter oder anderweitig überarbeiteter Form Eingang gefunden:

- Bildung (an) der Universität? Zur Bedeutung des Bildungsbegriffs für Hochschulpolitik und Universitätsreform. In: Andrea Liesner & Olaf Sanders (Hrsg.): Bildung der Universität. Beiträge zum Reformdiskurs. Bielefeld: transcript 2005, S. 79–100. (▶ Kap. 1, ▶ Kap. 8)
- Bildung als Habituswandel? Zur Bedeutung der Sozialisationstheorie Bourdieus für ein Konzept transformatorischer Bildungsprozesse. In: Jürgen Budde & Katharina Willems (Hrsg.): Bildung als sozialer Prozess. Heterogenitäten, Interaktionen, Ungleichheiten. Weinheim: Juventa 2009, S. 19–34. (▶ Kap. 2)
- »Schwierigkeiten mit Identität«. Zur Bedeutung des Konzepts narrativer Identität für eine Theorie transformatorischer Bildungsprozesse. In: Cornelie Dietrich & Hans-Rüdiger Müller (Hrsg.): Die Aufgabe der Erinnerung in der Pädagogik. Bad Heilbrunn: Klinkhardt 2010, S. 59–77. (▶ Kap. 3, ▶ Kap. 14)
- Bildung und die Dezentrierung des Subjekts. In: Bettina Fritzsche, Jutta Hartmann, Andrea Schmidt & Anja Tervooren (Hrsg.): Dekonstruktive Pädagogik. Erziehungswissenschaftliche Debatten unter poststrukturalistischen Perspektiven. Opladen: Leske + Budrich 2001, S. 35–48. (▶ Kap. 4)
- Fremdheitserfahrungen als Herausforderung transformatorischer Bildungsprozesse. In: Sylke Bartmann & Oliver Immel (Hrsg.): Das Vertraute und das Fremde. Differenzerfahrung und Fremdverstehen im Interkulturalitätsdiskurs. Bielefeld: transcript 2011. (▶ Kap. 7, ▶ Kap. 14)
- Bildung als Entstehung neuen Wissens? Zur Genese des Neuen in transformatorischen Bildungsprozessen. In: Hans-Rüdiger Müller & Wassilios Stravoravdis (Hrsg.): Bildung im Horizont der Wissensgesellschaft. Wiesbaden: VS Verlag 2007, S. 49–66. (▶ Kap. 9, ▶ Kap. 11)
- Zur Zeitstruktur biographischer Bildungsprozesse. In: Vera King & Benigna Gerisch (Hrsg.): Zeitgewinn und Selbstverlust. Folgen und Grenzen der Beschleunigung. Frankfurt/M. & New York: Campus 2009, S. 183–201. (▶ Kap. 10)
- Das Mögliche identifizieren? Zum Verhältnis von Bildungstheorie und Bildungsforschung am Beispiel der erziehungswissenschaftlichen Biographieforschung. In: Ludwig Pongratz, Michael Wimmer & Wolfgang Nieke (Hrsg.): Bildungsphilosophie und Bildungsforschung. Bielefeld: Janus Presse 2006, S. 108–124. (▶ Kap. 12)
- Ist jede Transformation als Bildungsprozess zu begreifen? Zur Frage der Normativität des Konzepts transformatorischer Bildungsprozesse. In: Dan Verständig,

Jens Holze & Ralf Biermann (Hrsg.): Von der Bildung zur Medienbildung. Festschrift für Winfried Marotzki. Wiesbaden: Springer VS 2016, S. 149–161. (▶ Kap. 15)
- Bildung als Transformation? Zur Diskussion um die Theorie transformatorischer Bildungsprozesse. In: Douglas Yacek (Hrsg.): Bildung und Transformation. Zur Diskussion eines erziehungswissenschaftlichen Leitbegriffs. Stuttgart: J. B. Metzler 2022, S. 11–27. (▶ Kap. 15)

***

Adorno, Theodor W. (1984): Negative Dialektik. In: ders.: Gesammelte Schriften, hrsg. von Rolf Tiedemann. Bd. 6. Frankfurt/M.: Suhrkamp.
Ahrens, S. (2017): Anders-Denken anders denken. Warum die Bildungsforschung keine Bildung findet. In: Sara Vock & Robert Wartmann (Hrsg.): Ver-antwortung im Anschluss an poststrukturalistische Einschnitte. Paderborn: Schöningh, S. 33–57.
Althusser, Louis (1977): Ideologie und ideologische Staatsapparate. In: ders.: Ideologie und ideologische Staatsapparate. Aufsätze zur marxistischen Theorie. Hamburg & West-Berlin: VSA, S. 108–168.
Assheuer, Thomas (1993): Die Zeit vor dem Absprung. Jeffrey Eugenides und sein Nekrolog auf »Die Selbstmord-Schwestern«. In: Frankfurter Rundschau, 22.05.1993, S. ZB 4.
Baacke, Dieter & Schulze, Theodor (Hrsg.) (1979): Aus Geschichten lernen. Zur Einübung pädagogischen Verstehens. München: Juventa.
Bähr, Ingrid et al. (Hrsg.) (2019): Irritation als Chance: Bildung fachdidaktisch denken. Wiesbaden: Springer VS.
Benner, Dietrich (1990): Wilhelm von Humboldts Bildungstheorie. Eine problemgeschichtliche Studie zum Begründungszusammenhang neuzeitlicher Bildungsreform. Weinheim, München: Juventa.
Benner, Dietrich (2015): Allgemeine Pädagogik. Eine systematisch-problemgeschichtliche Einführung in die Grundstruktur pädagogischen Denkens und Handelns. 8. Aufl. Weinheim, München: Juventa.
Berger, Peter L. & Luckmann, Thomas (1980): Die gesellschaftliche Konstruktion der Wirklichkeit. Eine Theorie der Wissenssoziologie. Frankfurt/M.: Fischer.
Böhme, Hartmut (2011): Einladung zur Transformation. In: ders. et al. (Hrsg.): Transformation. Ein Konzept zur Erforschung kulturellen Wandels. München: Fink, S. 7–37.
Bohnsack, Ralf (2021): Rekonstruktive Sozialforschung. Einführung in qualitative Methoden. 10. Aufl. Opladen & Farmington Hills: Barbara Budrich.
Bollenbeck, Georg (1996): Bildung und Kultur. Glanz und Elend eines deutschen Deutungsmusters. Frankfurt/M.: Suhrkamp.
Bollnow, Otto Friedrich (1959): Existenzphilosophie und Pädagogik. Versuch über unstetige Formen der Erziehung. Stuttgart: Kohlhammer.
Bourdieu, Pierre (1980): Le sens pratique. Paris: Les éditions de Minuit.
Bourdieu, Pierre (1985): Sozialer Raum und Klassen. In: ders.: Sozialer Raum und Klassen. Leçon sur la leçon. Zwei Vorlesungen. Frankfurt/M.: Suhrkamp, S. 9–45.
Bourdieu, Pierre (1987): Sozialer Sinn. Kritik der theoretischen Vernunft. Frankfurt/M.: Suhrkamp.
Bourdieu, Pierre (1990a): Die biographische Illusion. In: BIOS – Zeitschrift für Biographieforschung und Oral History 3, S. 75–81.
Bourdieu, Pierre (1990b): Was heißt sprechen? Die Ökonomie des sprachlichen Tauschs. Wien: Braumüller.
Bourdieu, Pierre (1992): Ökonomisches Kapital, kulturelles Kapital, soziales Kapital. In: ders.: Die verborgenen Mechanismen der Macht. Hamburg: VSA, S. 49–75.
Brake, Anna & Büchner, Peter (2006): Dem familialen Habitus auf der Spur. Bildungsstrategien in Mehrgenerationenfamilien. In: Friebertshäuser, Rieger-Ladich & Wigger 2006, S. 59–80.

Bremer, Helmut (2004): Von der Gruppendiskussion zur Gruppenwerkstatt. Ein Beitrag zur Methodenentwicklung in der typenbildenden Mentalitäts-, Habitus- und Milieuanalyse. Münster: LIT.
Brezinka, Wolfgang (1978): Metatheorie der Erziehung. Eine Einführung in die Grundlagen der Erziehungswissenschaft, der Philosophie der Erziehung und der praktischen Pädagogik. 4. Aufl. München & Basel: Reinhardt.
Bruner, Jerome (1997): Sinn, Kultur und Ich-Identität. Zur Kulturpsychologie des Sinns. Heidelberg: Carl Auer Systeme (amerik. Orig. 1990).
Buck, Günter (1981): Hermeneutik und Bildung. Elemente einer verstehenden Bildungslehre. München: Fink.
Butler, Judith (1991): Das Unbehagen der Geschlechter. Frankfurt/M.: Suhrkamp.
Butler, Judith (1995): Körper von Gewicht. Die diskursiven Grenzen des Geschlechts. Berlin: Berlin.
Butler, Judith (1997): The Psychic Life of Power. Theories in Subjection. Stanford: Stanford University Press.
Butler, Judith (1998): Haß spricht. Zur Politik des Performativen. Berlin: Berlin-Verlag.
Butler, Judith (2001): Psyche der Macht. Das Subjekt der Unterwerfung. Frankfurt/M.: Suhrkamp.
Butler, Judith (2003): Kritik der ethischen Gewalt. Frankfurt/M.: Suhrkamp.
Butler, Judith (2012): Die Macht der Geschlechternormen und die Grenzen des Menschlichen. 2. Aufl. Frankfurt/M.: Suhrkamp.
Derrida, J. (1972/1988): Signatur Ereignis Kontext. In: ders.: Randgänge der Philosophie, hrsg. von Peter Engelmann. Wien: Passagen, S. 291–314.
Dilthey, W. (1900/1982): Die Entstehung der Hermeneutik. In: ders.: Gesammelte Schriften. Bd. 5. 7. Aufl. Stuttgart: Teubner, S. 317–338.
Dörpinghaus, Andreas; Poenitsch, Andreas & Wigger, Lothar (2013): Einführung in die Theorie der Bildung. 5. Aufl. Darmstadt: Wissenschaftliche Buchgesellschaft.
Dreisholtkamp, Uwe (1998): Subjekt. In: Historisches Wörterbuch der Philosophie, hrsg. von Joachim Ritter & Karlfried Gründer. Bd. 10. Basel: Schwabe & Co., Sp. 373–400.
Drerup, Johannes (2019): Bildung und das Ethos der Transformation. Anmerkungen zum Verhältnis von Bildungstheorie, Bildungsforschung und Pädagogischer Ethik. In: Zeitschrift für Praktische Philosophie 6(1), S. 61–90.
Eugenides, Jeffrey (1993): The Virgin Suicides. London, Berlin, New York: Bloomsbury.
Eugenides, Jeffrey (2004): Die Selbstmord-Schwestern. Übersetzt von Mechthild Sandberg-Ciletti, durchgesehen von Eike Schönfeld. Reinbek b. Hamburg: Rowohlt.
Evans, Dylan (2002): Wörterbuch der Lacanschen Psychoanalyse. Wien: Turia + Kant.
Felden, Heide von (2003): Bildung und Geschlecht zwischen Moderne und Postmoderne. Zur Verknüpfung von Bildungs-, Biographie- und Genderforschung. Opladen: Leske + Budrich.
Foucault, Michel (1981): Archäologie des Wissens. Frankfurt/M.: Suhrkamp.
Foucault, Michel (1994): Das Subjekt und die Macht. In: Hubert L. Dreyfus & Paul Rabinow: Michel Foucault. Jenseits von Strukturalismus und Hermeneutik. Weinheim: Beltz, S. 241–261.
Foucault, Michel (1996): Der Mensch ist ein Erfahrungstier. Gespräch mit Ducio Trombadori. Frankfurt/M.: Suhrkamp (ital. Orig. 1980).
Freud, Sigmund (1900/1972): Die Traumdeutung. In: ders.: Studienausgabe, hrsg. von Alexander Mitscherlich, Angela Richards & James Strachey. Bd. 1. Frankfurt/M.: Fischer.
Freud, Sigmund (1917/1975): Trauer und Melancholie. In: ders.: Studienausgabe, hrsg. von Alexander Mitscherlich, Angela Richards & James Strachey. Bd. 3. Frankfurt/M.: Fischer, S. 193–212.
Friebertshäuser, Barbara; Rieger-Ladich, Markus & Wigger, Lothar (Hrsg.) (2006): Reflexive Erziehungswissenschaft. Forschungsperspektiven im Anschluss an Pierre Bourdieu. Wiesbaden: VS Verlag.
Fuchs, Thorsten (2011): Bildung und Biographie. Eine Reformulierung der bildungstheoretisch orientierten Biographieforschung. Bielefeld: transcript.
Fuchs, Thorsten (2014): »Das war das Bedeutendste daran, dass ich mich so verändert habe.« Mit Ehrgeiz und Ansporn über Umwege zum Ziel – der ›Bildungsweg‹ Hakans. Oder: Ist jede

Transformation von Welt- und Selbstverhältnissen sogleich bildungsbedeutsam? In: Koller & Wulftange 2014, S. 127–151.

Gadamer, Hans-Georg (1960/1990): Wahrheit und Methode. Gesammelte Werke. Bd. 1. 6. Aufl. Tübingen: Mohr.

Genette, Gérard (1966): Figures. In: ders.: Figures I. Paris: du Seuil, S. 205–221.

Gergen, Kenneth & Gergen, Mary (1988): Narrative and the Self as Relationship. In: Leonard Berkowitz (Hrsg.): Advances in Experimental Social Psychology 21, S. 17–56.

Giesinger, Johannes (2020): Bildungsraum Quarantäne. Die transformatorische Bildungstheorie auf dem Prüfstand. In: Johannes Drerup & Gottfried Schweiger (Hrsg.): Bildung und Erziehung im Ausnahmezustand. Philosophische Reflexionsangebote zur COVID-19-Pandemie. Darmstadt: Wissenschaftliche Buchgesellschaft, S. 86–95.

Gruschka, Andreas (1992): Kennt die Bildungstheorie die Bildungsprozesse junger Erwachsener? In: Neue Sammlung 32, S. 355–370.

Hansmann, Otto & Marotzki, Winfried (1988/89) (Hrsg.): Diskurs Bildungstheorie. Rekonstruktion der Bildungstheorie unter Bedingungen der gegenwärtigen Gesellschaft. 2 Bde. Weinheim: Deutscher Studien Verlag.

Heidegger, Martin (1926/1984): Sein und Zeit. 15. Aufl. Tübingen: Niemeyer.

Henning, Peter (1993): Ein Endspiel, das keine Sieger kennt. Hubert Selby und die Folgen: Jeffrey Eugenides' bizarrer Romanerstling »Die Selbstmord-Schwestern«. In: Der Tagesspiegel, 03.10.1993, S. VII.

Hermanns, Harry (1983): Interview, narratives. In: Dieter Lenzen (Hrsg.): Enzyklopädie Erziehungswissenschaft. Bd. 2. Stuttgart: Klett-Cotta, S. 421–426.

Herrlitz, Hans-Georg; Hopf, Wulf; Titze, Hartmut & Cloer, Ernst (2009): Deutsche Schulgeschichte von 1800 bis zur Gegenwart. Eine Einführung. 5. Aufl. Weinheim: Juventa.

Hoffmann-Riem, Christa (1994): Die Sozialforschung einer interpretativen Soziologie – Der Datengewinn. In: dies.: Elementare Phänomene der Lebenssituation. Ausschnitte aus einem Jahrzehnt soziologischen Arbeitens. Weinheim: Deutscher Studien Verlag, S. 20–70 (erstmals erschienen 1980).

Höhne, Thomas (2003): Pädagogik der Wissensgesellschaft. Bielefeld: transcript.

Humboldt, Wilhelm von (1960–1981): Werke in fünf Bänden, hrsg. von Andreas Flitner & Klaus Giel. Darmstadt: Wissenschaftliche Buchgesellschaft.

Husserl, Edmund (1963): Cartesianische Meditationen und Pariser Vorträge. 2. Aufl. Den Haag: Nijhoff (= Husserliana, Bd. 1).

Hüfner, Agnes (1993): Ein unnatürlicher Missstand. Der »überraschende« Debütroman des Jeffrey Eugenides. In: Süddeutsche Zeitung, 19./20.05.1993, S. 16.

Jakobson, Roman (1974): Zwei Seiten der Sprache und zwei Typen aphatischer Störungen. In: ders.: Aufsätze zur Linguistik und Poetik. München: Hanser, S. 117–141.

Kade, Jochen & Hof, Christiane (2008): Biographie und Lebenslauf. Über ein biographietheoretisches Projekt zum lebenslangen Lernen auf der Grundlage wiederholter Erhebungen. In: Heide von Felden (Hrsg.): Perspektiven erziehungswissenschaftlicher Biographieforschung. Wiesbaden: VS Verlag, S. 159–176.

Keller, Reiner u.a. (Hrsg.) (2011): Handbuch Sozialwissenschaftliche Diskursanalyse. Bd. 1: Theorien und Methoden. 3. Aufl. Wiesbaden: VS Verlag.

Keupp, Heiner; Ahbe, Thomas & Gmür, Wolfgang (2006): Identitätskonstruktionen. Das Patchwork der Identitäten in der Spätmoderne. 3. Aufl. Reinbek b. Hamburg: Rowohlt.

King, Vera et al. (2014): Optimierte Lebensführung – wie und warum sich Individuen den Druck zur Selbstverbesserung zu eigen machen. In: Jahrbuch für Pädagogik 29, S. 283–299.

Klafki, Wolfgang (2007): Konturen eines neuen Allgemeinbildungskonzepts. In: ders.: Neue Studien zur Bildungstheorie und Didaktik. Zeitgemäße Allgemeinbildung und kritisch-konstruktive Didaktik. 6. Aufl. Weinheim & Basel: Beltz, S. 43–81.

Kluge, Friedrich (1995): Etymologisches Wörterbuch der deutschen Sprache. 23. Aufl. Berlin & New York: de Gruyter.

Koch, Lutz (1995): Bildung und Negativität. Grundzüge einer negativen Bildungstheorie. Weinheim: Deutscher Studien Verlag.

Kokemohr, Rainer (1989): Bildung als Begegnung? Logische und kommunikationstheoretische Aspekte der Bildungstheorie Erich Wenigers und ihre Bedeutung für biographische Bil-

dungsprozesse in der Gegenwart. In: Otto Hansmann & Winfried Marotzki (Hrsg.): Diskurs Bildungstheorie. Rekonstruktion der Bildungstheorie unter Bedingungen der gegenwärtigen Gesellschaft. Bd. 2. Weinheim: Deutscher Studien Verlag, S. 327–373.
Kokemohr, Rainer (1992): Zur Bildungsfunktion rhetorischer Figuren. Sprachgebrauch und Verstehen als didaktisches Problem. In: Hartmut Entrich & Lothar Staeck (Hrsg.): Sprache und Verstehen im Biologieunterricht. Alsbach: Leuchtturm-Verlag, S. 16–30.
Kokemohr, Rainer (2000): Bildung in interkultureller Kooperation. In: Sönke Abeldt, Walter Bauer & Gesa Heinrichs (Hrsg.): »… was es bedeutet, verletzbarer Mensch zu sein«. Erziehungswissenschaft im Gespräch mit Theologie, Philosophie und Gesellschaftstheorie. Helmut Peukert zum 65. Geburtstag. Mainz: Matthias Grünewald Verlag, S. 421–436.
Kokemohr, Rainer (2007): Bildung als Welt- und Selbstentwurf im Fremden. Annäherungen an eine Bildungsprozesstheorie. In: Koller, Marotzki & Sanders 2007, S. 13–69.
Kokemohr, Rainer (2014): Indexikalität und Verweisräume in Bildungsprozessen. In: Koller & Wulftange 2014, S. 19–46.
Kokemohr, Rainer (2022): Der Bildungsprozess – ein »Verfahren der Einbildungskraft, einem Begriff sein Bild zu verschaffen«? In: Hans-Christoph Koller & Olaf Sanders (Hrsg.): Rainer Kokemohrs »Der Bildungsprozess« und sechs Antwortversuche. Bielefeld: transcript 2022, S. 27–125.
Kokemohr, Rainer & Koller, Hans-Christoph (1996a): Die rhetorische Artikulation von Bildungsprozessen. Zur Methodologie erziehungswissenschaftlicher Biographieforschung. In: Heinz-Hermann Krüger & Winfried Marotzki (Hrsg.): Erziehungswissenschaftliche Biographieforschung. 2. Aufl. Opladen: Leske + Budrich, S. 90–102.
Kokemohr, Rainer & Koller, Hans-Christoph (Hrsg.) (1996b): »Jeder Deutsche kann das verstehen!« Probleme im interkulturellen Arbeitsgespräch. Weinheim: Deutscher Studien Verlag.
Kokemohr, Rainer & Marotzki, Winfried (Hrsg.) (1989): Biographien in komplexen Institutionen: Studentenbiographien I. Frankfurt/M., Bern u. a.: Peter Lang.
Kokemohr, Rainer & Prawda, Marek (1989): Wandlungsprozeß und Bildungsgeschichte. In: Peter Alheit & Erika Hoerning (Hrsg.): Biographisches Wissen. Frankfurt/M.: Campus, S. 238–267.
Koller, Hans-Christoph (1993): Biographie als rhetorisches Konstrukt. In: BIOS. Zeitschrift für Biographieforschung und Oral History 6, S. 33–45.
Koller, Hans-Christoph (1994a): Schlüsselerlebnisse. Zur Rhetorik autobiographischer Erzählungen und ihrer Bedeutung für Bildungsprozesse. In: Annette Sabban & Christian Schmitt (Hrsg.): Sprachlicher Alltag. Linguistik – Rhetorik – Literaturwissenschaft. Festschrift für Wolf-Dieter Stempel. Tübingen: Niemeyer, S. 245–263.
Koller, Hans-Christoph (1994b): »Ich war nicht dabei«. Zur rhetorischen Struktur einer autobiographischen Lern- und Bildungsgeschichte. In: Koller & Kokemohr 1994, S. 90–108.
Koller, Hans-Christoph (1994c): Bildung als Ab-Bildung? Eine bildungstheoretische Fallstudie im Anschluß an Jacques Lacan. In: Pädagogische Rundschau 48, S. 687–706.
Koller, Hans-Christoph (1999): Bildung und Widerstreit. Zur Struktur biographischer Bildungsprozesse in der (Post-)Moderne. München: Fink.
Koller, Hans-Christoph (2001): Bildung und die Dezentrierung des Subjekts. In: Bettina Fritzsche, Jutta Hartmann, Andrea Schmidt & Anja Tervooren (Hrsg.): Dekonstruktive Pädagogik. Erziehungswissenschaftliche Debatten unter poststrukturalistischen Perspektiven. Opladen: Leske + Budrich, S. 35–48.
Koller, Hans-Christoph (2002a): Bildung und kulturelle Differenz. Zur Erforschung biographischer Bildungsprozesse von MigrantInnen. In: Margret Kraul & Winfried Marotzki (Hrsg.): Biographische Arbeit. Perspektiven erziehungswissenschaftlicher Biographieforschung. Opladen: Leske + Budrich, S. 92–116.
Koller, Hans-Christoph (2002b): Bildung und Migration. Bildungstheoretische Überlegungen im Anschluss an Bourdieu und *Cultural Studies. In: Werner Friedrichs & Olaf Sanders (Hrsg.): Bildung/Transformation. Kulturelle und gesellschaftliche Umbrüche aus bildungstheoretischer Perspektive*. Bielefeld: transcript, S. 181–200.
Koller, Hans-Christoph (2003a): Der Widerstreit zwischen dem Streben nach Unabhängigkeit und der Erfüllung väterlicher Erwartungen. Eine Analyse des Interviews mit »Bernard«. In:

Hans-Christoph Koller, Rainer Kokemohr & Rainer Richter (Hrsg.): »Ich habe Pläne, aber das ist verdammt hart«. Eine Fallstudie zu biographischen Bildungsprozessen afrikanischer Migranten in Deutschland. Münster: Waxmann, S. 13–27.
Koller, Hans-Christoph (2003b): »Alles Verstehen ist daher immer zugleich ein Nicht-Verstehen«. Wilhelm von Humboldts Beitrag zur Hermeneutik und seine Bedeutung für eine Theorie interkultureller Bildung. In: Zeitschrift für Erziehungswissenschaft 6, S. 515–531.
Koller, Hans-Christoph (2005a): Bildung (an) der Universität? Zur Bedeutung des Bildungsbegriffs für Hochschulpolitik und Universitätsreform. In: Andrea Liesner & Olaf Sanders (Hrsg.): Bildung der Universität. Beiträge zum Reformdiskurs. Bielefeld: transcript 2005 (= Theorie Bilden; Bd. 1), S. 79–100.
Koller, Hans-Christoph (2005b): Negativität und Bildung. Eine bildungstheoretisch inspirierte Lektüre von Kafkas Brief an den Vater. In: Zeitschrift für Pädagogik 49, Beiheft, S. 136–149.
Koller, Hans-Christoph (2005c): Bildung und Biographie. Zur Bedeutung der bildungstheoretisch fundierten Biographieforschung für die Bildungsgangforschung. In: Barbara Schenk (Hrsg.): Bausteine einer Bildungsgangtheorie. Wiesbaden: VS Verlag, S. 47–66.
Koller, Hans-Christoph (2005d): Über die Möglichkeit und Unmöglichkeit von Bildungsprozessen. Zu Imre Kertész' *Roman eines Schicksallosen*. In: Koller & Rieger-Ladich 2005, S. 93–108.
Koller, Hans-Christoph (2007): Probleme einer Theorie transformatorischer Bildungsprozesse. In: Koller, Marotzki & Sanders 2007, S. 69–81.
Koller, Hans-Christoph (2009): Zur Zeitstruktur biographischer Bildungsprozesse. In: Vera King & Benigna Gerisch (Hrsg.): Zeitgewinn und Selbstverlust. Folgen und Grenzen der Beschleunigung. Frankfurt/M. & New York: Campus, S. 183–201.
Koller, Hans-Christoph (2011): Ironie. In: Alex Aßmann & Jens Oliver Krüger (Hrsg.): Ironie in der Pädagogik. Theoretische und empirische Studien zur pädagogischen Bedeutsamkeit der Ironie. Weinheim & München: Juventa 2011, S. 49–65.
Koller, Hans-Christoph (2014): Bildung als Textgeschehen. Zum Erkenntnispotenzial literarischer Texte für die Erziehungswissenschaft. In: Zeitschrift für Pädagogik 60, Heft 3, S. 333–349.
Koller, Hans-Christoph (2017): Bildung as a Transformative Process. In: Anna Laros, Thomas Fuhr & Edward W. Taylor (Hrsg.), Transformative Learning Meets Bildung. An International Exchange. Rotterdam, Boston, Taipei: Sense, S. 33–42.
Koller, Hans-Christoph & Kleiner, Bettina (2017): Transformatorische Bildungsprozesse und Subjektivation – exemplarische Analyse zweier Schülerinterviews. In: Katharina Müller-Roselius & Uwe Hericks (Hrsg.), Bildung – Empirischer Zugang und theoretischer Widerstreit. Opladen, Berlin, Toronto: Barbara Budrich, S. 15–33.
Koller, Hans-Christoph & Kokemohr, Rainer (Hrsg.) (1994): Lebensgeschichte als Text. Zur biographischen Artikulation problematischer Bildungsprozesse. Weinheim: Deutscher Studien Verlag.
Koller, Hans-Christoph; Marotzki, Winfried & Sanders, Olaf (Hrsg.) (2007): Bildungsprozesse und Fremdheitserfahrung. Beiträge zu einer Theorie transformatorischer Bildungsprozesse. Bielefeld: transcript.
Koller, Hans-Christoph & Rieger-Ladich, Markus (Hrsg.) (2005): Grenzgänge. Pädagogische Lektüren zeitgenössischer Romane. Bielefeld: transcript.
Koller, Hans-Christoph & Rieger-Ladich, Markus (Hrsg.) (2009): Figurationen von Adoleszenz. Pädagogische Lektüren zeitgenössischer Romane II. Bielefeld: transcript.
Koller, Hans-Christoph & Rieger-Ladich, Markus (Hrsg.) (2013): Vom Scheitern. Pädagogische Lektüren zeitgenössischer Romane III. Bielefeld: transcript.
Koller, Hans-Christoph & Wulftange, Gereon (Hrsg.) (2014): Lebensgeschichte als Bildungsprozess. Perspektiven bildungstheoretischer Biographieforschung. Bielefeld: transcript.
Kollmorgen, Raj; Merkel, Wolfgang & Wagener, Hans-Jürgen (2015): Transformation und Transformationsforschung: Zur Einführung. In: Kollmorgen, Raj et al. (Hrsg.): Handbuch Transformationsforschung. Wiesbaden: Springer Fachmedien, S. 11–27.
Kopperschmidt, Josef (Hrsg.) (1990): Rhetorik. Bd. 1: Rhetorik als Texttheorie. Darmstadt: Wissenschaftliche Buchgesellschaft.

Kopperschmidt, Josef (Hrsg.) (1991): Rhetorik. Bd. 2: Wirkungsgeschichte der Rhetorik. Darmstadt: Wissenschaftliche Buchgesellschaft.
Kraus, Wolfgang (1999): Identität als Narration: Die narrative Konstruktion von Identitätsprojekten. http://web.fu-berlin.de/postmoderne-psych/berichte3/kraus.htm (18.02.2011)
Kraus, Wolfgang (2000): Das erzählte Selbst. Die narrative Konstruktion von Identität in der Spätmoderne. 2. Aufl. Herbolzheim: Centaurus.
Krinninger, Dominik & Müller, Hans-Rüdiger (2012): Hide and Seek. Zur Sensibilisierung für den normativen Gehalt empirisch gestützter Bildungstheorie. In: Miethe & Müller 2012, S. 57–75.
Kristeva, Julia (1990): Fremde sind wir uns selbst. Frankfurt/M.: Suhrkamp.
Krüger, Heinz-Hermann & Marotzki, Winfried (Hrsg.) (2006): Handbuch erziehungswissenschaftlicher Biographieforschung. 2. Aufl. Wiesbaden: VS-Verlag.
Kuhn, Thomas S. (1976): Die Struktur wissenschaftlicher Revolutionen. 2. Aufl. Frankfurt/M.: Suhrkamp (amerik. Orig. 1962).
Kuhn, Thomas S. (1981): Was sind wissenschaftliche Revolutionen? München: Carl-Friedrich-von-Siemens-Stiftung.
Küsters, Ivonne (2009): Narrative Interviews. Grundlagen und Anwendungen. 2. Aufl. Wiesbaden: VS Verlag.
Lacan, Jacques (1975a): Schriften I. Frankfurt/M.: Suhrkamp.
Lacan, Jacques (1975b): Schriften II. Olten & Freiburg i. Br.: Walter.
Lacoue-Labarthe, Phillipe & Nancy, Jean-Luc (1973): Le titre de la lettre. Une lecture de Lacan. Paris: Galilée.
Laplanche, Jean & Pontalis, Jean-Bertrand (1992): Das Vokabular der Psychoanalyse. 11. Aufl. Frankfurt/M.: Suhrkamp.
Laros, Anna; Fuhr, Thomas & Taylor, Edward W. (Hrsg.) (2017): Transformative Learning Meets Bildung. An International Exchange. Rotterdam, Boston, Tapei: Sense.
Larson, Colleen L. (1997): Re-presenting the subject: problems in personal narrative inquiry. In: International Journal of Qualitative Studies in Education 10, S. 455–470.
Lausberg, Heinrich (1990): Handbuch der literarischen Rhetorik. Eine Grundlegung der Literaturwissenschaft. 3. Aufl. Stuttgart: Steiner.
Leibniz, Gottfried Wilhelm (1704/1961): Neue Abhandlungen über den menschlichen Verstand. Nouveaux Essais sur L'entendement humain, hrsg. und übersetzt von Wolf von Engelhardt & Hans-Heinz Holz. 2 Bde. Frankfurt/M.: Insel.
Lenzen, Dieter (1997): Lösen die Begriffe Selbstorganisation, Autopoiesis und Emergenz den Bildungsbegriff ab? In: Zeitschrift für Pädagogik 43, S. 949–968.
Liebau, Eckart (1987): Gesellschaftliches Subjekt und Erziehung. Zur pädagogischen Bedeutung der Sozialisationstheorien von Pierre Bourdieu und Ulrich Oevermann. Weinheim und München: Juventa.
Liesner, Andrea & Lohmann, Ingrid (Hrsg.) (2010): Gesellschaftliche Bedingungen von Bildung und Erziehung. Eine Einführung. Stuttgart: Kohlhammer.
Lüders, Jenny (2007): Ambivalente Selbstpraktiken. Eine Foucault'sche Perspektive auf Bildungsprozesse in Weblogs. Bielefeld: transcript.
Lyotard, Jean-François (1986): Das postmoderne Wissen. Ein Bericht. Graz & Wien: Böhlau (franz. Orig. 1979).
Lyotard, Jean-François (1989): Der Widerstreit. 2. Aufl. München: Fink (franz. Orig. 1983).
Marotzki, Winfried (1990): Entwurf einer strukturalen Bildungstheorie. Biographietheoretische Auslegung von Bildungsprozessen in hochkomplexen Gesellschaften. Weinheim: Deutscher Studien Verlag.
Marotzki, Winfried (1991): Aspekte einer bildungstheoretisch orientierten Biographieforschung. In: Dietrich Hoffmann & Helmut Heid (Hrsg.): Bilanzierungen erziehungswissenschaftlicher Theorieentwicklung. Weinheim: Deutscher Studien Verlag, S. 119–134.
Marotzki, Winfried (1995): Qualitative Bildungsforschung. In: Eckard König & Peter Zedler (Hrsg.): Bilanz qualitativer Forschung. Bd. 1. Weinheim: Deutscher Studien Verlag, S. 99–113.
Marotzki, Winfried (2006): Qualitative Bildungsforschung – Methodologie und Methodik erziehungswissenschaftlicher Biographieforschung. In: Ludwig Pongratz, Michael Wimmer

& Wolfgang Nieke (Hrsg.): Bildungsphilosophie und Bildungsforschung. Bielefeld: Janus Presse, S. 125–137.

Martinez, Matias & Scheffel, Michael (2019): Einführung in die Erzähltheorie. 11. Aufl. München: Beck.

Mayring, Philipp (2015): Qualitative Inhaltsanalyse. Grundlagen und Techniken. 15. Aufl. Weinheim: Beltz.

März, Ursula (2004): Schön schwer. Jeffrey Eugenides' kompliziertes Epos um fünf todesmutige Jungfrauen. In: DIE ZEIT, 19.05.2004, Literaturbeilage, S. 6.

Mead, George Herbert (1973): Geist, Identität und Gesellschaft aus der Sicht des Sozialbehaviorismus, mit einer Einleitung hrsg. von Charles Morris. Frankfurt/M.: Suhrkamp (amerik. Orig. 1934).

Menze, Clemens (1983): Bildung. In: Enzyklopädie Erziehungswissenschaft, hrsg. von Dieter Lenzen. Bd. 1. Stuttgart: Klett-Cotta, S. 350–356.

Michel, Gabriele (1985): Biographisches Erzählen – zwischen individuellem Erlebnis und kollektiver Geschichtentradition. Tübingen: Niemeyer.

Miehe, Renate (1994): Göttin im Heizungskeller. Jeffrey Eugenides wärmt nicht ohne Geschick die Antike auf. In: Frankfurter Allgemeine Zeitung, 18.06.1994, S. 28.

Miethe, Ingrid & Müller, Hans-Rüdiger (Hrsg.) (2012): Qualitative Bildungsforschung und Bildungstheorie. Opladen: Barbara Budrich.

Mollenhauer, Klaus (2000): »Über die Schwierigkeit, von Leuten zu erzählen, die nicht recht wissen, wer sie sind«. Einige bildungstheoretische Motive in Romanen von Thomas Mann. In: Cornelie Dietrich & Hans-Rüdiger Müller (Hrsg.): Bildung und Emanzipation. Klaus Mollenhauer weiterdenken. Weinheim & München: Juventa, S. 49–72.

Mollenhauer, Klaus (2008): Vergessene Zusammenhänge. Über Kultur und Erziehung. 7. Aufl. Weinheim & München: Juventa.

Müller, Hans-Rüdiger (2009): Bildungsprozesse in biografischer Erfahrung. In: Wolfgang Melzer & Rudolf Tippelt (Hrsg.): Kulturen der Bildung. Beiträge zum 21. Kongress der Deutschen Gesellschaft für Erziehungswissenschaft. Opladen & Farmington Hills: Barbara Budrich, S. 252–254.

Müller, Hans-Rüdiger & Stravoravdis, Wassilios (Hrsg.) (2007): Bildung im Horizont der Wissensgesellschaft. Wiesbaden: VS Verlag.

Nohl, Arnd-Michael (2006): Bildung und Spontaneität – Phasen von Wandlungsprozessen in drei Lebensaltern. Opladen: Budrich-Verlag.

Nohl, Arnd-Michael (2016): Bildung und transformative learning. Eine Parallelaktion mit Konvergenzpotentialen. In: Dan Verständig, Jens Holze & Ralf Biermann (Hrsg.): Von der Bildung zur Medienbildung. Festschrift für Winfried Marotzki. Wiesbaden: VS Verlag, S. 163–177.

Nohl, Arnd-Michael (2017a): Interview und dokumentarische Methode. Anleitungen für die Forschungspraxis. 5. Aufl. Wiesbaden: VS Verlag.

Nohl, Arnd-Michael (2017b). Problematic Commonalities of Bildung and Transformative Learning. In: Laros, Fuhr & Taylor 2017, S. 97–106.

Oelkers, Jürgen (1985): Die Herausforderung der Wirklichkeit durch das Subjekt. Literarische Reflexionen in pädagogischer Absicht. Weinheim & München: Juventa.

Oelkers, Jürgen (1991): Bearbeitung von Erinnerungslast. Erziehungswissen in literarischen Texten. In: Zeitschrift für Pädagogik 27, Beiheft, S. 393–405.

Oevermann, Ulrich u.a. (1979): Die Methodologie einer »objektiven Hermeneutik« und ihre allgemeine forschungslogische Bedeutung in den Sozialwissenschaften. In: Hans-Georg Soeffner (Hrsg.): Interpretative Verfahren in den Sozial- und Textwissenschaften. Stuttgart: Metzler, S. 352–433.

Oevermann, Ulrich (1991): Genetischer Strukturalismus und das sozialwissenschaftliche Problem der Erklärung der Entstehung des Neuen. In: Stefan Müller-Dohm (Hrsg.): Jenseits der Utopie. Theoriekritik der Gegenwart. Frankfurt/M.: Suhrkamp, S. 267–336.

Oevermann, Ulrich (2002): Klinische Soziologie auf der Basis der Methodologie der objektiven Hermeneutik: Manifest der objektiv hermeneutischen Sozialforschung. http://www.agoh.de/cms/de/downloads/uebersicht.html?func=fileinfo&id=28 (22.07.2011)

Peirce, Charles S. (1976): Schriften zum Pragmatismus und Pragmatizismus, hrsg. von Karl-Otto Apel. 2. Aufl. Frankfurt/M.: Suhrkamp.
Peukert, Helmut (1981): Pädagogik – Ethik – Politik. Zeitschrift für Pädagogik, Beiheft 17, S. 61–70.
Peukert, Helmut (1984): Über die Zukunft der Bildung. In: Frankfurter Hefte, FH-extra 6, S. 129–137.
Peukert, Helmut (2000): Reflexionen über die Zukunft von Bildung. In: Zeitschrift für Pädagogik 46, S. 507–524.
Peukert, Helmut (2015): Bildung in gesellschaftlicher Transformation. Hrsg. von Ottmar John & Norbert Mette. Paderborn: Schöningh.
Pongratz, Ludwig; Reichenbach, Roland & Wimmer, Michael (Hrsg.) (2007): Bildung – Wissen – Kompetenz. Bielefeld: Janus Presse.
Pongratz, Ludwig; Wimmer, Michael & Nieke, Wolfgang (Hrsg.) (2006): Bildungsphilosophie und Bildungsforschung. Bielefeld: Janus Presse.
Popper, Karl Raimund (1935/1989): Logik der Forschung. 9. Aufl. Tübingen: Mohr.
Prawda, Marek & Kokemohr, Rainer (1989): Wandlungsprozeß und Bildungsgeschichte. In: Peter Alheit & Erika Hoerning (Hrsg.): Biographisches Wissen. Frankfurt/M. & New York: Campus, S. 238–267.
Prondczynsky, Andreas von (2009): Bildungstheorie – Bildungskritik – Bildungsforschung. Zum Wandel der Bildungssemantik. In: Wigger 2009, S. 15–33.
Reckwitz, Andreas (2003): Grundelemente einer Theorie sozialer Praktiken. Eine sozialtheoretische Perspektive. In: Zeitschrift für Soziologie 32(4), S. 282–301.
Reh, Sabine (2003): Berufsbiographische Texte ostdeutscher Lehrer und Lehrerinnen als »Bekenntnisse«. Interpretationen und methodologische Überlegungen zur erziehungswissenschaftlichen Biographieforschung. Bad Heilbrunn/Obb.: Klinkhardt.
Reichertz, Jo (2003): Die Abduktion in der qualitativen Sozialforschung. Opladen: Leske + Budrich.
Ricken, Norbert (2015): Bildung als Subjektivierung. Anmerkungen zur Macht der Bildung. In: Eveline Christof & Erich Ribolits (Hrsg.), Bildung und Macht. Eine kritische Bestandsaufnahme. Wien: Löcker, S. 193–215.
Ricœur, Paul (1991): Zeit und Erzählung. Bd. III: Die erzählte Zeit. München: Fink.
Ricœur, Paul (2005): Narrative Identität. In: ders.: Vom Text zur Person. Hermeneutische Aufsätze (1970–1999). Hamburg: Meiner, S. 209–225.
Rieger-Ladich, Markus (2005): Weder Determinismus, noch Fatalismus: Pierre Bourdieus Habitustheorie im Licht neuerer Arbeiten. In: Zeitschrift für Soziologie der Erziehung und Sozialisation 25, S. 281–296.
Rieger-Ladich, Markus (2014): Erkenntnisquellen eigener Art? Literarische Texte als Stimulanzien erziehungswissenschaftlicher Reflexion. In: Zeitschrift für Pädagogik 60, Heft 3, S. 350–367.
Rieger-Ladich, Markus (2014): Walter White aka »Heisenberg«. Eine bildungstheoretische Provokation. In: Vierteljahrsschrift für wissenschaftliche Pädagogik 90, S. 17–32.
Rilke, Rainer Maria (2000): Die Aufzeichnungen des Malte Laurids Brigge. Frankfurt/M.: Suhrkamp (Erstausgabe 1910).
Rosa, Hartmut (2005): Beschleunigung. Die Veränderung der Zeitstrukturen in der Moderne. Frankfurt/M.: Suhrkamp.
Rose, Nadine (2012): Migration als Bildungsherausforderung. Subjektivierung und Diskriminierung im Spiegel von Migrationsbiographien. Bielefeld: transcript.
Rosenberg, Florian von (2011): Bildung als Habitustransformation. Empirische Rekonstruktionen biographischer Bildungsprozesse zwischen Habitus und Feld. Bielefeld: transcript.
Rucker, Thomas (2014): Erkenntnisfortschritt durch Problematisierung. Oder: Über das Verhältnis von ›Bildung‹ und ›Subjektivierung‹. In: Zeitschrift für Pädagogik 60, Heft 6, S. 908–925.
Ruhloff, Jörg (1979): Das ungelöste Normproblem der Pädagogik. Eine Einführung. Heidelberg: Quelle & Meyer.

Ruhloff, Jörg (1991): Bildung – nur ein Paradigma im pädagogischen Denken? In: Dietrich Hoffmann (Hrsg.): Bilanz der Paradigmendiskussion in der Erziehungswissenschaft. Weinheim: Deutscher Studien Verlag, S. 171–184.

Saussure, Ferdinand de (1967): Grundfragen der allgemeinen Sprachwissenschaft. 2. Aufl. Berlin: De Gruyter (franz. Orig. 1916).

Schäfer, Alfred (2006): Bildungsforschung: Annäherungen an eine Empirie des Unzugänglichen. In: Pongratz, Wimmer & Nieke 2006, S. 86–107.

Schäfer, Alfred (2007): Bildungsprozesse – Zwischen erfahrener Dezentrierung und objektivierender Analyse. In: Koller, Marotzki & Sanders 2007, S. 95–107.

Schäfer, Alfred (2009): Bildende Fremdheit. In: Wigger 2009, S. 185–200.

Schenk, Sabrina (2017): Praktische Pädagogik als Paradigma. Eine systematische Werklektüre der Schriften Günther Bucks. Paderborn: Schöningh.

Schenk, Sabrina & Pauls, Torben (Hrsg.) (2014): Aus Erfahrung lernen. Anschlüsse an Günther Buck. Paderborn: Schöningh.

Schütze, Fritz (1983): Biographieforschung und narratives Interview. In: Neue Praxis 13, S. 283–293.

Schütze, Fritz (1984): Kognitive Figuren des autobiographischen Stegreiferzählens. In: Martin Kohli & Günter Robert (Hrsg.): Biographie und soziale Wirklichkeit. Neue Beiträge und Forschungsperspektiven. Stuttgart: Metzler, S. 78–117.

Schulze, Theodor (1993): Lebenslauf und Lebensgeschichte. Zwei unterschiedliche Sichtweisen und Gestaltungsprinzipien biographischer Prozesse. In: Dieter Baacke & Theodor Schulze (Hrsg.): Aus Geschichten lernen. Zur Einübung pädagogischen Verstehens. Neuausgabe. München: Juventa, S. 174–226.

Spiegel (1993): Sterben wie die Fliegen. »Die Selbstmord-Schwestern«, der Erstlingsroman des Amerikaners Jeffrey Eugenides, ist die literarische Überraschung des Frühjahrs. In: DER SPIEGEL, 19.04.1993, S. 260.

Stojanov, Krassimir (2006): Philosophie und Bildungsforschung. Normative Konzepte in qualitativ-empirischen Bildungsstudien. In: Pongratz, Wimmer & Nieke 2006, S. 66–85.

Stowasser (1959): Der kleine Stowasser. Lateinisch-deutsches Schulwörterbuch, bearbeitet von Michael Petschenig. München: Freytag.

Straub, Jürgen (1998): Personelle und kollektive Identität. Zur Analyse eines theoretischen Begriffs. In: Aleida Assmann & Heidrun Friese (Hrsg.): Identitäten. Erinnerung, Geschichte, Identität 3. Frankfurt/M.: Suhrkamp, S. 73–104.

Strauss, Anselm & Corbin, Juliet (1996): Grounded Theory. Grundlagen Qualitativer Sozialforschung. Weinheim: Psychologie Verlags Union.

Tenorth, Heinz-Elmar (1997): »Bildung« – Thematisierungsformen und Bedeutung in der Erziehungswissenschaft. In: Zeitschrift für Pädagogik 43, S. 969–984.

Terhart, Ewald (2006): Bildungsphilosophie und empirische Bildungsforschung – (k)ein Missverhältnis? In: Pongratz, Wimmer & Nieke 2006, S. 9–36.

Tervooren, Anja (2012): Bildung und Lebensalter. Bildungsforschung und Bildungstheorie zwischen Prozess und Ereignis. In: Miethe & Müller 2012, S. 93–109.

Tippelt, Rudolf (2006): Bildung und Handeln – Möglichkeiten empirischer Bildungsforschung. In: Pongratz, Wimmer & Nieke 2006, S. 138–155.

Tippelt, Rudolf & Schmidt-Hertha, Bernhard (Hrsg.) (2018). Handbuch Bildungsforschung. 4. Aufl. Wiesbaden: VS Verlag.

Ueding, Gert & Steinbrink, Bernd (2005): Grundriss der Rhetorik. Geschichte, Technik, Methode. 4. Aufl. Stuttgart: Metzler.

Vogel, Peter (1997): Vorschlag für ein Modell erziehungswissenschaftlicher Wissensformen. In: Vierteljahrsschrift für wissenschaftliche Pädagogik 73, S. 415–427.

Vogel, Peter (1998): Stichwort: Allgemeine Pädagogik. In: Zeitschrift für Erziehungswissenschaft 1, S. 157–180.

Waldenfels, Bernhard (1987): Ordnung im Zwielicht. Frankfurt/M.: Suhrkamp.

Waldenfels, Bernhard (1994): Antwortregister. Frankfurt/M.: Suhrkamp.

Waldenfels, Bernhard (1997): Topographie des Fremden. Studien zur Phänomenologie des Fremden 1. Frankfurt/M.: Suhrkamp.

Weber, Samuel (2000): Rückkehr zu Freud. Jaques Lacans Ent-Stellung der Psychoanalyse. 2. Aufl. Wien: Passagen.
Wernet, Andreas (2009): Einführung in die Interpretationstechnik der Objektiven Hermeneutik. 3. Aufl. Wiesbaden: VS Verlag.
White, Hayden (1991): Metahistory. Die historische Einbildungskraft im 19. Jahrhundert in Europa. Frankfurt/M.: Fischer.
Widdershoven, Guy A. M. (1993): The Story of Life. Hermeneutic Perspectives on the Relationship Between Narrative and Life History. In: R. Josselson & A. Lieblich (Hrsg.): The Narrative Study of Lives 1. Newbury Park: Sage, S. 1–20.
Wigger, Lothar (2004): Bildungstheorie und Bildungsforschung in der Gegenwart. Versuch einer Lagebeschreibung. In: Vierteljahresschrift für wissenschaftliche Pädagogik 80, S. 478–493.
Wigger, Lothar (2006): Habitus und Bildung. Einige Überlegungen zum Zusammenhang von Habitusformationen und Bildungsprozessen. In: Friebertshäuser, Rieger-Ladich & Wigger 2006, S. 101–118.
Wigger, Lothar (2007): Bildung und Habitus? Zur bildungstheoretischen und habitustheoretischen Deutung von biografischen Interviews. In: Müller & Stravoravdis 2007, S. 171–192.
Wigger, Lothar (Hrsg.) (2009): Wie ist Bildung möglich? Bad Heilbrunn/Obb.: Klinkhardt.
Wulftange, Gereon (2014): »Da ist meine Welt zusammengebrochen.« Zur Krise und ihrer affektiven Dimension als Herausforderung für Bildungsprozesse. In: Koller & Wulftange 2014, S. 193–215.
Wulftange, Gereon (2016): Fremdes – Angst – Begehren. Annäherungen an eine Theorie transformatorischer Bildungsprozesse. Bielefeld: transcript.
Yacek, Douglas (2017): Transformation and Education. In: Bryan R. Warnick & Lynda Stone (Hrsg.): Philosophy: Education (Macmillan Interdisciplinary Handbooks). Farmington Hills: Macmillan, S. 205–220.
Yacek, Douglas (2020). Anders werden – besser werden. Alternativen zur transformatorischen Bildungstheorie. In: Nicole Balzer, Jens Beljan & Johannes Drerup (Hrsg.): Charles Taylor. Perspektiven der Erziehungs- und Bildungsphilosophie. Leiden: mentis, S. 81–107.